徐复观先生作品

儒家思想与现代社会

徐复观———著

九州出版社

JIUZHOUPRESS

图书在版编目（CIP）数据

儒家思想与现代社会：大字本 / 徐复观著. -- 北
京 ：九州出版社，2021.1
ISBN 978-7-5108-8863-2

Ⅰ．①儒… Ⅱ．①徐… Ⅲ．①儒家－哲学思想－研究
Ⅳ．①B222.05

中国版本图书馆CIP数据核字(2020)第249637号

儒家思想与现代社会（大字本）

作　　者　徐复观　著
出版发行　九州出版社
地　　址　北京市西城区阜外大街甲 35 号（100037）
发行电话　（010）68992190/3/5/6
网　　址　www.jiuzhoupress.com
电子信箱　jiuzhou@jiuzhoupress.com
印　　刷　三河市九洲财鑫印刷有限公司
开　　本　710 毫米 ×1000 毫米　16 开
印　　张　21.5
字　　数　197 千字
版　　次　2021 年 1 月第 1 版
印　　次　2021 年 1 月第 1 次印刷
书　　号　ISBN 978-7-5108-8863-2
定　　价　68.00 元

徐复观（右二）与唐君毅（左一）、
程兆熊（左二）、牟宗三（右一）1970 年合影

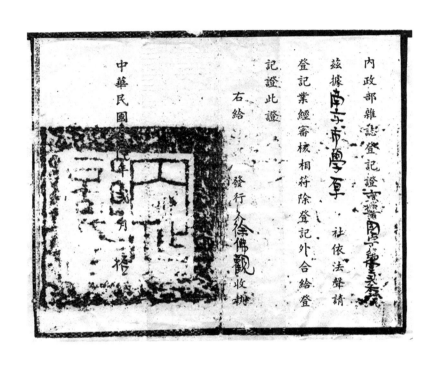

《学原》杂志登记证

出版说明

　　《儒家思想与现代社会》，系九州出版社整编《徐复观全集》时，以徐复观先生散篇文章编辑成书，二〇一四年三月初版，序列《全集》第十三。此次所印行之大字本，即以《全集》版为本，改版而成。

九州出版社

目 录

儒家精神之基本性格及其限定与新生

　　这篇长文是作为《民主评论》三卷十期的副册刊出的，时间大概是一九五二年四月十五日。此文刊出后得到许多朋友的推许。其中特别值得提出的，一是老友王新衡先生五月十四信中有谓"你把唐君毅先生写的滞涩的、枯燥的题目，写成了火一样的充满热情的檄书，读了以后，的确很使我感动！你把国民党的失败归咎在'低级的唯物主义'的思想上，这一点尤获我心……"王先生真正了解我这篇文章是在沧海横流的感愤中写出的，我的目的不在谈医学原理，而是面对病人要提出一种方剂。

　　另一是当时台湾大学文学院长沈刚伯先生五月九日的信中有谓"自甲午以来，便不断有人谈中西文化问题，而迄今无一篇理解双方，言之中肯之作。有之当自老兄此文始。且喜且佩。今日与诸同事谈之，亦多以为剥极必复，事理之常。转风易俗，当赖此文……"这是就我文章中作了若干中西文化比较来说的。这一点使我常常感到不安，恐怕言之太易，流于空疏无实。这些年来，不曾将此文汇印的原因在此。

　　最近偶然发现此文，重阅一遍，感到文中所说的依然有时代的意义，而我的热情已不及当年，不觉为之感叹。

一九七九年五月八日志于九龙寓所

一、环绕此一问题的论争

我这里所说的儒家精神之基本性格，实际就是对中国文化基本性格的一种尝试性的说明。不论好和坏，中国民族统一的性格，是在汉代四百年中由儒家精神所陶铸，所定型的。儒家精神，二千年来，自觉或不自觉地，从正面地或反面地，浸透到社会每一角落的实际生活中。一直到鸦片战争以后，才意识地开始了艰辛的试炼；五四运动以后，才起了根本的动摇；最近则由共产党作连根拔起的"改造"运动。儒家不是宗教，但其一贯的精神，能贯注于实际人生之普遍而且长久，非世界任何"一家之言"所能比拟，所以也不妨称他为中国的非宗教性之伟大宗教。有人以为儒家在中国之能长久保持其特殊势力，系由于汉武听董仲舒的话，罢黜百家，独尊孔学，再加上后世帝王之不断提倡。殊不知汉武罢黜百家，仅系政府不与立学，并非禁止其自由流行。且西汉开国时，黄老之术特著，而董仲舒本人亦兼受阴阳家之影响。阴阳家五德运会之说，西汉末成为士人共同的政治理论，王莽因假之以篡汉。即以儒家本身而论，汉立十四博士以提倡讲习者皆为今文。但今文章句反皆佚失不传，直至清代始搜寻遗绪，稍复端倪。自西汉末以迄近世，普遍流通之儒学，率皆古文。古文在西汉不得立学，与诸子百家等，实系一种民间学派。故学术不能依赖政治以为其生命。中国历代帝王推尊孔子，或出于由社会风气所形成的个人景仰，或看重儒学是一种社会势力。政府对于学术，若超过其倡导的范围，而欲由统治阶级加以利用垄断，结果，只有扼杀学术。中国历史上，凡由政府钦定的官学，必不为社会所重视，且必另有一民间学派起而对抗之。西汉之今文官学，亦历史上的消极证据之一。儒家之所以能成为中国之基本文化，其原因在社会而不在政治。相反的，从历史上看，儒家精神，是浸透滋荣于社会之中，而委曲摧抑于政治之下。政治对儒家精神的正面作用，远不及其反面作用之大，因而儒家精神向社会之浸透，常遇着政治的压力而不免相抵相消，致使社会虽能因儒家精神而收保持延续之功，但不易收推动发扬之效。这一点，在以后还要提到的。本文之所以不标为中国文化之基本性格，只是为了避免许多不必要的误解。因为像这样大这样久的民族，在其发展过程中，当然还有其他副次的文化在发生作用。

其次我认定儒家精神是形成中国文化的基本性格，则对于文化的涵义，应先略作解释。我的看法，文化是人性对生活的一种自觉，由自觉而发生对生活的一种态度（即价值判断）。动物一样地有生活，但它没有生活的自觉，因而没有对生活的态度，所以我们不能说动物的生活即是文化。人对其生活有了一种态度以后，便发生生活上的选择。更由这种选择以构成适合于其生活态度的格式和条件。这是由文化产生文明的过程。至于文明之可以促成文化，生活条件之可以促成生活态度，由这种相互的作用，而织成历史整个的过程，这是不待多说的。当生活的格式与条件，自觉其系代表自己之生活态度时，这是文化与文明的协调。当生活完全落入既成的格式与条件之中，而不复自觉其后面之生活态度与意义，则文明脱离了文化而成为死物，于是遂形成文化的衰落。文化的衰落，归结也一定会成为文明的破坏。经济的条件、地理的条件，只是人性凭以自觉的诱因，及自觉缘以发展的路线。这些对于文化的起源而言，仅能算是第二义的。而人性的自觉才是第一义的。不然，便不能解释历史上何以不能保证在同样的经济地理等条件之下，一定会发生文化乃至同样的文化。至于铜器、铁器，一直到现代的电气种种，我认为这是某一时代文化所产之一部分。通过这些东西去了解某一时代的文化，当然是可以的，但总要再推进一步去。若仅说这些东西便是某一时代的文化，不仅是以偏概全，而且总是隔着一个层次，也不能说明同样用铜器、铁器，何以会产生不同文化的事实，所以，谈到文化，总是精神上的东西，其起源总是起于人性对生活之自觉。"夏尚忠，殷尚质，周尚文"，这种对三代文化史的精神说法，是否赅备、正确，乃另一问题，但作如此说法者之有此精神自觉，则系事实。至于问世界史中，何以有的有此自觉，有的却无此自觉，则是等于问人类心灵以何而发生，在目前，殆是无从致答的。

人性蕴蓄有无限的多样性。因人性所凭借以自觉的外缘条件之不同，所凭借以发展的外缘条件之不同，于是人性总不会同时作全面的均衡发展，而所成就的常是偏于人性之某一面，这便形成世界文化的各种不同性格。我相信由各种文化的不断接触互往，人类文化能向近于"全"的方面去发展，但不能赞成以一种文化性格作尺度而抹煞其余的文化的武断态度。

中国人来谈中国的文化，来谈中国文化主流的儒家精神，应该是一件很自然之事。但奇怪的是，这种问题的提出，在中国任何地方，也确非易事。因为有许多人一遇见此类题目，便认为是开倒车，甚至是反自由民主。因此，对于目前流行的几种说法，要先提出来商讨一下。

有的人认为凡一谈中国文化，即是谈"道统"。而凡是谈什么"统"的，都是极权主义的帮凶。我觉得这是许多反对中国文化说法中的一种最荒诞的说法。文化是人类历史之共同蓄积，只要承认文化，总得承认其由历史而来的文化之"统"。"统"即是传承。一直到现在，还没有发现过无"统"的文化。主张"是统便错"的人，实际他自己也是站在某种"统"的底下讲话。不过他认为他的"统"是独一无二的，所以反对旁人讲"统"。至就政治的关系而论，统治集团，固然有的假借其历史文化的传统以济其私的，但这要合着其他许多条件去衡断。假借历史文化，在其许多条件当中，只算是一种粉饰而附带的条件，不能因此便一口断定凡是谈"统"的就是极权。即就"统"的本身而论，固然不能说没有与极权相通的"统"，但未必没有与极权不相通的"统"。相反的，现在最不谈"统"的无过于共产党。发展到一九三七年日丹诺夫对亚历山大的《西欧哲学史》的发言，提出"绝对的否定"的口号，而打击"统"到了极点，极权也到了极点（中共文化大革命中，也正是如此。一九七九年四月十八日补志）。希特勒所标榜的是亚里安的血统，而不是希腊或希伯来的道统。墨索里尼所标榜的，是罗马的"权力之统"，而不是罗马法尤其是发端于罗马的自然法的道统。这两个魔王哪一个不是养几个文化流氓，要把自己的权威来代替欧洲思想的道统的。中国近代政治领导人物中，堂堂正正提出道统者是孙中山先生，但谁也不能否认他是中国民主运动中的伟大领导人物。中国专制帝王之御用智识分子，总是通过其各式的开科取士的"门生"而始能达到若干目的。这与今日之办各种训练班的用心，确无二致。但开科取士之与道统无关，以至中国真正读书人的一贯看不起任何形式的科举，与夫假借之终归假借，假借者可以无所不假借，这都不待多所举例而即可明白的。我不能说谈道统即是政治的民主，和上面已经说过的一样，也还要看其他的许多条件。但我可以断言真诚谈道统的人，他对于自己国家民族的历史，对于比他早死了几千年的为了文化真切用过一番苦心的先哲，总是多一种亲切之情、虔诚之感、谦敬之意。这较之以一种阴狠狂妄之气，不问青红皂白，一口抹煞他自己的祖宗，骂自己的祖宗一钱不值的人们，其在政治上，当更容易接近民主。这些阴狠狂妄之徒之所以谈民主自由，是因为真正的权力不在他手上，聊以此作个人生活兴趣的挡箭牌，假定这些人一朝权在手，则充其阴狠狂妄，有"统"皆非的想法，便非大大地焚坑一阵不可。所以我主张不谈文化则已，一谈文化便应该谈"统"。我并且希望有些人出来断然以道统自任。

其次，有的人以为道统就是传统，谈道统就是尊重传统，即是妨碍创造。何况中国文化中缺乏科学，现在我们既需要科学，便不应该提倡中国文化。中国文化是否妨碍现代化？是否科学以外即无所谓文化？这留在后面去答复。在这里我仅想指出，传统本身有许多层次。传统与创造的关系，也看是在某一种层次上去说，不能一概而论。近来许多人看到汤恩比（Arnold Joseph Toynbee）在《历史之研究》中指出传统对文化之阻滞作用，欣喜若狂。但对于汤恩比的结论，认为欧洲要返回到基督的文化上去，而基督正是欧洲最大的传统，却又大惑不解。其实，近代的自然科学，正和民主政治一样，都是在英国得到健全的发展。历史家追寻其故，多认为系英国有数百年安定的社会环境，适于培养科学与民主。而致此之由，则为英国人重视传统，踏着传统而安定地前进。英国王室，是一个传统。重三百三十六磅，一度被盗，引起举国惶然的加冕石，也是一个传统。这些东西，对于英国以外的人而言，真是了无意义，但对英国而言，因为是他的传统，所以都凝结着英国民族的感情，以产生新的活力，于是英国人未尝觉得传统是在妨碍他们的创造。现在有的人首先不承认民族的感情，因为这是不能用显微镜去照、用符号逻辑去列的东西。而五四运动以来，稍露头角的智识分子，都是一个筋斗十万八千里的孙悟空，一脚踢掉了中国文化，一脚踢开了土生土长的农村，认为这都是传统的愚昧。从"孔家店"打起，把几千年人之所自信以成其为人，国之所自信以成其为国的尺度，一切打掉。打掉以后，从灵山所拿回的宝药，上焉者是闭着房门的个人生活兴趣，下焉者却是榨压农村以满足其都市的西化生活。使社会精神状态，成为挂空，成为裸体，成为原罪性的自卑。这种为共产党开路的工作，到现在还不知自反，则信乎忘本者之无法自反了。

还有许多人把国民党过去的腐化，大陆的沦陷，归罪于中国的文化。我不以为仅仅中国文化，便可以解决中国今日的问题，并且认为若仅仅肯定中国的文化，且将无以防止中国文化本身所发出的流弊。但我同时可以指出，凡把国民党的腐化与大陆失败的责任归之于中国文化的，都是盲目的谎言者。首先，应问问大学的课程和担任课程的教授中，关于中国文化方面的占有多少百分比。即在讲中国文化的人士中间，又有几个人是以亲切而肯定的态度来讲？若干讲考据的人，承袭打宋明理学之风，结果，考据到中国只是漆黑一团，一无所有。在国民政府中占重要位置的，除军人外，大约十个中有九个洋博士、硕士或学士。有几人是以中国文化者自任，以中国文化尺度来决定自己的行为进退，因而导国民党于失败？由文化中所发生出来的流弊，和根本离开了任何文化而成为一般动物时所发生的毒害，应该严格地分开。许多人，反对中国文化是真的，其谈西方文化是假的。因此，我并不因这些假西化者而即把中国的失败的责任推到西方文化上面去。就整个政治方面而论，则民国十三年国民党改组，是在学苏联。民国二十年以后则系学德意志。孔、宋当国，则系学商人、学买办。一直失败到台湾，还有人主张回转头去学苏联或德意志。凡此皆脉络分明，与中国文化有何关涉？其中，国民党的党员守则，许多人认为颇有中国文化气味。但这并非完全是代表中国文化的精神，因之，便很难说这是中国文化精神在现代的政党中作为其党的精神而显现。例如"服从为负责之本"，此一说法，自有其根源。但若站在中国文化的立场来说，应当是"自觉为负责之本"。因为凡是主张价值内在的文化，在这种地方，一定会从自觉上面去说。而儒家一贯是主张"义，内也"，因而"为仁由己，而由人乎哉"的。

上述三种反对本国文化的说法，互相呼应，弥漫于各中等以上的学校，弥漫于政府之中，弥漫于都市之内。其结果，并没有促进西化。而只是取消了一切做人的尺度。只要有机会参与到统治阶层中去的智识分子，都从文化的做人尺度上滑了下来，心安理得地在权力、利害、享受上争取动物型的真而非假的生活（这一代的智识分子多认道德等等都是假）。浮出社会上面的人，多半受过大学教育；而大陆沦陷前夕，政治的黑暗，社会的混乱，几乎可以追踪五代。此其中，缺少的条件固然很多，但最先缺少的是做人的条件。这种风气之所以形成，我想举出下面几种因素。

第一是由于清代以异族而统治中国，钳制智识分子特甚。威之以文字之狱，诱之以博学鸿词。以八股牢笼下乘，以考据销蚀上选。清代考据，本是工具之学。但他们无形中以工具代替目的，以名物否定思想，自标汉学，以打击宋明理学为快意，却把中国文化的精神完全埋没了。此一风气，与近代经验主义的末梢趣向，有其相同，于是两相会合而形成"洋汉学"，其特点不承认文化的精神作用，而实则系表明其精神之为一睡眠状态。同样的资料，在精神苏醒者看来都是活的，在精神睡眠者看来都成乏味。例如欧洲文艺复兴，一般认为系开始于十四世纪之初，到十六世纪之初而告一段落。但此一运动开始时，一般人所能读到的古典，不过是中世纪大家所烂熟的少数拉丁译文。一直到一四三八和一四三九年在佛罗伦萨（Florence）的宗教会议，研究希腊文的东方学者，借此机会亡命前来，才真正开始了古典希腊的研究；一直到一四五三年君士坦丁堡之陷落，才有更多的古典与亡命学人的移植，但这时文艺复兴已经开始百有余年了。同是一样的拉丁译文，中世纪的人一章一句地读了又读，不过是高头讲章。可是一到了十四世纪之初，则自佩脱拉克（Petrarch）、薄伽邱（Boccaccio）们起，以至同时的许多人，都从这些陈旧的东西中间，激发了无限的感激之情，平添了他们几许的新生命，以开近代文化的运会。此无他，意大利的精神已在此时苏醒了。好像大病痊愈的人，一切入口，都觉新鲜。又如一个富家子弟，对于家里原有的绳床纸帐，乃至竹头木屑，都发现其有价值面一一加以珍惜整理。中国在现在则恰恰相反。任何文化都有其缺点，都有其流弊。现代智识分子对自己的文化，专从缺点和流弊的方面去看。正如一个肠胃呆滞的人，见了家常便饭便生厌恶，而只想尝点酸的或辣的东西。一个败家子弟，把他家里的东西看作一钱不值，一张口便是要发大洋财，笑勤俭成家的人没出息。其实，这种人最大的成就，也只能玩一两件小古董以自炫。我们只要留心考察，凡是一口抹煞自己文化的人，也决不会真正能接触到西方文化的大流。最大的限度，翻弄一两个名词或几条公式，以玩小古董、吃酸辣的心情来陶醉自己的兴趣。因为他浅薄的根器，他不平正的精神，自然把他限制住，把他闭锁住了。更下流的是，我们不难看到社会上，凡是越没有智识，越不用脑筋，而又喜欢出风头的人，便越喜欢在口头上标新立异，什么都要来一套崭新的，以掩饰他由精神空虚而来的自卑感。因为这批无知之徒，根本不了解人之所以能形成今日地位之一段艰辛的来龙去脉，便觉得一谈历史文化即是落伍，到处听一两句上不沾天、下不落地的口号，便自诩新鲜进步。其实，他是什么也不懂的可怜物。

其次，五四运动，也可以说是中国近代一次的精神觉醒。五四系以真诚的爱国感情而开始的。则在此运动中，应拿出中国的光明一面，以批评发生流弊的一面，因而迎接西方的民主与科学，这才适合于历史上一般文化转进的常轨。可是当时的领导人物，多心浮性急，恨不得把中国的东西一锄挖尽。于是青年爱国的情绪，与因祖国文化漆黑一团的憎恶之情，相抵相消，其势不能不因这种矛盾而使此运动落空，乃至变质。正如太平天国在民族口号之下，只留下躯壳的"长毛"，却去掉民族精神的文化，其无结果可以说是命定的。此一运动的领导人物，后来分为两支。标榜自由主义的这一支，完成其解体作用以后，或者加入政府中去做并不十分自由的官。或者关在房子里考据，实际上放弃了解体过程以后应有的思想建设工作。渐渐对社会、对青年，失掉了思想上的影响。这并不能说是他们有心怠工，而是他们承西方经验主义的末流，绝对排斥理想主义，认为这是虚妄而骗人的东西。但历史上，凡是发生影响的思想，都必以某种形式包含理想主义的成分。例如边沁的功利主义的骨干，是"最大多数人的最大幸福"。这就说明功利主义中也含有理想主义的成分。他们既排斥理想主义，结果是无形中取消了思想。当抗战结束后，国人在共党气氛重压之下，大家以思想的泰山北斗，期待着自美返国的胡适之先生。而胡先生从美国带回来的却是再来一度的《七校水经注》。当时社会上，尤其是青年们，由此所发生的怅惘之情，胡先生自己后来大概也有所感觉。这正是此一时代悲剧之实例。但在另外的一支，即普遍所谓左倾的一支，则以上海为根据，以各大学为支点，自民国十五年起，挟新锐之气、组织之力，从文化的各个部门，宣传马列唯物主义的福音，与青年以完美无缺的未来远景，形成一个非理想主义的理想运动。于是国民党统治着地面，而共产党早已统治了脑筋。他们把思想分成唯心唯物两大阵营，唯物便是革命，唯心就是反动的说法，简单明了，不仅适合于初中以上的学生，而且也适合于国民党中自命为精干之士。再加以国民党中反共的核心力量，因种种原因，大多数都是低级的唯物主义者，遂成为在思想上降共，在行动上反共的两栖状态。许多民主自由的人士，口头上不讲唯物主义，而他们的纯经验主义、纯功利主义、纯个人主义的立足点向下一溜，一样的是低级的唯物主义。还有，中国生产落后，但对享受追求之心并不落后。因对西方享受的欣羡之情，及对土著生活厌恶之念，更很普遍地形成非思想性的唯物主义，以上与思想性的唯物主义相比附。于是整个中国，一讲思想，则多半是各种各样的唯物主义。唯物主义的第一特点是不承认道德的价值，不承认历史文化的价值。则中国文化，自然更被看作是落伍的、封建的东西，必去之而后快。

第三原因，恐怕要算这些年来谈中国文化的人士，不论站在正面或反面的立场，都忽视了文化性格上的不同，而仅拿同一的尺度去夸张附会。凡说中国文化是落后的，这是拿西方的文化做尺度来量中国的文化。凡说中国文化是超越的，这是拿中国文化的尺度去量西方的文化。殊不知以一个尺度去量两种性格不同的文化，恐怕这不能不是一种错误。再加以各有成见，各走偏锋，更难有持平之论。例如，根据《说文》上"儒，柔也，术士之称"的几个字，便把儒家写成为"吹鼓手"式的混饭吃之流，而对于儒家系以刚健为其精神的许多正面证据，一概抹煞不理。根据《左传》上"人心之不同，如其面焉"的一句话，便断定一直到春秋时代，中国的正统思想是不承认有普遍性的人性，以图打击宋儒性理之说，而把"民受天地之中以生"，"民之秉彝，好是懿德"等正面证据，一概抹煞不理。此一反角的趋向，发展到蔡尚思之类而下流到了极点。站在正面的人，则又常常夸张过去的片言只字，不是说西方有的我们都有，而无待外求，便是拿些空而大的话头，来和西方争门立户，以为一切我们比人家的强，甚至超过了人家，使人感到中国文化是这样的迷离恍惚，而没有一个着落。

我们今日要求有一种精神的觉醒运动。对中国文化之再肯定，只是精神觉醒的自然流露，只是觉醒的起点。人类历史中，只看见有的民族消灭了，但其民族的文化，依然由另一民族所传承而不绝的事实。断乎没有民族未消灭，便首先会消灭其自身所创造的文化。人一生下来即浸润于其自身文化之中，任何人都不能自外。采取纯否定态度的人，实际在他的生活中，并不能将其完全否定掉，而只是由他这种缺乏自觉之情，反而使自己无形中是站在文化坏的一方面。现在一口抹煞中国文化的人，其上焉者，多半是中国型的文人习气，下焉者只是中国型的无赖之徒。只有自觉地先承认自己的文化，才能站在自己文化的好的一面。同时，对于自己文化有一副真诚的良好态度，则对于为人类所分工成就的其他文化，也自然会有一副真诚的良好态度，没有不努力加以追求吸收之理。我们从中国整个文化前途看，凡是对西方的东西，能稍有所得的人，都应加以珍惜，加以重视。但我坚决反对许多人把自己的一孔之见，不知道在文化全体中只是站在一个极小的位置，而要包天盖地地去抹煞一切的这种浮薄而不平正的精神状态，以一废百，阻碍了我们的再生，阻碍了我们的前进。因为从一个人的学问成就看，多半只是一种"偏"。不偏即不能独到。但从一个人的生活看，尤其是从一个民族的生活看，则决不能不生存于一比较近于"全"之中，比较近于多方面的统一之中。譬如英国有经验主义，但也有他的理想主义，宗教、伦理、民主生活习惯等，互相渗入修正，配合而成为一个近乎"全"的文化。我们向西方学，每个人都只能学得其偏。以所学之偏来充实和修正我们生活中之"全"，是应该的。一口要抹煞我们生活中之"全"，而要大家生活于其所学之"偏"的中间，这真是既愚且妄。何况从历史上看，文化的再生，固然少不了外面的刺戟，但更离不开民族的感情。民族的感情，是人在屯蒙之际所赖以站起来的精神力量。文艺复兴，何以发生于意大利？发生之初，何以所向往的是古代罗马而不是希腊？这中间都有一段民族感情的作用。所以我们谈中国文化之另一用意，毫无疑义地也是要鼓励这种民族感情，以增强民族的活力。有活力的民族，才是能创造的民族。

二、儒家精神的基本性格

今日要论定中国文化在世界文化中之地位，与其从和西方文化有相同的地方去看，不如从其不相同的地方去看。我认为中国文化与西方文化，在发轫之初，其动机已不相同，其发展遂分为人性的两个方面，而各形成一完全不同性格。当然，在很长的历史中，文化总不会完全作单线的发展。但在人类未自觉其本身缺憾以前，其活动总会无形地受此一基本性格之局限。于是西方中的带有东方精神者，总得不到好好的发育，如泛神论及斯多噶学派。而中国历史上之带有西方精神者，也常归于夭折，如战国时的名家。文化的基本精神性格不同，即在字句名词乃至某一部分的看法上纵有相同，亦系不相干之事。昔谢显道历举佛说与儒同处问伊川先生，先生曰："恁地同处虽多，只是本领不是，一齐差却。"正是此意。以下试略加申述。

近代西方文化，虽有希腊和希伯来两大来源，但形成其学 scientia 的性格，因而也是形成其近代文化的主要性格的，却是希腊的产物。此一学的性格，自始即受其初期的"自然哲学"的限定，乃系人的知性，向自然的追求剖析。这种向自然追求剖析的目的，并不一定是在自然，而只是希腊人在闲暇中对于知性活动的喜爱，所以学校一词之语源即为闲暇。在闲暇中作冥想的知性的活动，以求认识真理，希腊人认这是最高的幸福。知性活动，一定要在外面有对象，于是希腊人的精神首先便落到自然，而愿意为"自然之子"。及由宇宙论转入人性论时代，虽然仅仅"为知识而知识"的好奇心，不能不随内忧外患的纷至沓来而有了曲折，但依然是以"智识者"为最有能、最有用、最成功的人物。所以哲学（Philosophieren）是对于知的喜爱，是希腊人教养的根源，则系始终一致的。索福克利斯（Sophocles）说"思考是万事幸福最初之本"。亚里士多德在《形而上学》的开头便说："一切的人，是生而希望能知的。人对于感官知觉的喜爱，即其证据。盖感觉是与实用无关，纯以其自身而被喜爱的。"在希腊人，知即是美，即是善。希腊人谈人生，也是把知识对外界的构画，反射到人生身上来。正如文德邦（Windelband）在其《一般哲学史》上所说："十八世纪之哲学，和往时希腊人一样，就事物之关系，以启发人生。并且由此等知见，以规正个人与社会之生活，认定这是他的权利与义务。"（见日译本卷一，页一四）

总之，希腊学问的主要对象是自然，是在人之外的事物，而其基本用力处则为知识。此为近代欧洲文化的传承所自。但希腊人是把这种学问当作教养，而近代则是将其用作权力的追求。培根（Francis Bacon）说"知识即权力"。这一句话，道破了西方近代文化精神的中核。教养是一种向上，而追求权力则是一种向前。西班牙正活跃于海洋探险时候，其货币上刻着"还在对方"（plus ultra）之文，此即近代精神的标志。于是希腊文化一至近代，更不是对人的本身负责，而是对人的获取权力负责。人与自然的关系，也由"自然之子"而要一天一天地变为其征服者。人与人的关系，恰是通过征服自然过程中所建立的机具而互相连结起来，并不是作为共同的人性而互相连结起来的。近代西方文化，并不是完全不谈道德，但大体上是把道德的基础放在知识上面。巴斯噶（Blaise Pascal）说："人类的尊严，仅在于其有思考力的这一点上面，所以应该努力于严正的思考。严正的思考，才是道德之根本的原理。"美国历史学会会长伯卡（L. Becker）在其《自由与责任》中认为"知"是近代的冲动。作为知识的知性，是近代生活之原理。除了知识以外，当然还需要"廉直与善意"。但是也要依存于知性。真正说起来，近代西方道德的根源，是要在宗教中去求。在其所谓"学"中，对道德所负的责任很轻，乃至可以不负责任。而一般人的存在价值，大体不在于其生活之本身，而在其向物追求的坚执之情，与其在物的研究上所得的成就。人的价值，是通过物的价值而表达出来的。西方文化的成就在此，其问题亦即在此。

中国文化的精神，亦即儒家的精神，和上所述的恰成一相反的对照。

希腊求知的动机为闲暇中对自然界之惊异而追问究竟，这样便成为其哲学中之宇宙论。由宇宙法则之发现而落实下来便成为科学。中国之学术思想，起源于人生之忧患，此点言之已多，殆成定论。《易传》说"作《易》者其有忧患乎"，此非仅作《易》者是如此。忧患是追求学问的动机与推动力。至于学的内容，则西方主要是对于自然的知解，而儒家主要为自己行为的规范。《论语》："哀公问，弟子孰为好学？孔子对曰，有颜回者好学。不迁怒，不贰过。""子曰，君子食无求饱，居无求安，敏于事，而慎于言，就有道而正焉，可谓好学也已。""子曰，弟子入则孝，出则弟，谨而信，泛爱众，而亲仁。行有余力则以学文。""子夏曰，贤贤易色，事父母能竭其力，事君能致其身。与朋友交，言而有信。虽曰未学，吾必谓之学矣。"
上面所引的简单几条，这是洙泗的学风，形成战国儒学的
主要内容与性格，二千年来未有大变。朱子白鹿洞书院学
规，及王阳明教条示龙场诸生，一守此种成规而不失。此
与柏拉图之学园，以及近代之大学，其精神与对象之各不
相同，最为明白。

　　盖儒家之基本用心，可概略之以二。一为由性善的
道德内在说，以把人和一般动物分开，把人建立为圆满无
缺的圣人或仁人，对世界负责（《论语》"若圣与仁，则吾
岂敢"）。一为将内在的道德，客观化于人伦日用之间，由
践伦而敦"锡类之爱"，使人与人的关系、人与物的关系，
皆成为一个"仁"的关系。性善的道德内在，即人心之仁。
而践伦乃仁之发用。所以二者是内外合一（合内外之道），
本末一致而不可分的。

　　性善说虽明出自孟子，但这是中国"人性论"的正
统，并非孟子所始创。性善，性恶，性无善恶，有善有恶，
在孟子时代为一大争论。孟子就"人皆有不忍人之心"的
这一点上，就人皆有恻隐、羞恶、辞让、是非之心以见仁
义礼智之"非由外铄我也，我固有之也"的这一点上，以
断定人之性善，因而认为"人皆可以为尧、舜"，人皆可
不凭"他力"而都能堂堂正正地站得起来。我们只要稍稍
了解世界各大宗教之欲以他力，欲以神与上帝之力，使人
从外铄中站起来之艰辛，即可知儒家此一"自本自根"之

教义的伟大。但在孟子并未尝否定人的动物性的一面。他说"人之所以异于禽兽者几希"，可见有许多地方人是与禽兽无异的。但欲稳定人之所以为人的地位，则非首先从几希的地方去肯定人性不可。推孟子之意，人有与动物相同之性，有与动物不同之性。与动物相同者，因其系与动物相同，故不能指此一部分为人之特质，为人之性，而须从与动物不同的地方，从为人所独有的地方，才表现其为人之特质。此特质是善的，并且是人心所同然的，因而肯定其为性善。故曰"乃若其情，则可以为善矣，乃所谓善也"。可是要人由几希之善，扩而充之，使不致为与动物相同的部分所障蔽吞没，以另一语句说，不使人心危及道心，则须作一番"克己复礼"的工夫。而"克己复礼"的工夫后面，究竟须有一"作主"者，此作主者儒家认为是心。每一人之心，便会为每一个人作主。于是儒家在这一方面的工夫便是要"正心"、"养心"、"求放心"、"操存此心"（操之则存），使此心"常在腔子里"，使心常为一身之主，以"先立乎其大者"，使与动物相同的五官百体之欲，都听命于心。于是不仅心为义理之心，而五官百体亦为具义理之五官百体，此之谓"践形"（《孟子》"惟圣人然后可以践形"）。但对于心之操存涵养，在不与物相接的时候容易。可是心必与物相接，与物相接，即不能不有喜怒哀乐好恶欲之情，人的行为是从情转出来的。情受气质的影响（即生理的作用，如内分泌等作用），容易有过不及之偏，则心将随情转，而心之体亦不可见。所以求放心之功，要见之于变化气质上面。孔子说："志于道，据于德，依于仁，游于艺。"又说："兴于诗，立于礼，成于乐。"游于艺，成于乐，都是所以调和性情以变化气质的。孔子对门人言志，独赞叹曾点，只是由曾点所说，表现得一副好性情。儒家不主张断情禁欲，不使生理之人，与义理之人分而为二，以免与现实生活起隔离之感，而是要以学问来变化气质，率情以顺性，使生理之人，完全成为义理之人，现实之生活，亦即理性的生活，成为名符其实的理性动物。所以程明道说"学至气质变方是有功"，正系此意。这种向内在的道德性之沉潜陶铸的工夫，下开宋明的理学、心学，以形成中国"道德性的人文主义"的基点。至于西方的人文主义，则虽一方面由神的中心降落而以人为中心，一方面也是要把人从一般动物中区别出来，以站稳人之所以为人的地位，但他们主要是以智能为基点的人文主义。所以文艺复兴的人文大师的典型，多半要从他个人多方面的才能表现出来。而在中国方面，虽然并不轻视才能，但其基本精神，决非通过才能以表达的。故《论语》："太宰问于子贡曰，夫子圣者与？何其多能也。子贡曰，固天纵之将圣，又多能也。子闻之曰，太宰知我乎，吾少也贱，故多能鄙事，君子多乎哉？不多也。"这种地方，更可以看出一种显明的对照。

　　内在的道德性，若不客观化到外面来，即没有真正的实践。所以儒家从始即不采取"观照"的态度，而一切要归之于"笃行"的。《中庸》上说"博学之，审问之，慎思之，明辨之，笃行之"。五种治学方法，并不是平列的项目，而是一种前进的程序。笃行是前四项目的归结。要笃行，即须将内在的道德性客观化出来。于是儒家特注重"人伦"、"日用"。人伦是人与人的正常关系，日用是日常的生活行为。每一个人，在其自然或不得不然地所加入的人与人之关系中，及其日常生活中，都有其应尽的一番道理，而这些道理，都是人性所固有。只有尽伦、敬事（《论语》"敬事而信"。又云"执事敬"），才是内在的道德之实践，才可称之为"尽性"。而尽伦即可以摄敬事，故人伦尤为重要。父子兄弟的关系，是人伦的基点，是人性的自然的见端。于是孝弟又为人伦之本。《论语》："有子曰，君子务本，本立而道生。孝弟也者，其为仁之本与。""子曰，弟子入则孝，出则弟，谨而信，泛爱众，而亲仁。"《孟子》则正式标明"人伦"二字。如"学则三代共之，皆所以明人伦也"，"圣人，人伦之至也"，"舜明于庶物，察于人伦"等皆是。孟子所说的人伦，亦以孝弟为本。其曰"孩提之童，无不知爱其亲也。及其长也，无不知敬其兄也"，即系从孝弟上指点人性之善。又曰："仁之实，事亲是也。义之实，从兄是也。智之实，知斯二者弗去是也。礼之实，节文斯二者是也。乐之实，乐斯二者是也。"又曰："作为庠序学校以教之，申之孝弟之义。"由此可知孝弟乃儒家学说之总持。盖以仁为中核之人性，内蕴而不可见，可见者乃不期然而然的爱亲敬兄之情。在此等处看得紧，把得牢，于是人性之仁乃有其着落，有其根据，而可以向人类扩充得去。"于其所厚者薄，于其所薄者厚，鲜矣"，这是一种铁的事实。《诗经》说"孝子不匮，永锡尔类"，可知，"老吾老，以及人之老；幼吾幼，以及人之幼"，亦是人性中仁德自然之推。所以孝弟是人类爱的起点，也是人类爱的源泉。"人人亲其亲，长其长"，此乃各就其现成而当下的人与人的关系，皆成为以仁相与的关系。这种社会都是由仁德和温情所构成的，这自然会"天下平"了。伊川为明道作"行状"有云"尽性至命，必本于孝弟"。后来有人问他："不识孝弟何以能尽性至命也？"曰："后人便将性命别作一般事说了。性命孝弟，只是一统的事。就孝弟中便可尽性至命。如洒扫应对，与尽性至命，亦是一统的事，无有本末，无有精粗。却被后人言性命者别作一般高远说。故举孝弟，是于人切近者言之。然今时非无孝弟之人，而不能尽性至命者，由之而不知也。"按所谓"于人切近者言之"的另一意思，即是言孝弟而实不仅于孝弟。乃五四运动，两派人士，在"非孝"的这一点上，仅有程度之分，并无本质之别，这才是打到中国文化的最后长城，亦是攻到人之所以为人的最后防线。此一合力的攻势，到共产党的斗父母、斗兄弟、斗尊长，而收到其自然的成果，这能够不说是人生之道绝吗？面对此一现实，骂孝弟是封建的文化，因之，儒家是封建的文化的这些假摩登，总应该稍能自反吧。

由上可知儒家内在的道德实践，总是归结于人伦。而落到现实上的成就，大体是从三个方面发展：一为家庭，二为政治（国家），三为"教化"（社会）。

儒家所提出的五伦，有三伦是家庭的范围，所以"尽伦"是要首先把家庭变为一个道德实践的自然团体。儒家思想，因其系以仁为中核，而仁的性格，多趋于凝重安笃而少变。孔子说"仁者乐山"、"仁者静"，大体是这种意思。因此，儒家精神，不重在"改作"，却注重在已有的东西间去发掘其有意义的内涵，从而附与新的价值，使其渐变而不自觉。这种努力的方式，有其成功，也有其失败，在此暂置不论。在这里所应注意的，家庭本是人类自然的结合，儒家就在这种自然结合中，贯注以道德实践的新生命，即上文所说的"孝弟之义"。在家庭中的孝弟之义，以另一语句说，即《大学》所说的"一家仁，一国兴仁，一家让，一国兴让"之"仁"与"让"。每人各在其家庭中尽其人生之义务，得其人生之价值，即是每人因其有家庭，而生命占一价值之时间与空间。由现实之家庭纵而推之，则"本支百世"，人的生命由此而得到时间上无限的安顿。同时，因现实之家庭横而广之，则"睦宗收族"，以至"四海之内皆兄弟也"，人的生命由此而得到空间上之无限的安顿。儒家精神所贯注的家庭，其本身即是一圆满无缺之宗教，故不须另有宗教。而落实下来，只是"孝弟"二字，出自人心之自然流露，行之皆人情之所安。故自西汉起，儒家精神通过家庭以浸透于社会，其功效最为广大、最为深厚。民间有一副流行对联说："西京明训，孝弟力田。"这八个字，很符合西汉二百年的政治大方针，也正是儒家基本精神之所在。经过西汉的一番倡导，儒家精神生根于家庭之中，于是家庭成为中国社会的生产与文化合一的坚强据点。中华民族，至此乃有其深厚的凝集力与延续力，而完成其特有之厚重坚韧的民族性格。所以现在以汉之代名为华族永久之名，决非无故。自后两千年中，历史上遇着四次的外族大侵陵，遇着无数次内部的大屠杀，但一经短时期的修养生息，即可恢复旧观。而不像西方民族之一经大的灾祸，常即归于绝灭。盖因中国社会，遇有重大灾害威胁的时候，大家可以退保于家庭，再环绕着一宗族，以形成灾害的最后防御线。等到灾害减轻，即可由家庭宗族中伸出来，恢复其生产与文化的社会完整性。并且当世衰道微，士大夫成为文化罪人的时候，中国文化的真正的精神，反常常透出于愚夫愚妇之中，赖其"守死善道"的一念之诚，以维族命于不绝，此种情形迄晚近而未改。这也可见儒家精神通过家庭而向下浸透之深且厚。五四运动以来，只看到家庭的流弊，而不了解中国家庭之基本精神与其在民族保持延续中所尽的责任，觉得只要破坏家庭，则国家观念与夫社会精神即可以立致。今日的情形正值得重新加以彻底反省的。美国哈佛大学社会学系主任索罗肯氏（P. A. Sorokin）在其一九四八年出版之《人性之再造》一书中，主张西方文化与社会须加以改造。而社会改造，首先要有一个合理的家庭，以为新社会之起点。他深以西方缺少道德性的安定家庭为一大危机之所在。又有人认为英国之所以能在安定中进步，因为英国人系以家庭为生活之堡垒，故不至如其他国家之因缺少合理之家庭生活，以至社会浮动无根，动辄发生革命。这都可提供我们反省之资料。

儒家既对人伦负责，当然要对政治负责。但因历史条件的限制，儒家的政治思想，尽管有其精纯的理论，可是，这种理论，总是站在统治者的立场去求实施，而缺少站在被统治者的立场去争取实现，因之，政治的主体性始终没有建立起来，未能由民本而走向民主，所以只有减轻统治者毒素的作用，而没有根本解决统治者毒素的作用，反尝易为僭主所假借，此已见《儒家政治思想之构造及其转进》（《民主评论》三卷一期）一文中，此处不再详论。惟此处应补充者，则旧儒家一面须对政治负责，而一面未能把握政治的主动，于是儒家思想，尝在政治中受其委屈、受其摧残，因而常常影响到儒家思想的正常发展，不断地产生许多出卖灵魂的盗窃之徒，这真可以说是文化历史中的大不幸。最显著的如东汉末年、唐代末年、明代末年，少数宦竖，觉得一般对政治主持风节清议的书生（即今日之所谓"舆论"），与他们"口含天宪"者脾胃不合，杀戮之酷，只有今日极权主义者才可比拟。因有党锢之祸，遂使聪明才智之士，逃于玄，逃于佛，而中原沦为夷狄。有浊流之祸，遂产生冯道这一类的典型，而五代生人之道绝，而造成满清入关，二百余年之统治，使中国文化精神，进入睡眠状态，演变而造成今日亘古未有之极权大反动。所以今日真正的儒家，一定要在政治民主化的这一点上致力。至于有人怀疑儒家思想是否与民主政治相容，这全系不了解儒家，且不了解民主之论。凡在思想上立足于价值内在论者的，即决不承认外在的权威。今日欧洲的民主主义，系奠基于十八世纪之启蒙运动。而启蒙运动之思想骨干系自然法。自然法思想导源于罗马，罗马之此一思想渊源则来自希腊末期之斯多噶派。继自然法思想而起之功利主义，乃资本主义与民主主义在英国结合之特殊产物，但并非非有此一结合不可。美国杰佛逊们的民主运动，即仅受自然法之影响而未受功利主义之影响。故美国之民主主义，更富于理想性。在十八世纪以前，由马丁·路德之宗教改革而来的良心之自由，其对近代民主之影响，无人可加以否认。而路德实受有德国神秘主义之启示（亦称"泛神论"）。德国之神秘主义，固系价值内在论者。儒家之为道德的价值内在论，已如前述。儒家"自本自根"之精神，既可不需要外在之上帝，则在政治上岂能承认由外在权威而来的强制作用。我特于此引《传习录》上王阳明的一段话，以相印证。

> 爱问，"在亲民"，朱子谓当作"新民"，后章"作新民"之文，似亦有据。先生以为宜从旧本作"亲民"，亦有所据否？先生曰，"作新民"之新，是自新之民，与"在新民"之新不同。此岂足为据。"作"字却与"亲"字相对，然非"亲"字义。下面"治国平天下"处，皆于"新"字无发明。如云"君子贤其贤而亲其亲，小人乐其乐而利其利，如保赤子，民之所好好之，民之所恶恶之，此之谓民之父母"之类，皆是"亲"字意。……

按阳明把"作新民"解为"是自新之民"，所谓"自新"，是老百姓每人都自己站起来。"在新民"之"在"字，则有由政治力量去代老百姓去新的意思；用现在的话说，即是训政与改造运动的意思。这都与儒家的内在论不合，亦即为儒家的政治思想所不许。儒家之所以贵王而贱霸，贵德而贱力，皆系由此而来。儒家的政治思想必归结于民主政治，而民主政治之应以儒家思想为其精神之根据，凡态度客观的好学深思之士，必不会以此为附会之谈。

其实，儒家对人类负责的精神，除了上述二端外，还有其为人所忽视，而实系最伟大的一面，即其"教化精神"的一面。许多人说孔子是中国最早的教育家，"教育家"

三字，说得未尝不对，但亦说得未尝尽对。孔子之精神，实系伟大宗教家之教化精神。毫无凭借，一本其悲悯之念，对人类承担一切责任，而思有以教之化之。此系立于社会之平面，以精诚理性相感召，这与政治之设施全异其趣。世界伟大宗教之得以建立，其教义必须通过此一教化精神以具象化之，乃能唤起人类之心灵而与其熔铸在一起。否则任何教义，只作一番话说，与人究无多干涉。儒家之所以能代替宗教，不仅在其自本自根之道德内在论，可以使人不需要宗教，亦因孔子之教化精神，实与伟大宗教之创立者同样地将其学说具象化于中国民族之中，故非普通一家之言可比。孔子当然希望用世，"如有用我者，吾其为东周乎"。政治是实现理想的捷路，但政治须有所待而后行，而教化则系一心之发，当下即可尽力。故孔子对于现实政治，皆采取一种可进可退之随缘态度，如曰"用之则行，舍之则藏"，"邦有道则现，邦无道则隐"。但一谈到教人的这一方面，则"教不倦"常与"学不厌"并称，与"学不厌"同其分量。"有教无类"的对于人类的信心，对于人类的宏愿，真可含融一切有生而与其同登圣域。《论语》说："自行束脩以上，吾未尝无诲焉。""互乡难与言。童子见，门人惑。子曰，与其进也，不与其退也，唯何甚。人洁己以进，与其洁也，不保其往也。"从这种站在社会上来对人类负责的精神，才真显出"人伦"观念之基本用心与其含弘光大。

宋明性理之学，不仅是儒家精神的复兴，而且也是儒家教化精神的复活。宋明儒之"讲学"即是一种教化精神，用现代的话说，即是一种社会的思想运动。因为此一精神而可以浮出一社会的对象，形成一社会的势力，在朝廷以外，另树立一人类的标准与归趋。而专制之夫，与夫宫竖嬖佞之臣，也无不以讲学为大禁。这都是古今在事实上所能按验的。伊川曾说：

　　贤者在下，岂可自进以求于君？苟自求之，必无能用之理。古人之所以必待人君致敬尽礼而后往者，非欲自为尊大，盖其尊德乐道之心不如是，不足与有为也。

　　又：

　　伊川先生在讲筵……不为妻求封。范纯甫问其故，先生曰，某当时起身草莱，三辞然后受命，岂有今日乃为妻求封之理。问，今人陈乞恩例，又当然否？人皆以为本分，不为害。先生曰，只为而今士大夫道得个"乞"字惯，却动不动是乞也。

此乃讲理学者对政府的一共同态度。此一态度之另一面，即是以讲学向社会负责。邹守益《阳明先生文录》序有一段说：

> 当时有称先师者曰，古之名世，或以文章，或以政事，或以气节，或以勋烈，而公克兼之。独除讲学一节，即全人矣。先师笑曰，某愿从事讲学一节，尽除四者，亦无愧全人。

阳明这种以讲学重于政治勋业之精神，亦宋明讲学者之共同精神。此一精神之影响，为在政治之外，在朝廷之外，使社会另有一理性的趋向，而形成一理性的力量，这便使专制之主与宦竖便佞之徒所视为芒刺在背，非假借各种名义以禁锢绝灭之不可。如元祐党禁、南宋伪学之禁、明末东林之禁，当时主持其事者，当然也有他的一套说法。但由历史观之，这群人的卑贱丑恶，实连猪狗之不如，此种事实，我希望其能成为历史上永久的大戒。同时，中国今后如要能在世界上求生活，必须除了政府以外，有站得起来的社会势力，以与政治立于对等之关连，因而亦与政治划有一定之限界。如此，则国家始有其内容，始能发生力量。而在产业落后的情况下，只有先有社会的自由讲学，以激发人心，树立风气，形成社会之文化力量，以推动社会的其他各方面，乃社会能够站起来的先决条件。今后中国文化之出路在此，中国智识分子之出路在此，中国政府之是否系"大桀小桀"的试金石亦在此。所以我不觉对这一点言之蔓衍了。

儒家人伦的思想，即从内在的道德性客观化出来，以对人类负责的，始于孝弟，而极于民胞物与，极于以"天地万物为一体"。从孝弟到民胞物与，到天地万物为一体，只是仁心之发用，一气贯通下来的，此中毫无间隔。吾于此，谨引王阳明《大学问》的一段话以作印证。

> 大人者，以天地万物为一体者也。其视天下犹一家，中国犹一人焉。若夫间形骸而分尔我者，小人矣。大人之能以天地万物为一体也，非意之也，其心之仁本若是，其与天地万物为一也。岂惟大人，虽小人之心亦莫不然。彼顾自小之耳。是故见孺子之入井，而必有怵惕恻隐之心焉，是其仁之与孺子而为一体也。孺子犹同类者也。见鸟兽哀鸣觳觫，而必有不忍之心焉，是其仁之与鸟兽而为一体也。鸟兽犹有知觉者也。见草木之摧折而必有悯惜之心焉，是其仁之与草木而为一体也。草木犹有生意者也。见瓦石之毁坏而必有悯恤之心焉，是其仁之与瓦石而为一体也。是其一体之仁也，虽小人之心亦必有之。是乃根于天命之性，而自然灵昭不昧者也。

还有，五伦思想，为儒家精神落实下来的一种局格。凡精神一落入局格之中，一方面因可以由此而现实化，但一方面亦将因此而渐成僵化，不能适时顺变。五伦思想形成于二千年之前，其不能完全适应于今日，且发生若干流弊，而须加以批判，这是当然的。并且人伦思想，虽至汉而落实，而其精神亦至汉而渐离。忠孝之在孔孟，乃系人之一种德性。至于人与人的关系，则常相对以为言，如"君君，臣臣，父父，子子"之类。此其中，并无从外在的关系上分高低主从之意。汉儒为应大一统之政治要求，《白虎通》中创为"三纲之说"，将人性中德性之事，无形中一变而为外在关系中权利义务之事。于是渐失人伦之本意而有时成为人性抑压之具，这是首先值得提出来研究的。但这也要原始于五伦思想之基本精神，了解其真正用心之所在，则在批判之中，即收新生扩充之效。这一点是应该有人用力的。

三、成就中的限定

如上所述，儒家系从仁性、道德性方面去阐发人性的，此乃人性之一面。在这一面中，不能成就科学。科学是要靠"为智识而智识"的人性中另一面"知性"的发展。投入于为知识的知性之中的对象，知性对之除了只问把握得真不真以外，可以说是采取无善无恶的态度。因之知性的发展，是顺着对象自身的法则性而推演下去，知性即在对象的法则性之把握中而得到满足。所以知性所看见的自然，是与知性的主体无关的，即是纯客观的自然，而知性的任务，是只向对象追根到底的思索。对于思索所得的成果，并不发生思索的主体负责去实践的问题。因此，思索便能解除了实践意志所无形加在他身上的限制，而可以一步一步地推解下去，这是西方文化的骨干，也是成就科学的基底。什米格勒（Schwegler）的《西洋哲学史》，一开头所下的哲学定义是"所谓哲学者，乃追考之事。乃由思维以考察事物之事"。仅以此作为哲学的定义，当然还须加以补充。可是若以此作西方的所谓"学"的说明，则是一种简单明了的概括性说明。儒家并没有轻视知性，孔、孟常是仁智并称。而《中庸》称智、仁、勇为三达德。然儒家所称的智，都是站在道德方面，站在道德实践方面而立言，因之，儒家的智，是心的灵明向内在的道德主体的烛照。推而广之，亦止于人伦上之用心。其主要任务，不是向外去把握与实践无关的对象，分解与实践无关的对象。所以儒家的智，与西方之所谓智，有其基本性格上之区别。孔子说："仁者安仁，智者利仁。"孟子曰："智之实，知斯二者（按系事亲从兄）弗去是也。"智、仁、勇之三达德，皆以仁为中心，并非三者平列。《论语》："子曰吾尝终日不食，终夜不寝，以思，无益，不如学也。"这里之所谓"无益"，只就道德观点而言，在西方则不问其有益无益地思下去。所以儒家之智，只成就道德，成就道德实现的事功，并非直接成就科学。程子解释格物为"格物而至于物"。又谓"凡一物上有一理，须是穷致其理"。朱子取得此意以补《大学》格物致知之义曰：

> 所谓致知在格物者，言欲致吾之知，在即物而穷其理也。盖人心之灵，莫不有知。而天下之物，莫不有理。惟于理有未穷，故其知有不尽也。是以《大学》始教，在使学者，即凡天下之物，莫不因其已知之理而益穷之，以求至乎其极。至于用力之久，而一旦豁然贯通焉，则众物之表里精粗无不到，而吾心之全体大用，无不明矣。

照程、朱格物致知，须分"主宾"之意，则理已成客观而在外的东西，由此路下去，有构成西方知识论之可能，亦即由此转出科学之可能，且他们也作过这种尝试。故熊师十力之《读经示要》，独于致知格物，采程、朱之说，意欲由此以转出科学，其用心甚苦。但于此有不容含混者，即程、朱之所谓"物"，主要上仍系指人伦而非指自然。而格物穷理之目的，仍是为了道德上之实践。所以朱子答林谦之书有云"因践履之实，以致其知"。可见程、朱虽有与西方知识论接近之处，但知性毕竟未从道德中解放出来。所以朱子之所谓"穷理"，终逃不出读书范围。其上孝宗疏有云"为学之道，莫先于穷理。穷理之要，必在于读书"，此与牛顿见苹果落地而发明万有引力，瓦特见水沸上冲壶盖而发明蒸汽机，以至培根为试验寒气到底能否防止腐烂，因而自己买火鸡，亲手杀死后填雪于其体内，因此受寒而死，其研究的动机与对象，完全不同，是很容易明白的。因而王阳明所谓朱子"于事事物物上求至善，却是义外也"，这站在儒家的基本精神上说，我觉得王阳明倒是对的。《论语》："子夏曰，虽小道，必有可观者焉。致远恐泥，是以君子不为也。"朱《注》："小道，如农圃医卜之属。"西方学术的骨干，在中国看来是小道。而中国圣人之用心，在西方看来不离于常识。文化开端所走的方向不同，遂终相远而不能相喻，此正为今日有心文化者所应用心的。

今人常谓中国之不能成就科学，系由于缺乏方法论，如逻辑。此种说法，亦近含混。儒家的基本精神既已如上述，则中国之无逻辑，并非谓中国思想尚在幼稚阶段，不能产生逻辑，而系儒家精神所需要之方法，乃另有所在而不在逻辑。儒家论为学之初步方法，如博学审问等，此乃一般性的。由儒家精神逼进之特殊方法，我认为"体认"两字可以作代表。主静、主敬、存养、省察，都是归于体认。程子曰："吾学虽有所受，而'天理'二字，却是自家体认得来。"体认是向内沉潜反照的认识。他不是以主体去把握客体，更不是从分解中去把握客体的法则性，而是以主体去把握主体，把道德的主体性，从人欲的"拟主体性"中显露出来，而加以肯定，加以推扩。另一方面，是把与物与事相接的情念，内照于心之明觉，以证验其在道德主体性前之安与不安，以求外与内合。因此，体认的过程，即是道德实践的过程。所以宋明儒不称这为方法，而常称之为"工夫"，工夫是有一番真实的气力在作用着的。朱子临死时特拈出"艰苦"二字，而王阳明亦说："某于良知之说，从百死千难中得来，非是容易见得到此。此本是学者究竟话头（按即天路历程之最后一程之意），可惜此理，沦埋已久，学者苦于闻见障蔽，无入头处，不得已，与人一口说尽。但恐学者得之容易，只把作一种光景玩弄，孤负此知耳。"在道德的沉潜实践中，我想敷设不了逻辑。

儒家对于自然是很亲切的，但既不同于西方浪漫主义者之对自然寄托其向无限所发生之憧憬，更不同于科学者，对于自然之作冷静客观的剖析。儒家心目中的自然，只是自己的感情、德性的客观化。《诗三百》的草木鸟兽之名，只是诗人的感情德性，而决不能构成动植物学。民间最流行的松竹梅的分类，梅兰竹菊的分类，这只是人的感情德性所反映出来的分类，谁也不能说这是植物学的分类，并且谁也不能说因其非植物学之分类而即无意义。因其意义乃另有所在。下开的故事，最可说明中国文化对自然之态度。"明道先生曰，周茂叔窗前草不除去，问之，云与自家意思一般。问，周子取其生生自得之意耶？抑于生物中欲观天理流行处耶？朱子曰，此不要解。得那田地，自理会得。须看自家意思，与那草的意思，如何是一般。"所以"致中和，天地位焉，万物育焉"，只是感情德性之至境。自然之价值，不在自然之本身，而在提出自然者所反映出来的价值。西方科学，把人也演化于自然之中，而儒家精神，则把自然演化于人之中。可以说因文化之根底不同而自然之性格亦因之不同了。

由上所述，我们应该干脆承认在儒家精神中缺乏科学，也同于在希伯来精神中之没有科学一样。但儒家精神中，绝没存在着反科学的成分在内。大家都知道近世的科学，是经过文艺复兴与宗教改革而转出来的。宗教改革所及于近世科学的影响，约有三点：一为尊重现世，给尊重现世的思想以宗教上的根据。二为促进合理的思索。三为以职业为神授的课业，给学者、技术家以专门之业的思想的根据。这三点，尤以第一点为重要，而第一点乃来自德国神秘主义之"在现世已可看见彼岸"的思想，这对于基督教是一大转折。但儒家自开始即系尊重现世，尊重合理思索，尊重日用职业的。儒家精神中之所以没有科学，只是由道德实践性限制了思索的自由发展，由道德的主体之重视不知不觉地减轻了事与物的客观性之重视。但是这种限制与减轻，并非出于道德本身之必然性，而只是由开端时精神所向之重点不同，遂由人性一面发展之偏而来的，不自觉科学的成就，是人性另一方面的成就。则中国尽可由现代科学的刺激而益可见人性之全，不仅科学的迎头赶上为必要，且由尽物之性，由成物之功，使人性中之道德性，益可客观化到物的上面来，落实到物的上面来，而更能收道德性在人伦日用中的功效，与道德性以不断的充实。儒家的精神，其所以不同于宗教，因为他本是要道德不离开物与事，落在物与事上面，从物与事上面来完成人格的。此自孔、孟以至程、朱、陆、王，皆无二致，随处皆可加以覆按。但儒家为道德实践而落在事与物上，无形中即以事与物之价值，不在事与物之本身，而在其与道德生活之关系，这样便不能"格物而至于物"以尽物之性。而中国的问题，正因为物与事不足以支持道德上的要求。孔子对于博施济众，而叹其"何止于仁，必也圣乎？尧、舜其犹病诸"。由知性的发展以成就科学，因此而可以满足博施济众之要求，亦即所谓道德上的要求。且由科学技术之进步而大大提高对物的创造能力，不仅不致像王阳明样格庭前之竹，格了三天格不通，会因此而致病，并且连宇宙的奥秘，如原子、量子等，皆可呈现于吾人之理解之前，以引发道德上新的问题，构造新的努力、新的成就，这将是孔、孟、程、朱、陆、王所欢欣鼓舞去学不厌、诲不倦的。其所不同于西方者，将只是勉励大家以仁心来提撕科学，使无善无恶的科学，只在完成人的道德上发生作用，而不致利用为反道德的工具。于是科学在儒家精神中亦可看出其新的生命与价值，而益增加其应当自由发展之信念。仁性与知性，只是人性之两面。只须有此一觉，即可相得益彰。

在向两个方向的努力上，其共同的起点，将为孔子的"毋意、毋必、毋固、毋我"。其共同的终点，将为孟子云"万物皆备于我矣"。一个人在实验室中，在各种专精的工作中，其完全将自我没入于对象之中的精神状态，正与在道德实践中，人欲去尽的无我的精神状态，同其伟大。即退一层说，朱子《答孙仁甫》书有云："古人设教，自洒扫应对进退之节，礼乐射御书数之文，必皆使之抑心下首以从事于其间，而不敢忽，然后可以消磨其飞扬倔强之气，而为入德之阶。今既皆无此矣，则唯有读书一事，尚可以为摄伏身心之助。"果尔，则研究科学与技术之可以摄伏身心，不更好过洒扫应对吗？所以对科学的研究，同时亦可为道德的实践。西方大多数科学家都有对宗教的虔诚，则中国的科学家，当然也可以有道德的陶铸。所以我的结论是儒家精神中没有科学，但决不是反科学。今后的儒家之需要科学，不仅系补其人性在中国文化发展过程中所缺的一面，并且也可辅助我们文化已经发展了的一面，即仁性的一面。仁性与知性，道德与科学，不仅看不出不能相携并进的理由，而且是合之双美、离之两伤的人性的整体。

其次，有许多人爱将儒家思想，说成西方的形而上学的东西，因而常常拿去与西方的哲学相比附，如唯心唯物、事素之类。依我的看法，这种比附多系曲说，有没却儒家真正精神的危险。

人生而是形而上的动物，因为他总要追问到根源上去。

儒家当然要追问一个根源。但儒家道德之教所指示的根源，只是要人自己验之于人人皆有恻隐、是非、辞让、羞耻之心，只是要人各从其自心上去找根源。这是从人的本身来解答人的道德根源，亦即人之所以为人的根源的办法。至于从心推而上之，心的根源是什么，宇宙的根源是什么，儒家当然承认有此一问题，孔、孟、程、朱、陆、王，当然也曾去思索这一问题，如提出的天、天命，等等，但总是采"引而不发"的态度。因为站在儒家的立场，道德即是实践。道德的层次，道德的境界，是要各人在实践中去领会。而圣贤教人，只是从实践上去指点。若仅凭言语文字，将道德根源的本体构画出来，这对于道德而言，纵使所构画者，系出于实践之真实无妄，但人之接受此种说法，亦只是知解上的东西。从知解上去领会道德的本体，即有所见，用朱子的话说，亦"只是从外面见得个影子"，且易使道德的根基走样。《论语》上孔子对门人问仁，从不曾把仁描写系如何如何的东西，而只是按着大家所能开始实践的层次与方面，加以指点。颜渊的层次最高，所以答的层次也最高（克己复礼）。宋代周、程、张诸儒，要把中国文化从佛教中拯救起来，为了对治佛的宗教上的说法，于是把形而上这一方面的东西，比较多说了一些。但由道德发展上去的形而上学，与西方由知性推演上去的形而上学，虽有相同的语言，而决不是相同的性格。冯友兰之流，从这种地方与西方相比附，以为此即中国的理学道学，此乃隔靴搔痒，其毛病即出在这里。所以《朱子语类》：

> 圣人言语甚实。且即吾身日用常行之间可见。……不必求之太高也。今如所论，却只于渺渺茫茫处，想见一物悬空在，更无捉摸处。……何缘得有诸己。……只为汉儒一向寻求训诂，更不看圣贤意思，所以二程先生不得不发明道理，开示学者，使激昂向上，求圣贤用心处，放得稍高。不期今日学者舍近求远，处下窥高，一向悬空说了，扛得两脚都不着地。

又答廖子晦云：

> 详来谕，正为日用之间，别有一物，光辉闪烁，动荡流转，是即所谓无极之真，所谓谷神不死。……学者合下便要识得此物，而后将心想象照管，要得常在目前，乃为根本工夫。……然若果是如此，则圣人设教，首先便合痛下言语，直指此物。……而却都无此说，但只教人格物致知，克己复礼。……《论》、《孟》之言，平易明白，固无此等玄妙之谈。虽以子思、周子，吃紧为人，特著《中庸》、《太极》之书，以明道体之极致，而其所以用工夫处，只说择善固执，学问思辩而笃行之。只说定之以中正仁义而主静，君子修之吉而已，未尝使人日用之间，必求见此天命之

性、无极之真，而固守之也。盖原此理之所自来，虽极微妙，然其实，只是人心之中，许多合当做的道理而已。……

陆、王重在先立乎其大者，与程、朱稍有异同。然所谓"大者"，决非西方形而上学的悬空的东西。如王阳明说"……我此间讲学，却只说个必有事焉"。又曰："……然欲致其良知，亦岂影响恍惚而悬空无事之谓乎，是必实有其事矣。"儒家之学，当然以究体为归。但儒家之所谓"体"，多系道德之心。道德之心乃存在于人的躯体之内而显现于体认实践之中，由体认实践之浅深而始能把握此心之层次。体认实践之过程，即克己复体之过程，实乃一辩证法的迫进，而心实非一僵化之死局。故黄梨洲谓："心无本体。工夫所至，即其本体。"此非否定体之存在，乃说明"观体承当"，非由知解上层层上推之事，而系实践中层层迫进之事。此与西方由知识外推而成之形而上学，自大异其趣。西方形而上学之体，多在心之外。而儒家决不外心以言体，儒家之所谓"心"，与唯心论之心，实渺不相涉，不容比附。

至唯心、唯物之论，其内容有二：一为宇宙论的，一为知识论的。儒家之基本用心，不在宇宙之来源问题。儒家对于宇宙，只从道德的观点加以肯定。儒家言心，只是主张道德的主动性和感通性。王阳明谓无心外之理，此理亦是克就道德上而言，故不能称为宇宙论之唯心论。儒家为知识而知识之知性并未发达。"心之官则思"，"知是心之本体"，大体只说到此种程度，很难因此附会为认识的唯心论或唯物论。王阳明游南镇答花树之问，只一时兴到之谈，禅家气息甚重。儒家最重体用合一，然不可因此而附会为形而上学的"心物一元"等架空之谈。李延平答其友罗博文书云"初讲学时（按系指朱子），颇为道理所缚。今渐能融释于日用处，一意下工夫。若如此渐熟，而体用合矣"。凡宋明儒谈体用合一，皆应作实践去理会，作工夫去理会。近儒马浮先生在其《尔雅台答问》中，答人书有云：

> 示所论著，征引甚详。然意在辨章先儒之说，以近人治哲学之方法及批评态度出之。中土先哲，本其体验以为说，初无宇宙论与心论之名目也。尽心知性，穷神知化，皆实有事在，非徒欲说其义而止也。……好以义理之言，比附西洋哲学，似未免贤智之过。

马先生之言，正与今日喜欢撷拾语言，不求甚解，以比附为事者，以当头一棒。

总之，儒家也可以有其形而上学。但儒家的形而上学，须由儒家的基本性格上做工夫去建立的。以马浮先生的另一话说，应从"实理"上做工夫，而不能仅在"玄谈"上做工夫。更不好如冯友兰之徒，硬拿着一种西方形而上学的架子，套在儒家身上，如"新理学"等说法，这便把儒家道德实践的命脉断送了。

四、时代的新生

如上所述，从人类整个的文化看，儒家的成就，是受有历史的限定，而绝非无所不包、无所不备的。不过，试盱衡今日西方文化所面临的危机，及中国目前艰危的形势，则儒家精神，正在为渡过灾难而反省、而奋斗的人们心灵之深处跃动，仿佛呼之欲出。真正说起来，这将是儒家精神新生的时代。

西方文化的危机，言之者已非一人一日。其危机所在，正和中国者相反。中国文化所遗留的问题，是在物的方面。因物的问题未得到解决，反撞将来，致令人的问题也没有得到解决。西方文化今日面前所摆的问题是在人的方面。因人的方面未得到解决，反映转来，致令本是为人所成就的物，结果，反常成为人的桎梏、人的威胁；所以才有欧洲的衰微，才面临过去希腊、罗马所同样经过的存亡绝续的大试炼。前面曾经提过的索罗肯的"人性之再建"，主要系指出欧洲近代"官能的文化"、"感性的文化"，对人的本身所制造出的"伪似科学"，把人仅认作"欲动"的、"权力"的，乃至纯生理、纯物理的东西，因而把人导向濒于死灭之边缘，不得不呼吁人性的再建。此已另有介绍，今再将得过一九一二年诺贝尔科学奖金的卡勒尔（Alexis Carrel）博士在其《人，此一未知者》中的结论，摘引一二段，以相印证。

卡勒尔博士在详细叙述了近代各种科学对于人的研究与成就，而感到失望之后，他说：

我们今日因以苦恼的谬误，在于曲解了伽利略的天才的思想。伽利略把事物能够测度的广度、重量、形状、颜色、臭味等，称为物之第一次的性质，和不能够测量的第二次性质，加以区别。毕竟是把量的东西从质的东西分开，所以由数学的用语所表示之量的东西编出科学，而把质的东西忽略了。抽出事物的一次的性质，这是正当的。但因此而忘记了二次的性质，则系严重的错误。我们因此而受到严重的后果。何以故？对于人来说，不能测度的东西，较之能测度的东西，更为重要。……然而这种质的东西之与量的东西之分离，到笛卡儿建立身体与心灵的二元论而更甚。即从那时以来，精神上的现象，不能加以说明，而物质决然与精神分开了。并且认为肉体之有机的构造，与生理的机能，较之精神之苦乐美丑，远为重大。由此种错误，我们的文明，遂被诱入于把科学导向胜利，把人却导向颓废的路上。（一九五一年樱泽如一译决定版，页三五六至三五七）

……我们应将给与热力学之同等重要性，给与于人之情意的研究之上。我们的思想，不能不拥抱一切实在之方面。（同上，页三五八）

　　但是要拔弃三百年以上支配着文明人之头脑的学说，当然很困难，学者之大部分，都以普遍名词为实在，相信量的东西之专擅存在权利，相信物质的优越，精神与身体之分立，和精神的从属的位置。他们决不容易放弃这些信念。因为放弃这些东西后所发生的变化，会成为教育学、医学、卫生学、心理学、社会学等的根底之动摇。现时由各个学者所愉快耕种的小块田地，将变为未开垦之大森林。若是科学文明，离开文艺复兴以来所走的路线，而回到具体东西的幼稚观察，则各种奇异的事态会产生出来。物质失去其优越。心之活动与生理之活动，成为同位的东西。对于精神之机能，美意识及宗教意识等活动的研究，会和数学、物理学、化学之研究，视为同样不可缺的东西。现在的教育方法，将视为不合理。各科学校与大学，不能不变更教授科目。（同上，页三五八至三五九）

　　卡勒尔博士的成就，是从分析和显微镜中得来的。但他发现分析和显微镜的效用，皆有其限度，而由分析与显微镜所得的成果，也不是人类生存所需要的全部的成果。卡勒尔博士还说："若是牛顿或拉发西挨（Lavoisier）把那样的努力，如我们加之于精神的方面，或者人和人的研究的方面，我们或者成为无比的幸福。……"我们的先圣先贤，岂非正是在牛顿们所走的另一条路上作这一番努力吗？

西方的社会科学，也有其辉煌的成就。但因为对于人的本身的根源，没有建立起来，所以也一样地面临着空前的试验。经济学中的自由主义，解决不了贫富的对立。而计划经济、统制经济，又大有陷入极权统治的可能。经济学家们在二者之间所作的技术性的努力，并未能与此问题以解决。至就政治而论，则可引前面曾经提到的伯卡教授的看法作代表。伯卡教授在其一九四〇出版的《现代民主主义论》中，再三指出民主主义的危机，是来自经济方面的矛盾。但经济之所以成为问题，并不是物的关系。现在的技术，可以解决人对物的要求。民主主义之能否不被极权主义者推翻，端在处于经济利害对立的人们，在利害切身的关头，能否以民主的方式解决其矛盾。若不能发挥理性作用，在民主方式之内解决问题，结果，只有促成暴力革命。说来说去，民主政治的危机、经济的矛盾，其解决之键，还不是在人的本身吗？所以欧洲文化的死活，要看是否能回转头来在建立"人之所以异于禽兽者"的这一点上的努力。

我从另一角度看出欧洲文化的难题，是在个体与全体的冲突上面。而儒家在这一点上，却提供出了一条可走之路。当然，这不是已经完成之路。

欧洲中世纪，大家生活在基督的统一教义之中。基督教义，是以人的原罪，面对着上帝而展开的，这可以驯柔骄妄的罗马人和横暴的蛮族，提撕其精神而使之向上。然基督教的理念，完全为一超越而外在的精神。个人对之，除信仰外，完全没有自主的主动力量。这便容易埋没人的个性，在现实上促成权威的统治。所以近代的开始，乃开始于个性的自觉、个体的自觉。这即一般人所说的个人主义。不过，任何人，在事实上，都要生存于一有秩序之统一体中，没有真正单独的个人可以存在。因此，在文化上，个人主义，未曾打倒宗教，而合理主义更演进为近代的理性主义，以把人连结于理性之统一体中。但欧洲的理性主义，在超越而外在的这一点上，大概与宗教同具性格。例如黑格尔历史哲学的三个契机，系神——国家——个人。神是目的，国家是材料，而个人则无形地成为神之手段，亦即历史目的之手段。所以黑格尔之历史哲学，被其反对者称为傀儡说。因为个人虽可以国家为材料而上通于神，因而个体也是神之一类现，但无形的，人是被认作次级的存在。既是次级的存在，便不能不成为高一级的手段。这落在现实上，便不能说没有成为极权的全体主义之可能。于是另一派人士，即所谓经验主义的人士，为了保存个人自由，遂不肯承认理性主义，以为一谈到理性主义，便会助长全体主义，这站在西方的立场看，并不是完全没有理由。但问题是在于彻底的经验主义、彻底的个人主义，在观念中可以存在，在现实的人生生活中并不能存在。在现实生活中坚持这种观念上的东西，结果，只是由怀疑而虚无，而一无所肯定，无所成就，其反面总是助成了极权的全体主义之得势。其实，与全体主义的关连，只是纯外在的理性主义之过，而非理性主义之过。因为理性主义并非必然是纯外在的。儒家精神，是超越而内在的理性主义。在其内在的方面肯定了个体，在其超越的方面肯定了全体。全体表现于个体之中，无另一悬空的全体。每一个体涵融全体而圆满俱足，无所亏欠，所以个体之本身即是目的，而非以另一东西为目的。落在现实上，儒家的人伦观念，每一人虽都为对方尽义务，但这只是完成自己，而并非作对方之手段。所以义务之尺度是在自己，而不在对方。"以道事君，不可则止。"臣岂是君之手段，如今日世界大小极权主义者之所想象。"一花一世界，一叶一如来"，佛家这两句话差可作儒家精神的比拟。但佛家只是悬空地说，他依然是要离开此岸以求彼岸，离开现世以求来世，这仍是将一与多、个与全，隔而为二。儒家则从人伦日用中之道德实践上立论，以圆满之个人成就全体，以合理之现在开辟未来。个体之对于全体，现在之对于未来，乃"当下即是"，绝无阻隔。此种个体与全体之统一，可以打开西方个体与全体对立而互相翻压之局。有人疑儒家精神，亦系东方之一种全体主义者，试引下面一段话以供大家玩味。

赵师夏跋《延平答问》："文公先生（按即朱子）尝谓师夏曰，余之始学，亦务伭侗宏阔之论，好同而恶异，喜大而耻于小，于延平之言，则以为何为多事若是。心疑而不服。同安官余，反复思之，始知其不我欺矣。盖延平之言曰，吾儒之学，思以异于异端者，理一分殊也。理不患其不一，所难者分殊耳。"

儒家思想，十七世纪在德国颇有理解。尤以来布尼兹（Leibniz）、佛尔夫（Wolff），对孔子推崇备至。佛尔夫且以此而丧失其哈兹勒大学副总长之职。来布尼兹认西欧在理论的哲学知识方面占优势，而中国在实践哲学方面占优势。其言颇中肯綮。十九世纪后，西方对中国之研究日多，而对中国精神之了解反日退。盖西方既日益为自然主义、唯物主义所压倒，故愈不易了解儒家（按此与西方殖民主义于十九世纪向中国疯狂的进攻有直接关系，一九七九年四月十八日补注）。而中国能与西方相接触之名士，一面凭中国资料以换饭吃，一面以打倒儒家为名高。于是儒家精神，不能有贡献于西方文化正欲寻一转机之时，此固中国之耻，亦世界文化之不幸。

若就中国本身而论，则应分作三方面来说。一是自由中国方面，一是共党统治方面，此二者主要牵连到当前的政治问题。最后是中国整个文化出路问题，这是我们提出此一问题的最后目的。

就自由中国而论，目前最迫切的任务，是如何战胜共产主义，以恢复国家人民的自由问题。国民党在大陆上被共产党击败，我想，这不能以西方现代化的程度来作衡断的尺度。中共是从穷乡僻壤中转出来的，国民党干部的洋气，与共产党干部的土气，恰可作一鲜明的对照。国民党当年所凭借的现代物质之力，更非共产党所能比拟。同时，共产党讲组织、讲主义、讲谋略，国民党并不是不讲组织、不讲主义、不讲谋略。然而国民党以绝对优势而一败涂地，这当然不是国民党较共产党更为现代化之过，而是国民党现代化的后面没有灵魂，因而在人的基本上和共产党比失败了。在大陆时，国民党可以有不少的好东西在口头文字上转。但每一个人实际所承担的都与口头文字上的相反。所以国民党员，在私的方面，在暗的方面，都有其聪明，都有其能力，而在公的方面，在明的方面，大家都是愚蠢无能。共产党员，虽所知有限，虽所知皆偏差乖谬，造成今日之大破败，但就他们能彻底担当其有限之知，冒险犯难以求实现这一点而论，在人的基本条件上战胜国民党了。这一点，当然不能仅责之国民党，而系中国知识分子阶层之整个大悲剧。今日自由中国处境之艰，从国民党以至一般社会，应该首先从做人的方面自力站了起来，这才是真正的自觉，真正的转机。其他一切虚伪的铺排，依我看，都是心劳日拙。儒家千言万语，归结于要人堂堂正正地做个人。同一任务，由堂堂正正的一群人做，和由鬼鬼祟祟的一群人做，其结果会完全两样，这可说是自明之理。"言忠信，行笃敬。""士不可以不弘毅。""刚毅木讷近仁。""巧言令色，鲜矣仁。""乡愿，德之贼也。""人之所以异于禽兽者几希。""无恻隐之心，非人也。无是非之心，非人也。无辞让之心，非人也。无羞恶之心，非人也。"像这一类的话，自由中国每一负有责任的人士，在黎明欲起之时，在掩灯上床之际，随意拿到自己身上体验一番，则将发现自己在标语口号中，做了多少"非人"之事，动了多少"非人"之念，将必有怃然自失，奋然兴起，以真正人的立场去反对共产党非人的立场，则由儒家精神在自由中国之新生，"岂曰小补之哉"。

于是有的人说，做人的道理，中外都是一样，何必一定要拿儒家精神出来呢？其实，真正用心做人的人，必不会有此一问。做人的道理既是一样，则中国的道理，中国人较为熟悉，中国人谈中国的做人道理，这还有什么疑问可以提出？但目前的知识分子中之怀此一问者颇不乏人，故仍不厌称作解释。大凡从一种知解变成行动，一定要由知解转为感情，以与其人之生活相结合，才能发动得出来的。人类最大的感情，是来自其本身历史的蓄积。我纵然不说儒家所提示的做人的道理，比西方的更深切笃至（实在是更深切笃至），但这是中国几千年来自己历史之蓄积，不知不觉地早浸透于每一人的生命之中。只要有一念之觉，便万分现成，万分亲切。由此起信励行，是最容易之路，也是最有普遍性之路。日本最近为了加强青年的教养，恢复汉文为必修科。日人何爱于汉文？汉文所代表的"布帛之言，菽粟之味"，日本何尝不可以"假名"仿造一番，像仿造西方机器一样？他们当然是能够的。但他们不能仿造出汉文在日人千余年的历史中所培养出的亲切感情。我们不妨留心看，凡对西方所说的做人道理而发生感情者，他决不会反对提出儒家精神。除非他完全不了解。而一口抹煞中国文化精神的，决不会接受西方正大的做人道理。一个人，对于其祖宗所引发的思慕虔敬之情，其本身即系一种道德之自然流露。人的自私狂妄（自私者未有不狂妄，狂妄必来自自私）而至于必以骂自己的祖宗为快意，则其内心实对人类所共有之一切，都存着敌意，特假借容易与其生活接触者，以作其敌意发泄之目标。所以这种人如谈西方文化，若非天生的奴性，即系假此以隐蔽其刻毒之私。与西方文化之本身，全系两事。

其次，就中共统治来说，若真正对此问题加以研究，则中共假定能够觉悟，其所凭借以站起来，一定是儒家精神，而不是西方文化。有许多外国人，尤其是美国人，喜欢说"中国文化是个人主义，由这种个人主义，可以引生共党的变化"。假定所谓"个人主义"指的是理性的个人主义，我当可无异辞。若指的是西方功利的个人主义，则既与以仁为中核的中国文化全不相干，更不会对共产党发生作用。共产党之发生，就其与西方文化之关连而论，是资本主义的反动，是个人主义的反动。当西方文化，尚未能解决资本主义的矛盾、个人主义的矛盾之时，共产党不会跳进矛盾的旧圈子中去求解脱。何况中共假定觉悟，一定要包含两个因素。一是面对永无止境、永无结论的残暴斗争，而发生人性中仁性之呼唤；一是面对苏俄无穷无尽的欺骗榨压，而发生人性中祖国的呼唤。在这两重呼唤之下，儒家精神，便在每个人心的深处苏醒起来，痛哭前非，立地成佛。

至于自由中国如一旦时机成熟，能向大陆反攻，假定有人还想以自己一套控制人民的方法（控制是强盗抢劫时，把主人捉起来，缚其手足，并塞棉花于其口中时的状态。今人偏喜言控制，此其所以令人不寒而栗也），把人民从共产党的手心中，控制到自己的手心里来，以大大地作为一番，则不仅是以暴易暴，而且小巫不能打倒大巫，因之以暴决不能易暴，这只有增加反攻的困难，值得加以郑重考虑的。人民不是要求由共产党之倒缚手脚，而变为另一套人之将其手脚加以顺缚，而是要求将一切缚人民手脚的东西，不论是铁的、麻的，红的、白的，永远地投入厕所中去。依我的看法，假定一旦能爬上大陆，应本儒家亲民之意，把人民从共党的控制中还之于人民的自身，让人民有自己的家庭，有自己的亲戚朋友，有自己的生活情调，有自然的风俗人情，把一种矫揉而冷酷的社会，变为自然而温暖的社会，则"民之归也，如水之就下"。

以上二端，太贴近政治的需要以立论，这是迫于当前形势之万不得已。其实，文化应对政治负责，但不仅对政治负责。因为政治仅人类生活之一部，把文化完全贴在政治上去讲，这是极权主义者之所为，凡有心人类前途者所当引以为深戒。而把中国的政治问题，简化为国民党、共产党的两党的问题，这尤其是中国人民的深悲巨痛。所以除了上述二端外，还要为我们整个文化的前途作一展望。

我们的基本困难，不仅在于我们文化中缺少了知性的一面，而更在于连儒家所成就的仁性之一面，也并未能保持。所以我才提出儒家精神的新生来，为现代的人"先立其大本"。但仅立其大本并不算完事，这里需要我们作一面新生、一面转进的双重努力，即仁智双成的努力。西方文化，因其成就了知性，并且保持了知性，所以西方文化今日的转进，是要"摄智归仁"，以仁来衡断智的成就，运用智的成就。中国今后的文化，是在一面恢复仁性，同时即"转仁成智"，使知性在道德主体涵煦之中，但不受道德局格的束缚。在人之大本之下，以成就人文科学、自然科学。这种在人性之全的大觉悟下，作新生即转进的双重努力，不仅有此必要，而且是绝对可能的。仁性的文化，是"个个人心有仲尼"的文化，是"有一言而可以终身行之"的文化。只需有此一觉，只要有此一提撕，则仁性恰如春风之鼓舞万物，但并不占万物生育之位置。所以仁性在人性之全的自觉下，是会鼓舞知性之发展的。不然，便是麻木不仁。并且照儒家"必有事焉"，"并无精粗，并无本末"的基本观念，则今日应翻转过来，认定尽物之性，亦即尽己之性，知性的成就，亦即仁的成就，在科学中一技之专精，亦即个人之尽性至命。今日许多人之所以有一技之长，而不能尽性至命者，只是少此一觉，少此一提撕罢了（参照前引伊川答"尽性至命，必本于孝弟"一段）。理学家发展到以"功过簿来勘验"自己意念的善恶，这或许可谓极尽体认之能事，但事实已完全闭锁于人性之一层，变为知性发展的障碍。少数人这样的工夫，固无所用其反对，但儒家精神之体现，并不须走这一条路。总之，在人类历史文化两大纲维提撕之下，自觉于人性之全，使仁性知性，互转互忘而互相成，这是儒家精神新生转进的大方向。于是中国的新生，不仅是儒家精神，而系人类文化之全体，以向"无限的多样性"之人性之全迈进，举"万物并育而不相害"之实，为中国、为人类，开一新运会。而"贞下起元"，端在今日之智识分子，从其卑劣之谄附中，从其狭隘的闭锁中，能有一念之转。其所凭借以作此一念之转者，仍当为儒家精神之启示。区区之意，所不能自已者，正在于此。昔王阳明尝谓："吾始居龙场，乡民言语不通。所可与言者，乃中土亡命之流耳。与之言知行之说，莫不忻忻有入。久之，并夷人亦翕然相向。及出与士大夫言，反多扞格不入。何也？意见先入也。"今日所与谈文

化者，固亦皆中土之亡人。其亦可稍纾先入之见，步坦荡
之途，以共无负此一段艰难岁月吗？

一九五二年五月一日《民主评论》第三卷第十期副册

为生民立命

　　唐君毅先生在《人文精神的重建》的自序里说："民主自由，是为生民立命。"大哉斯言，我在这里将其含义略加申述。

　　张横渠讲的这句话主要是从教化上说明读书人对社会所应负的责任。此处的所谓"命"，指的是人之所以异于禽兽的"具万理而无不善"的人性。此性不受外在的、后起的东西的规定，而系与有生以俱来，所以称之为"命"。《左传》："人禀天地之衷以生，所谓命也。"《中庸》："天命之谓性。"天命的命，实同于西哲"天赋人权"的所谓"天赋"。生民皆有此命，所以皆是完满具足，皆可以做顶天立地的人。但是照中国的说法，因"气质之禀，或不能无所偏；物欲之私，或不能无所蔽；是以于性之德有所不明，而触意妄行，或堕于夷狄禽兽之域"（见朱子《论语》"或问学而时习"节），生民的命遂坎陷蒙蔽在里面，伸长不出，站立不起，生人之道即将归于废绝。这是宇宙间最大的悲剧。读书人是要希圣希贤，是要尽己之性以尽人之性，对于此种大悲剧之不得解救，即是自己性分内有所亏，自然不能不发生迫切之感，自然不能不拿出自己的担当来，以教化之力，就生民所固有之命，加以启迪诱发，使其伸长站立起来，以完成每一个生民的人格。这是从孔子以至宋明诸大儒建立师道、讲学不辍的一大共同悲愿。中华民族屡经巨忧奇变而依然能绵延嗣续，屹立于天壤之间，即是此种悲愿所发出的宏力。

不过，生民的具万理而无不善的命，同时也应该是在其生活上能有平等自由的命，亦即是政治上的天赋人权之命。假定有前者而无后者，则不仅不能在抑压委顿之下责人人从道德上去做圣贤，即使是圣贤自己也应从抑压委顿中翻转出来，使自己随着天地万物，皆在其分位上能各得其所。圣贤为了拯救天下，为了"一人不出地狱，己即不出地狱"，而可以忍受抑压委顿。但圣贤不仅不以抑压委顿期望之于他人，并且也绝不以抑压委顿的本身为道德，否则即是奴隶的道德。奴隶的道德，历史上常常成就了少数暴君的不道德，以造成罪恶的世界。所以人格的完成，同时必须人权的树立。人格与人权真正是相依为"命"而不可分离。从教化上立人格的命，同时从政治上立人权的命，这才是立性命之全，得性命之正，使前者有一真确的基础，使后者有一真实的内容，于是生民的命才算真正站立起来了。

中国的圣贤，对于人格所应凭借的资具，不是没有注意到。所以一方面承认有恒产而后有恒心，一方面又特别以"无为"为君德，并提倡爱民的德治。但是社会的经济活动必受到政治影响，政治问题不解决，经济问题即不能解决。所以中国历史上人民生活的大破产都是来自政治上的黑暗。于是"制民之产"的愿望只好徒托空言。其次，中国圣贤对于政权运用的形式，除了"圣君贤相"以外，再没有想出其他的方法。君不圣而相不贤乃古今中外历史的共同现象。于是希望的是德治，而实行的是暴政、昏政。圣人至此，除了"隐居以求其志"之外，实在没有任何方法。且即使有了圣君贤相，实行德治，这也不过是由上而下的"雨露之恩"，对生民固有的顶天立地的"命"而言，依然是一种委曲。所以中国圣贤为生民立命的悲愿，结果只落在讲学著书的教化上面。然而教化尽管教化，我们也尽可相信人性之善而生民可以接受圣贤的教化。但在教化之下，眼看着生民婉转委顿于专制独裁之下，生命与意志失掉了自由和保障而无可如何，圣贤此时必悲痛于教化之无权、教化之无着落，即不能不承认此即教化自身之一大限制。何况政治没有民主，学术即绝没有自由，教化即绝没有自由。所以宋明讲学无不受到政治上的直接压迫；而今日独裁国家，不特对思想教育，百端统制；并且进而从读书人手上，夺去教化的大权；将独裁者错悖童骏的妄说，凭政治的暴力，来代替古今中外圣哲科学家们日积月累的真知灼见，逼着人们去背诵恭维，以毒害儿童青年，欺蒙愚夫愚妇，此之谓杜塞慧根，断绝慧命，即是"为生民绝命"。若有人起而指其愚妄，马上会说你思想有问题，其生命即因之不保。这是我们东方今日所面临的现实。假使孔孟复生于今日，亦必奔走呼号，以求能先从政治上为生民立命，打开从教化上为生民立命的困难。而孔孟在今日所讲的教化，亦必是以促成民主自由为主要内容的教化。论中国文化而接不上这一关，便不算了解中国文化自身的甘苦。欲融通中西文化，首先必须从中国已经内蕴而未能发出的处所将其迎接出来，以与西方文化相融通，这是敞开东西融通的一条可走之路。假定于此而先把自己锢蔽起来，岂特徒增中西的扞格，且亦阻塞中国文化精神应有的发展之流，不足以言"通古今之变"。唐先生的此一惊天动地的补充，给今日谈民主自由者以一明确的指归，以见民主自由不是为了政客们的便利；同时给今日谈中国文化者以一当头棒喝，以见中国文化绝非供奉之资、独裁之具。横渠地下有知，当拊掌大笑，说"唐子可谓能为古圣继绝学了"。

一九五四年一月九日《人生》第七卷第二期

日本德川时代之儒学与明治维新

　　据日本历史的传说，应神天皇的八五年，即西纪二八五年，百济送了一批冶工、酿酒人及裁缝匠与日本，另外加上了《论语》十卷，《千字文》一卷，这是日本接受中国文化之始（事实上，恐怕时间还要移后，因为应神天皇也是传说性的人物）。在这以前，日本根本没有任何文化。

　　不过，日本的中世纪，是由中国传过去的佛教的天下，是天台宗、禅宗、净土宗的天下，儒学只居于从属的地位。自德川幕府兴起（一六〇三年将军家康秉政，至一八六七年将军庆喜辞职，凡经二百六十四年），日本才渐渐走向统一之途。为了要在政治上找到精神的支持和设施的准绳，遂意识地提倡修己治人的儒学——在日本则称为儒教。据说，在顺德天皇（1211—1220）的遗诫中，已经说过"求治道于《六经》"的话。德川家康于庆长四年（1599 年），在他的军事统一大业还未完成之前，便印行《孔子家语》，接着印行《贞观政要》等书籍，以表示他的祈向。不久，招聘当时的朱学大儒林罗山（1583—1657）总揽文教之责。于是宋明之学，通过禅宗的媒介，德川的提倡，才真正完全了凝铸日本民族的任务。德川近三百年间，中国文化在日本的发荣滋长，为日本明治维新准备了精神的社会的条件。没有德川三百年儒学的培养，便不会出现明治维新的奇迹；这是日本的史学家，所不能不一致承认的。

儒学在德川时代，简要地说，尽了四种任务。第一是引发了日本民族性的自觉，使其完成为近代的民族国家。在各派儒学者的"尊王攘夷"（即内求统一，外求独立的运动）、"王政复古"等口号要求之下，一面使日本面对西方的压迫，在精神上挺立起来；一面经过"大政奉还"、"版籍奉还"而很轻松地完成了以一个中央政府为中心的近代国家的形态。第二是由儒家经世之学，渐渐建立起政治的规模；并且从武士的恩仇活动半径中脱壳出来，真正给日本人士以国家社会的意识。连对于过去武士活动加以理论化，使其能与伦理观念拉在一起，也是这一期的儒学者的工作。可以说，日本到了德川时代，才真正有了政治意识，才真正有了政治设施。所以制定明治宪法的元勋如伊藤、井上、金子诸人，都是深沐儒学的熏陶，决非偶然之事。第三，在德川以前，只有佛教对日本的平民，从信仰上发生了一点宗教作用；此外，日本的平民，可以说根本没有文化。德川前期的儒学，其活动固多限于幕藩的政治范围。但到中末时期，则承宋明讲学之风，展开社会的教化活动；每一著名的学者，常常弟子数千人；并且以"心学"激励平民，陶养世俗；不仅一般的伦理观念，由此而在日本的社会生了根，并且儒家的实践道德，教化了新兴的市民阶层，有如清教之教化了欧洲的新兴市民阶级一样，而形成了所谓"町人道德"，为明治的实业家们在人格上厚殖其基础。儒学的道德教化，在幕末而普及，而完成；接着来的便是明治的维新，没有一个史家能否认两者之间的关系线索。第四，德川时代的儒学，虽末期有一小部分受了清初考据学的影响，但主要的是程、朱、陆、王之学。其矫程、朱、陆、王之末弊而主张上追孔、孟的所谓"古学"，实际只是扩大程、朱、陆、王的范围，抑汰佛、老的影响；本质上依然是义理之学，换言之，实际还是宋明之学。宋明学的中心观念是"理"，理是没有上下古今中外的任何限隔的；所以不以树立门户，大抵只要于理为可通，即认其为学之所在。所以德川时代朱、王之学，既由分立而趋于会合折中；则一旦与西方文明接触，在"理无不同"的观点之下，一样认为可以贯通融会。德川时期中的排斥西化，就现时考证所得，只是排斥教会；对于西方天算制器之学，大体认为也是"理之见于形而下"者，应该加以研究接受。这种观点，与张之洞的"中学为体，西学为用"的想法差不多。现人多以张之洞的口号为不通，为妨碍了中国的西化；但由张之洞的口号去接近西方文化，比由胡适之氏《红楼梦》等考证的方法去接近西方文化，实在简捷得多。所以日本德川末期的大儒，多尽了西方文化在日本播种的作用。没有上述四种工作，则国家不成为国家，社会不成为社会，个人不成为个人，如何能担当明治维新的大业？德川时代所准备储积的精神，在到明治而得到发扬，到了大正时代而渐归枯竭；大正以后的日本人物气象，与明治时代的日本人物气象，迥然不同，这在现代日本明智之士的中间，也有不少的人察觉到了。

以下，我把德川时期儒学的活动，作一个极简短的叙述，希望可以多少作上述论点的注脚。不过我这里所引用的材料，多限于各人由其所学以贯通出去，发生外部影响的这一部分；至各人学问的本身，则因篇幅关系，不能不从略，这是希望读者事先了解的。

德川时代的儒学，大体可分为七派。计朱子学派、阳明学派、古学派、折中学派、独立学派、石门心学、水户学。

一、**朱子学派**　这是德川时代的官学。宋学于镰仓末期传到日本，到了藤原惺窝（1561—1619）而开兴隆之运。林罗山出于惺窝之门，笃信朱子，历事四代的将军，其子孙继承不绝；这是最早的朱学，也是朱学的京学派。此外则有发源于土佐的南村梅轩的海南朱子学派，此派中最著名的则有唱尊王论的山崎暗斋（1618—1682）。然朱学在日本成就最大的应推大阪朱子学派。由八代将军吉宗的援助，于享保九年（1724年）创立怀德堂，以三宅石庵、中井甃庵等等递为"学主"，传承五井持轩的学灯。怀德堂的学风，以朱子为主，但亦不废古学与阳明之学。重视实业教育，教育儒学思想于工商业者之间；并涵养稳健的勤王思想。怀德堂的壁间标明讲学的宗旨为"尽忠孝"，"励职业"，"允许没拿书本的人听讲"，由此可以窥见此一学派的精神。后出的中井竹山（1730—1804）及履轩兄弟，俱以勤王论及其良好的经世意见留下很大的业绩。另为朱学一派的贝原益轩（1630—1714），著《益轩十训》，将儒家修己治人之学，具体化于日本人的日常生活之间，以努力于庶民教化；其用心与怀德堂之诸儒正同。

二、**阳明学派** 开日本阳明学派的为中江藤树（1608—1648）。其下分为省察与事功二派。日本阳明学派之共同特色，为较朱派更重实践。这一派后起的人物有大盐平八郎（1794—1837）、梁川星岩、佐久间象山（1811—1864）、吉田松阴（1830—1859）、横井小楠（1809—1869）等。梁川星岩是一代诗人。他认为打开当时各种矛盾的途径，在于尊王运动；于是以其诗歌，联络并鼓舞各地的志士，在京师造成尊王攘夷的舆论。佐久间象山以西洋之学为形而下之学，因其为实学，故拿儒学精神，可以为圣学之资；故一面主张攘夷，一面主张"开国"。吉田松阴，以王学为主，并吸取朱学、古学、禅学之精华；更沉酣兵术，研究欧洲之军事技术与战史，以实践之力支持其尊王论。受其熏陶的人材，在明治时代多功业彪炳，使其恩师"二十一回猛士"之声名，永垂青史。横井小楠，常正视当时政治、社会、经济危机，主张开国采用西洋学术，以谋国家的强盛。总之，幕府末期的王学人物，在其知行合一，献身于国难之打开的这一点上，正表现王学的真正精神，大体是一致的。

三、**古学派** 不满意于朱、王两派，以朱、王皆系阳儒阴释，非孔、孟之真传，遂主张应当回到孔、孟的身上去，以窥中国文化之全，这就是所谓古学派。最先倡于山鹿素行（1622—1685）。他对前代武士之实践生活，与以儒学的说明；将日本的传说，作儒学的解释，以提高日本民族之自信心。其次为伊藤仁斋（1627—1705）。他开始是服膺宋学；后以宋儒体用理气之说，皆系佛、老之绪余，又以《大学》非圣人之遗著，遂走入古学一派。他主张以爱他底实践，为修养的纲领；由日用寻常之努力，以扩充人人的四端，使道容易与庶民接近。其实这还是宋明之学。他住在京都堀川讲学凡四十年，故称为堀川学派。门下自并河天民、中江岷山以下，凡二千余人。由元禄中叶至正德末期（约1695—1715之间），风靡日本者约十分之七。其次，则有荻生徂徕（1666—1728），称萱园学派。他不重省察而重知命，且长于政治经济等问题，对当时的政治颇有贡献。仁斋尊《论》《孟》，彼则更上推而直通《六经》。其门下常聚数千人，以最卓越之太宰春台（1680—1747）、服部南郭等为萱园八子，支配日本学术界者凡数十年。

四、折中学派　此派主张不拘一派，采各家之长以成一是；并特别将儒学与经济关连。萌芽于榊原篁州，一时人才辈出。其中广濑淡窗（1782—1856），自设咸宜园私塾，五十年间，前后教育弟子凡三千余人，在日本近世教育史上，有不可埋没的功绩。

五、独立学派　此一学派何以得名，我现在还不很清楚。其学风似与折中派无大出入，其得意之时代亦与折中派略同。或者这一派的人们，都与松宫观山一样，意识底要采各家之长，以创造"日本底儒学"。此派著名人物之三浦梅园（1723—1789），树立"条理学"，将儒学家的宇宙观与科学的宇宙观加以综合。一面以忠孝为立国之大道，提倡特殊之大义名分论；一面精研天文、历数、地理、医学、博物、生理、卫生等自然科学，使其成为日本近世儒林史上无比的学人。此派中另一个值得一提的人物是二宫尊德（1787—1856）。他倡导采神、儒、佛之所长，以建立切合实用之教。平日以诚、勤、节、让等德目教弟子，以改正一家一村的日常生活，修造桥梁道路，整理耕地，植林，解纷，教化民众，为实践躬行之实，与日本社会以影响。

六、石门心学　这是将朱学、王学的身心性命之精微，具体化而为卑近的日常道德，展开广大的教化运动，使儒家精神，普及于日本社会的一派。此派开宗于幕府中叶，宏扬于幕府后期，在日本儒学界放一异彩。其始祖石田梅岩（1685—1744），以四书、《孝经》、《小学》、《易》、《诗》、《太极图说》、《近思录》、《性理字义》、《老子》、《庄子》、《私论语》、《徒然草》等，虽为当时流行之书，但平民不易了解；乃以眼前生活之事实为材料，作实证的说明，使人能于困难复杂之现实环境中，心中有主，以确立生活之安定。到了手岛堵庵的时代，更力求教化工具之通俗化。以儒学的说明，纯化武家的修养；采不用文字的道词，对平民传授日常道德的要领；编适合于儿童的教材，使子女之入门容易。其道大行。及中泽道二出，更将此出自江户，流行于京都大阪的心学，宏扬于关东，开关东心学百年的基础。柴田鸠翁则凭借其优美的道词，普及心学的教化。其共同的口号是"你先知道自己"；除了忠孝的基本德目外，更提倡正直（他们以正直乃离人欲而就天理的表现）、忍耐、俭约等。他们不离开日常生活，不否定商业行为，所以他们的教化，成为日本的"町人道德"，一直到现在在工商业人士中尚保持其影响。因为心学是一种解放的思想，所以他们的教化对象，不论身份，不论都野，上自公卿大名，下至农商婢仆，都可以立于他们的门墙。他们在一百四十九个地方设有讲舍，教化及于日本当时的五畿七道五十九个国，登堂受业的凡三万六千余人，对于安定日本社会，凝结日本人民的精神，发生了莫大的作用。

七、水户学　代表后期的日本儒学，与幕末政治以大的影响，直接开明治维新立国运者为水户学。水户学之创始人为朱舜水（1600—1682）。他的学生栗山潜锋、安积澹泊，乃初期的中心人物。舜水虽以朱学为中心，但不立门户，所以日本儒学各派的精英，渐会聚于水户，形成日本学术之一大总汇。朱舜水身膺亡国之痛，特望夷夏之防，故水户学派特发扬《春秋》的精神，阐明大义明分，确立国家道德，发展而为尊王论，鼓舞当时的士气，为"大政奉还"提供理论的基础。舜水长于史学，故水户学派特重历史之纂述，奠定日本史学的基础。因宋明学之基本精神在乎崇实，故水户学派当时强调"忠孝不二"，"文武不歧"，"集以思，宣群力"，以求一致对外。虽主张"神州自神州"，"西土自西土"，反对教会及西方的政治活动；但同时主张吸收西洋的文物，以求有益于文武治道。德川时代的儒学，至水户而集其大成；由此向前一步，自然开启维新的大业。

总之，德川近三百年的儒学教化，陶铸了日本国民及国家的精神。只有在此种精神之下，才能走向明治维新的大道。而德川三百年的学术，归根结底，都是宋明之学。思辨与实践合一，人格尊严，人格平等；从人格中发生力量，以及否定权势权力，求真理于自然之中（所谓天理），这都是宋明学的基本性格的一部分，这在日本都得到证明，得到成效。中国近三百年，则斥宋明学为空疏，或者主张根本不要中国文化，或者想从饾饤考据中去求与西方贯通之道；以小智小巧，走旁蹊侧径，以其遂标榜垄断之私；

既不能从大纲维处了解中国文化，自然也不能从大纲维处了解西方的文化。自欺之人，使现代的中国，在文化上完全一无所有。我希望青年们能好好研究日本德川时代的这一段历史，从这一段历史中发现中国文化的精神和中西文化相通的线索。有志了解自己的文化，一定要先把握住孔、孟、程、朱、陆、王这一个大纲维，知道中国人过去所说的学问，到底是什么；而不要随着终身在旁门侧道上彷徨，反自以为得意的人们说瞎话；这才是做学问的正当途径。

一九五四年六月十五日《三民主义半月刊》第廿八期

儒家在修己与治人上的区别及其意义[*]

一

　　我在《释〈论语〉"民无信不立"》(《祖国周刊》一一五号)一文中指出:"孔、孟乃至先秦儒家,在修己方面所提出的标准,亦即在学术上所立的标准,和在治人方面所提出的标准,亦即在政治上所立的标准,显然不同。修己的、学术上的标准,总是将自然生命不断地向德性上提,决不在自然生命上立足,决不在自然生命的要求上安设人生的价值。治人的、政治上的标准,当然还是承认德性的标准,但这只是居于第二的地位,而必以人民的自然生命的要求居于第一的地位。治人的、政治上的价值,首先是安设在人民的自然生命的要求之上,其他价值,必附丽于此一价值而始有其价值。"我的这种观点,近四年来曾经不断地提出,但这篇文章提得更为具体,更证明我

---

*　此文钱宾四先生曾以《心与性情与好恶》一文作答,同见《民主评论》六卷十二期,读者可以参阅。

在《荀子政治思想的解析》一文中，指出近人萧公权氏在其所著《中国政治思想史》中说孔子是"教重于养"的说法，是一很严重的错误，完全是正确的。但我在这篇文章中，依然是采取会通《论语》、《孟子》全书的意义，以得出结论的方法。最近又偶然发现可作直接证明的材料。《礼记·表记》上说：

子曰，无欲而好仁者，无畏而恶不仁者，天下一人而已矣。是故君子议道自己，而置法以民。（《表记》）

子曰，仁之难成久矣，唯君子能之。故君子不以其所能者病人，不以其所能者愧人。是故圣人之制行也，不制以己，使民有所劝勉愧耻，以行其言。（同上）

《表记》一篇多论仁，仁为儒家思想之中心，亦即人生的最高标准。但这只能作个人修己的标准，不可因此而便作政治上治人的要求于人民的标准。"议道自己"的"道"，指的是根据仁以树立的做人标准，这种标准，只能要求从自己下手去作。"置法以民"的"法"，是社会一般人的生活规约。制定这种规约，则不是用修己的"道"做标准，而是以人民所能达到的为依归。对修己的标准而言，这是一种最低的标准。上引《表记》的第二段话的意思，与所引第一段话的意思，完全相同，并且说得更为明白。

此外，董仲舒的《春秋繁露·仁义法》第二十九，主要是推明这种意思。如说：

> 是故内治反理以正身，据礼以劝福。外治推恩以广施，宽制以容众。孔子谓冉子曰，治民者先富之而后加教。语樊迟曰，治身者先难而后获。以此之谓治身之与治民，所先后者不同焉矣。《诗》曰，饮之食之，教之诲之。先饮食而后教诲，谓治人也。又曰，坎坎伐辐，彼君子兮，不素餐兮。先其事，后其食，谓治身也。《春秋》刺上之过，而矜下之苦。……求诸己谓之厚，求诸人谓之薄；自责以备谓之明，责人以备谓之惑。是故以自治之节治人，是居上不宽也；以治人之度自治，是为礼不敬也。

当我写《荀子政治思想之解析》及《释〈论语〉"民无信不立"》的两篇文章时，心里并不记得上引的材料。但我先由儒家"尊生"的基本精神，尊重人性、人格的基本精神，加以推论；再将《论语》、《孟子》的全书意义加以会通，所得出的结论，与上引材料，若合符节，由此可见一种思想文化的基本构造，有其必然的内在关连，不是可以随意从其枝节地方去加以附会或抹煞的。

二

　　这种分别之所以重要，一方面是像我所已指出的，若以修己的标准去治人，如朱元晦们认为民宁可饿死而不可失信，其势将演变成为思想杀人的悲剧。另一方面，若以治人的标准来律己，于是将误认儒家精神，乃停顿于自然生命之上，而将儒家修己以"立人极"的工夫完全抹煞。清儒戴东原挟反宋明理学的成见，其言性、言理义，主要乃在形气（自然生命）上落脚。形气活动，表现于人的好恶，于是无形中即在好恶上落脚。他说："孟子曰，其日夜之所息，平旦之气，其好恶与人相近也者几希。以好恶见于气之少息犹然，是以君子不罪其形气也。"（《读孟子论性》，《戴东原集》卷八）当然儒家不是宗教，所以"不罪其形气"，但儒家还要追问出一个为形气作主宰的东西。为形气作主宰的东西，本具于各人的心性之中，这是道德主体的、内在性的一面。但内在于各人心性之中的道德主体，必发而为人心之所同然，这即同时超出于各人主观之外，而赋有客观的意义，从主观状态中脱出，以成为客观的真理。儒家的伦理道德，是不断地向客观真理这一方向去努力、去形成的，这才能为人类"立人极"。程、朱特拈出一"理"字，并认为"性即理"，其根本用心即在于此。戴氏不了解此意，所以批评程、朱说："程、朱以理为如有物焉，得于天而具于心，启天下后世人人凭在己之意见而执之曰理，以祸斯民。更淆以无欲之说，于得理益远，于执其意见益坚，而祸斯民益烈。……离人情而求诸心之所具，安得不以心之意见当之。"（《答彭进士允初书》，同上）戴氏认为人与物不同的地方，是物的"自然"不合于天地之正，而人的"自然"能践乎中正。他所说的"自然"，即是指人情之所欲，他所说的"意见"，是与人情自然之所欲相对，对人情自然之所欲发生别择控制的作用。程、朱以此为理，他以此为意见。于是戴氏认为儒家精神，乃在"情"上、"欲"上立足，即在自然生命上立足。他一方面引《孟子》"广土众民，君子欲之"、"鱼我所欲也"、"生我所欲也"这一类的话，以为其立足于"欲"的根据（见《答彭进士允初书》），但把孟子接下去说的话，如"舍生而取义也"这一类的话，则略而不顾。一方面引孟子"形色天性也，惟圣人可以践形"的话，以为他整个的自然主义思想作根据，而故意把"惟圣人可以践形"一句中"惟圣人"三个字的重大意义，略而不顾。在他心目中的圣人与众人，在德性的成就上并无多大区别，所以他接着便说："人之于圣人也，其材（形气）非如物之与人异。"（皆见《读孟子论性》）由人性、人格之平等，而淆为学养、修持上之平等，这是自然主义者的自然结论。戴氏的观点，本可自为一说，有如西方以欲望为基底之功利主义，而不必依托于孔、孟。自立一说而又必以孔、孟为依托，则其自身的思想既受制约，儒家的精神亦因之而受损害，这真可谓合之两伤。

历史学家钱宾四先生在其《四书释义》的《论语要略》第五章"孔子之学说"中，完全以"好恶"来解释《论语》的仁，即将儒家精神完全安放于"好恶"之上，我想，这是继承戴东原的思想，而更将其向前推进一步的。钱先生的基本论点是"仁者直心由中，以真情示人，故能自有好恶。不仁者以有自私自利之心，故求悦人，则同流俗，合污世，而不能自有好恶"（《四书释义》上册，页五六）。但是说到仁，总不能不绾带着对他人的态度，于是钱先生认为仁与不仁之分是"徒知己之好恶，不知人之同亦有好恶者，是自私自利之徒，不仁之人也。以我之有好恶而推知他人之亦同我有好恶者，是仁人也"。又说"故仁者，人我之见，不敌其好恶之情者也。不仁者，好恶之情，不敌其人我之见者也。后世之言仁者，不敢言好恶，不知无好恶，则其心麻痹而不仁矣。仁道之不明于世，亦宜也"（同上，页六六）。按中国过去所说的好恶，指的是由"欲望"发展而为"意志"的表现。合于欲望者即好，反于欲望者即恶。有好恶即有追求其所好，避免其所恶的行动，即根据意志的行动。动物有欲望，动物即有好恶。而且许多动物能以各种姿态表示其好恶，表示其追求或逃避的意志，这是近年来动物心理学所证明的。因此，好恶并非人所独有。而且最能以好恶之真情示人者亦莫过于一般动物。其次，一种好的行为，要通过好恶而实现，一种坏的行为，也是通过好恶而实现，禅宗对于人生道德是从消极方面去表现，所以不言好恶，儒家对于人生道德，是从积极方面去表现，所以要言好恶，王阳明之强调好恶，这尤其是他个人的儒释分途的地方。但儒家不抹煞好恶，决不是即在好恶上树立道德人生的标准。因为好恶之本身不可以言善恶，善恶乃在其好恶之动机及其所要达到的目的之上。换句话说，好恶之本身无价值，必依其所以好恶者以决定其价值。《论语》子曰"吾未见好德如好色者也"，孔子这句话，很清楚地说明好德的价值在好色的价值之上，而这种价值的上下，乃决定于"德"与"色"，而不决定于两方是否将其所好的真情表露出来。好色者未尝不可以形之歌咏，而好德者也可以"默而志之"。《论语》又载"子贡问曰，君子亦有恶乎？子曰，有恶。恶称人之恶者……"子贡之问，来自对于"恶"的怀疑。孔子之答，乃指明君子恶其所当恶。"恶其所当恶"，即是对于"恶"的一种限定。又答子贡之问谓"不如乡人之善者好之，其不善者恶之"，这也分明是说好恶应得其当，亦即说明好恶之价值不在其本身而在其是否得当。"当"即是客观的标准。钱先生认为"不仁者以有自私自利之心，故求悦人……而不能自有其好恶"，其实，巧言令色的人，表面上掩蔽其好恶，实际常常是为了贯彻其好恶，实行其好恶。巧言令色去钻官做的人，因为官才是他真正所好的。谈好恶，一定应连接着行为，以行为贯彻其好恶的人，不能说是"不能自有其好恶"。"其父攘羊，而子证之"，这是以真情示人；"父为子隐，子为父隐"，这是不以真情示人。这种不以真情示人，可以说是"不能自有其好恶"，其所以不能自有好恶，是另有一较高的道德意识在后面对好恶发生控制或平衡的作用。况且暴戾恣睢之人，放浪不羁之士，常可以其好恶的真情示人，魏晋时的名士，如《世说新语》所记，尤多坦易任情，不事矫饰，其风格亦可令人向往，但这未必能符合于孔子所说的仁。至于在政治上，最能有其好恶的莫过于秦始皇、史达林、希特勒，最不能有其好恶的乃是那些受善纳谏，以及被议会所制衡的政治家。不错，钱先生也考虑到这一点，所以提出"仁者推己之好恶，而知他人之好恶。以不背于他人之好恶者，而尽力以求满足其一己之好恶焉"（同上），这似乎可以从好恶上把人己统统顾到。但是一个人尽力求满足一己之好恶而能不背于他人之好恶，这一定是好恶有节或好恶能得其正的人。尽力满足一己的好恶，这是人与一般动物所同，在这种地方说不上是道德或不道德，即在这种地方不能安设道德价值。若逞一己之好恶而妨碍他人之好恶，便谓之不道德，若节制自己的好恶而不妨碍他人之好恶，便可谓之起码的道德（政治上通常只要求到此一程度）。若牺牲自己的好恶以成就他人的好恶，通常称之为大德。一个人之所以能节制其好恶，乃至牺牲其好恶，或者因为是受了外在条件的制约，如中国过去之所谓"礼"，近代之所谓"法"，此时对其行为发生良好作用者乃是礼或法而非好恶之自身。或者是因为内在的道德之心，即仁义礼智信的五常之性，内发而对其好恶发生自律或超越转化的作用，此时对其行为发生良好作用者乃道德之心、五常性，而非好恶之自身。钱先生说"孟子称公刘好货，太王好色，与百姓同之，使有积仓而无怨旷，孟子之学，全得诸孔子"（同上，页六九）。孟子这段对齐宣王因势利导的话，其重点不在"好货"、"好色"而在"与民同之"，彰彰明甚。假定公刘、太王顺着其好货、好色之情，以"自有其好恶"为目的，则他们意欲所指向的只是货与色，如何能顾到人民？他之所以能"与民同之"，能在自己好恶之外，还要顾到百姓的好恶，这不是他好色、好货的本身在发生作用，而是在好色、好货的后面或上面另有一种道德之心在提撕其好恶。我们没有方法从好色、好货的本身推出"与百姓同之"的结论。否则齐宣王为什么需要孟子这样费力去诱导，而依然不能做到"与民同之"？古今的暴君污吏，无非是好色、好货，所以政治"民之所好好之，民之所恶恶之"的极则，只能实现于不自有其好恶之人。先秦诸子百家，几乎都要求人君无为而治。"无为"即是不自有其好恶，这是统治者的修己。以无为去成就人民的好恶，使人民能遂其好恶以保障其基本权利，这是统治者的治人。惟修己以超越于自己的自然生命的好恶之上，才能达到成就人民好恶的治人的目的，在这种地方，修己与治人有其必然的关连。这种修己与治人的关连及其区分，几乎可以说是儒家精神的全部构造。

在所有儒家的文献中，提到好恶时，大体上都是注意如何能以性率情，而不至以情蔽性，以使好恶能得其正。从修己上说，很少直接从好恶本身上去建立人生价值的理论。甚至除庄子以外，在道、墨、名、法中，也似乎没有这一种理论。王弼以《老》、《庄》注《易》，他释乾《文言》"利贞者性情也"说"不性其情，何能久行其正"。这种文化的大防，是不可轻易突破的。因为在好恶上立足，便只有主观上个人的冲动，而根本否定了向客观真理的努力。而此一努力，乃是人类文化中所必须表现出来的。庄子的《齐物论》，不是要在客观的标准上去齐，而是在否定客观标准，否定"物之所同是"，以还原于各是其是的好恶上去齐，即是以当下承认好恶之本来不齐为齐。他说：

　　民湿寝，则腰疾偏死，鳅然乎哉？木处，则惴栗恂惧，猨猴然乎哉？三者孰知正处？民食刍豢，麋鹿食荐，蝍蛆甘带，鸱鸦耆鼠，四者孰知正味？猨，猵狙以为雌，麋与鹿交，鳅与鱼游。毛嫱、丽姬，人之所美也，鱼见之深入，鸟见之高飞，麋鹿见之决骤，四者孰知天下之正色哉？自我观之，仁义之端，是非之涂，樊然淆乱，吾恶能知其辩。

在人生行为中，只承认好恶，则一切只停留在各个生命的主观状态中，自然不能承认共同的客观标准。不承认客观的标准，归结也只有在各自主观的好恶上落脚。不过作为庄子自序的《天下》篇，承认圣王"皆原于一"，且对于道德仁义名法，皆出以肯定之态度，并叹息于"天下之人，各为其所欲（好恶）焉以自为方。悲夫，百家往而不反，必不合矣"（《天下》）。则其《齐物论》，殆亦故为荒唐谬悠之言，非其本意，所以他依然不肯以好恶混同于仁义。

王阳明有"良知只是个是非之心，是非只是个好恶。只好恶就尽了是非，只是非就尽了万事万变"的一段话，好像阳明把好恶直凑拍上良知，于是阳明在良知上立足，也似乎即是在好恶上立足。其实，阳明的这一段话是他和禅宗的分水岭。良知不承接下是非、好恶，则良知只是返观内照之知，不能成就人生积极的行为。此段话的关键还是在良知上，只有直承良知而来的好恶，才可以尽了是非。阳明"良知之说，是从百死千难中得来"，所以并不能说好恶就是良知。阳明在"存天理，去人欲"的工夫上，与程、朱并无二致。天理可表现而为好恶，人欲也可表现而为好恶。好恶只是一般，而所以好恶者则是两样，所以工夫不在好恶上而在好恶后面的根据是天理或是人欲。若只就好恶立论，则根本用不上"存天理，去人欲"的工夫。取消了这一段工夫，则孔孟、程朱、陆王的精神便会一齐垮掉。佛家说"直心是道场",其工夫乃在如何能"直心",亦即如何能"复其本心",使"本心作主",所以人心、道心之分,天理、人欲之分,乃在工夫过程中所必须安设的,否则常易认贼作父。我认为阳明之言好恶,不同于钱先生之言好恶,这在两人对于"克己复礼"的"克己"的解释上截然不同,更可得到证明。钱先生以"任"释"克",克己即是任己、由己,而不采取"克去私欲"的通释,因为只站在好恶的立场,不能谈天理人欲,所以也不能谈克去私欲。但阳明却说:

> 人若真实切己用功不已,则于此心天理之精微,日见一日。私欲之细微,亦日见一日。若不用克己工夫,终日只是说话而已。……且待克得自己无私可克,方愁不能尽知,亦未迟。

由此可知阳明之以克去私欲来解释"克己",及不在好恶上立足,彰彰甚明。所以钱先生以好恶释仁之说,我怀疑是受庄子《齐物论》的影响,而将戴东原的思想,更大胆向前发展了一步。此一思想本身的意义,可以从各个角度去衡量,欧洲文艺复兴期从宗教气氛中回到俗世的人文主义,与钱先生的基本精神似乎更相接近。也可以说在钱先生的思想中注入了时代精神而或为钱先生所不自觉。但其与孔孟、程朱、陆王的修己以立人极的思想,我总觉得有很大的距离，所以钱先生的文章都是条理密察，但关于论仁及与此有关的地方，终不免抵牾而未能条畅。我想，其最初的分歧点，恐怕是来自把儒家治人的标准，当作修己的标准来看了的缘故。这是我想向钱先生恳切请教的。

三

儒家不仅在要求统治者以人民之好恶为好恶的政治思想上，是涵育着深深的民主政治的精神，并且修己与治人的标准的划分，实可为今日民主政治尚无基础的地方解决一种理论上的纠结，使极权与民主不致两相混淆，这也不能不说是一个奇迹。

因为我国缺少民主政治的实际体认，并且受了共产党一切归结于政治的说法影响太大，所以常常把学术上的争论，直接和政治勾连在一起，于是主张自由的人，一不小心，便滑落到极权主义的圈套之中而不自觉，所以我曾经写过《学术与政治之间》一文（《民主评论》四卷二十期），将政治与学术的妥当领域，加以界划。一面保障民主政治自由选择的运用形式，不致因学术上的所谓真理而动摇；一面从政治的多数决定中，保障学术的纯洁性、独立性。当我写那篇文章的时候，还没有想到儒家将修己与治人分开，即含有这种意义，而只是将既成的民主生活的事实，作一理论上的反省。最近读到台湾大学陈康教授《论思想统一问题》的大文（见《自由中国》十二卷第九期），更觉得儒家的用心，到现在还有一种重大的启蒙作用。

陈教授的文章是从"在一个国家里规定行为的思想必须是统一的"这一大前提之下开始，而举出了四种统一方式。一是像秦始皇那样统一于他自己一人（其实从思想上说，秦是统一于法家一家）；一是像汉武帝那样，统一于儒家一家（其实，从政治的事实上说，汉武以后也是统一于皇帝一人）；一是像共产党那样统一于一党；一是像民主政治那样，统一于人民的多数。陈教授站在"错误可以百出，真理只有一条"的立场，认为"统一于多数的思想，比较最接近绝对是非和绝对利害，它的错误可能性比较统一于一党、统一于一家、统一于一人所有的错误可能性减少至于极微"。所以不待说，陈教授是赞成统一于多数的。但是陈教授认为前三种统一方式是少数人压迫多数人，固然不好，后一种则是多数人压迫少数人，虽较前三者为优，"然而这些少数人何辜，独不能伸张人权和多数人一样"，陈教授认这"脱离不了五十步笑百步的类型"，而是"民主主义须要解释的一个问题"。据陈教授自己的解释是"少数服从多数……并非受屈于多数"，而是因为多数人的意见"更接近绝对是非和绝对利害的意见。这一意见虽非少数人现实所主持，然而却是他们遵着同一道路可能达到的比较良好的意见。因此，多数统治少数，事实上……是少数人（将来）可能有的意见，统治他们自己现实所有的意见"。即是少数人以其将来之我，统制现在之我，是自己统制自己，所以并不违反人权。陈教授因为假定民主政治的基础，乃在于其多数所代表的真理性，求真理有其必须的条件，所以他最后为了民主主义的思想统一方式，提出两个条件，"其一是国民的观点要多，另一是国民要具有科学的批评精神和逻辑的论证能力"。

陈教授肯以认真的态度来谈有关现实的问题，这一点使我觉得非常难得。但陈教授对于民主政治，似乎还有若干隔膜。所以他所提出的问题，似乎不曾得到解决，反而有走向相反的方向——极权主义方向的危险。

首先，在民主政治下的少数服从多数，何以从来未感到这其中含有少数者的人权问题？因为民主政治的实际运行，和陈教授的想法有些两样。所以在民主政治之下，根本不会发生政治上的思想统一乃至须要思想统一的问题。不错，陈教授一开始已经限定"本篇所谓思想，指规定人的行为的思想"，以与纯知识活动的思想相区别。但民主政治由多数所决定而须要统一的行为，乃是一种极被限定的行为，每个人大部分的行为，尽管有其若干共同趋向，并承认若干共同标准规约，可是这是由传统、习惯、教育、文化等而来，并不是由政治的多数决定而来。民主政治的起点，便是要使政治愈少干预人类的生活行为便愈好。假定人类的生活行为——由政治去决定，则不论通过任何方式来决定，都是极权的压迫。

其次，在行为的后面，固然有其思想根据，但政治上，行为与思想的关系，并没有逻辑上必然的关系；相同的思想，在政治上可以趋向不同的行为；相同的行为，在政治上可以来自不同的思想。例如反共抗俄，是一个大的共同行为，讲自由主义的可以赞成，不讲自由主义的，甚至是托派的人也可以赞成。讲全盘西化的人可以赞成，讲中国本位文化的人也可以赞成。信仰三民主义的人可以赞成，不相信三民主义的人也可以赞成。尼赫鲁在国内反共，在国际亲共，狄托在国内实行共产主义，在国际上反对共产主义的祖国。所以民主政治，只问现实的政策，不问政策后面的思想。这不是完全否认政策与思想的关连，而是把政策后面的理论根据，亦即是一个人在行为后面的动机，保留给各个人自己，在政治上可以付之不问。所以政策的统一、行动的统一，并不就是等于思想的统一。世界上只有最愚蠢的政治家才要求大家以和他相同的同一思想动机来赞成他的现实政策。共产党根据其阶级性的理论，便特别重视思想动机对于行为的关系，认为只有先把每个人的行为动机弄清楚后，以达到理论与实践的一致，才算是可靠。换句话说，它们认为只有先解决了思想问题，才能真正解决政治问题，所以要大力作洗脑等血腥的工作。但苏俄到现在为止，还是以政治暴力来不断地解决思想问题，并不是以思想来解决政治问题。如果认为一个国家某阶段的政策统一，即是思想统一，则政治即可干涉到每个人的内心生活而成为极权政治。站在儒家立场来说，由纯正的思想动机以贯彻到日用行为，使思想与行为之间，没有一点矛盾，即是王阳明所说的"知行合一"，这是修己之事。以修己之事来作治人的要求，儒家从道德的立场要予以限制，近代民主政治从人权的立场也决不许可。

更重要的是，民主政治最高的立足点，不是认为政治上的多数，能"达到比较更接近绝对是非和绝对利害的意见"。绝对是非和绝对利害，是不可变动的，因之是属于学术上的问题，这不是多数能够作决定的。我在《学术与政治之间》的那篇文章里说得很清楚："一万个普通人对于哲学的意见，很难赶上一个哲学家的意见。一万个普通人对于科学的知识，没有方法可以赶上一个科学家的知识。"我们不能把哲学与科学完全划出于人类行为范围之外。德国哲学家 E. Spranger 在一九五〇年写给日本《中央公论》编辑部的一封信曾说过这样的一句话："大众如（对文化问题）获得了胜利，则我们全世界的文化，恐怕就要趋于溃灭。"（见《民主评论》二卷四期）这是一位哲人，身居两个世界的连结点，深切体认出以政治多数决定文化、思想所孕育的危机的痛苦呼吁。同时，陈教授说共产党是把思想统一于党，其实，最低限度，共产党在理论上它是主张统一于多数；因此，"大众"与"特殊阶级"（亦即少数人）的对称，成为它的政治斗争——思想斗争所经常使用的工具。它的思想斗争的方法，主要是通过"群众路线"，以多数来克服少数。它为什么对反对者要作无情的摧毁，因为它相信"人民大众"的多数是在它那一方面，即是绝对的是在它那一面；其反对者只是因为其阶级性或一时的缺少自觉，而站在绝对的非那一边。陈教授认为多数的决定是"比较更接近绝对是、非和绝对利、害的意见"，因此，这是真理的一条直线发展，而为少数者将来所不能不接受的立场，少数者之受压迫，只是将来可以觉悟之我，来压迫现在还未觉悟之我，因此陈教授认这依然是"少数和多数在理性之前，彼此平等"。在统治这种少数者的手段上，陈教授当然不会主张与共产党相同；但对于政治上多数与少数在真理面前的估价，则完全是一致。因为这种一致，于是共产党对反对者的肃清，只是这些观点向前进一步的发展；用共产党的口气说，只是它以革命的手段来彻底实现真理而已。

民主政治的少数服从多数，只认为这不过是以数量来解决问题的明确办法，由多数所代表的意见的优势，不过是相对的、一时的，因此，是根据一定的程序可以改变的。民主政治下的少数者，并不是在真理前的屈服，也不是被多数者统治其思想，更不是由将来的少数者的自己，来统治现时的少数的自己，而是以堂堂的反对者而存在，其思想要由多数者予以保障，并且现在的少数者要争取成为将来的多数者。民主政治，不是以多数者所代表的真理性为基础，所以少数服从多数，只是民主政治中的一个条件，不仅不是唯一的条件，而且也是与极权主义者所共同承认的条件。世界上也有造不出多数的极权统治，这乃是一种最低级的极权统治。民主政治的基础，是安放在可以经过和平的程序，自由地修改政治上的错误之上，因此，少数服从多数，只有和多数保障少数同时存在，才有其民主的意义，只有在多数与少数可以自由变动的情形之下，民主政治才是以其"运用的形式"来接近政治上比较绝对是非和绝对利害，这决不是由多数者的政治内容所能代表的（关于民主政治是政治的形式，而不直接关涉到政治的具体内容的这一点，我曾在《中国政治问题的两个层次》一文中加以阐述）。照陈教授的说法，民主政治中的少数迟早应归于消灭，结果只存在着比较接近绝对是非和绝对利害的这一方面，因陈教授是"假定少数人（将来）可能有的意见，统治他们自己现实所有的意见"，这句话的意思是说明现在的少数者到将来认识进步以后，自然会归到现在接近绝对是非和绝对利害的多数那一方面去了。这正是一党专政的理论根据。民主国家，如英国，第二次世界大战时，保守党是多数，战争刚要结束时变成了少数，上次大选又变成了多数。这种时而多数、时而少数的现象，简直是绝对的是非在那里翻筋斗的现象，在逻辑理性的立场是不应该有的，但在民主政治的立场是永远会有的。

因为陈教授把政治和学术的观点弄混淆了，所以他对民主主义的"思想统一方式"所提出的两个条件之一，即是"国民要具有科学的批评精神和逻辑的论证能力"的条件，不仅不是民主政治运用中的必要条件，并且也无形地会落到另一反民主的圈套中去而不自觉。民主政治和儒家思想一样，只要是一个"生"的单位，即承认其有完满无缺的价值。"人生而自由平等"的另一意义，是不需要出生以后的附加条件，人才有其权利，而是作为一个"生"的单位即有此权利。所以只要不是精神变态或发育不全的成年人，他的认识即有起码的逻辑的暗合性，民主政治即对之寄与以完全的信心而信任其选择的能力，尊重其选择的权利。在这里，只有量的多少发生决定作用，而不是质的高低发生决定作用。"逻辑的论证能力"，这是学术上的质的问题。学术是由质来决定的，十个没有逻辑训练的人，关于逻辑上的论证能力，赶不上一个有逻辑训练的人，在学术的立场上，十个人在这一方面应当接受一个有训练者的指导。但在政治投票的时候，一个有逻辑训练者依然只能算一票，依然应接受十个没有逻辑训练者的共同意见。假定把科学的批评精神和逻辑的论证能力当作民主政治运用中的必须条件，则不仅中国没有多少人具备此种条件，最低限度，在几十年内没有实行民主的资格。即英、美的工人阶级乃至农民，也未必能合此一要求。于是政治问题，应当由教逻辑的教授们来一番演算或辩论以作决定，结果，"哲人为王"，逻辑论证能力最强的应当取得统治者的地位。

儒家在修己与治人上的区别及其意义 ｜ 93

对于老百姓，最低限度，应规定逻辑为义务教育的必修科，并大量开设逻辑补习班以作选举的准备。但是，在政治上，决不能如此。在儒家，只问人民的好恶；在民主政治，只是基于选民自己利害的选择。一个人，对于自己在利害上的选择，是无待于逻辑的论证能力的。当然有这种能力更好。人民的多数选择，可能是一种错误，而民主政治正是给人民以自由地改正其错误的保障。若是认为多数即是代表真理，则民主政治改正错误的机能便归于消失，这即意味着民主政治整个机能的消失。

政治与学术的观点不清，其弊害已如上述。但是，知其一不知其二，也是人之常情，所以分清也并不容易。儒家思想，主要是"规定人的行为的思想"。但它在二千多年以前，已经把同是规定人的行为的思想，却在修己与治人两方面界划清楚，这种界划的基本用心，针对着共产党的现实（冯友兰曾说共产党是要人人作圣贤。以政治强制之力来要人人作圣贤，即使是真的，也会成为莫大的罪恶），针对着陈教授所提出的问题，似乎还有其深远的意义。由此可见孔家店所出的货色，似乎并没有随"五四"运动的"打倒"口号而俱倒，恐怕这是陈教授所意想不及的。

一九五五年六月十六日《民主评论》六卷十二期

国史中人君尊严问题的商讨

　　读李璜先生二月廿七日《自由人》上《争自由·要民主》大文，至为钦佩。惟中间一段谓"在君主专制时代，天王圣明，臣罪当诛，天下莫有不是的君父，这是有尊严问题的存在，这不能随便去冒犯的。……在中国的经史书上，确是大书特书，连篇累牍，举不胜举……"则似李先生读中国书不多，猜度之辞易滋误解，爰略为补正如下：

　　第一，君臣关系，在先秦乃视作与朋友同科，并不能与父子关系相提并论。故"朋友以义合"而君臣亦以义合。《论语》上谓"事君数，斯辱矣；朋友数，斯疏矣！"意即谓事君与交友乃基于同一之态度。"合则留，不合则去"，君臣之间应为一种自由之结合，此与"父子以天合"者大不相同。由君臣关系之绝对化因而显出人君特为尊严之观念，乃长期专制政治下之产物，为先秦正统思想中所未有。孔子虽"事君尽礼"，但彼绝不认某一人君为固定之政治中心，且应答之间与对学生无异。故彼不特周游列国，干七十余君，且尝欲应叛臣公山弗扰及佛肸之召。在孔子心目中，人君仅为实现自己政治主张之一工具耳，岂有丝毫如韩愈《琴操》中所谓"天王明圣，臣罪当诛"之奴才思想乎？君臣关系之绝对化始于暴秦而完成于两汉，此为中国历史演进中之一大变局。西汉知识分子对此一变局感受最为迫切，因之，曾与当时皇帝对政权作不断之流血抗争；禅让说之所以风行一时，甚且成为王莽篡汉之有力武器，其真实原因乃在于此。但时至东汉，士人已不敢与人君争政权，而仅欲与朝廷争是非。及经党锢之祸，士人更不得不逃避于玄虚之中以避祸。此后即最有良心之士人，亦仅能为人君拾遗补缺。生民之气在长期专制压迫之下，盖几于尽矣。

兹更举一例以见此中演变之迹。《论语》有"雍也可使南面"之语。西汉人以南面即系做皇帝，"雍也可使南面"即系孔子以其学生仲雍有资格做皇帝，东汉注释家则将南面解释为诸侯，而六朝人则将南面解释为卿大夫。专制之毒愈深，士人之志气愈消沉委屈，遂不得不自甘于政治上之被动而居于附庸之地位，以致中国文化之原有精神面貌亦随此而逐渐萎缩变形。即就此一解释之演变，已可见一般。居今日欲言中国文化，首须辨清何者为中国文化之本来面目，何者为在专制政治压迫之下所受之奸污。必认定中国文化，应先向专制政治复仇，然后中国文化乃可继续担当其对人类之伟大使命。故凡讲中国文化而将其与专制政治并为一谈，甚且以中国文化作拥护专制之工具者，实皆中国文化之罪人。因此而招致社会对中国文化之误解，殆亦必然之势也。

第二，中国即使在长期专制统治之下，人君尊严之观念已成，然亦从未以直言极谏为冒犯人君之尊严，因而欲纳人入罪者。纳谏即为贤君，拒谏即为昏君，杀谏臣即为暴君，此乃中国历史上任何人所不能不共同承认之铁律。至于以谏诤为冒犯人君尊严，以冒犯人君尊严为罪大恶极，乃由廿四史中之另一系统——《佞幸传》系统所演变而来。此一系统之存在，当系与政治之组织同其久远。孔子特提出"远佞人"，而司马迁作《史记》特为此辈立传，直至《明史》，其系统皆绵延不绝。此辈之最大特色即在出卖其肉体与灵魂，专为人君之尊严作供奉。其后则更进一步以"大不敬罪"栽诬善类，因而颠倒天下之公是公非。中国史学家所以特为其建立一"佞幸"系统者，正在指明专以供奉皇上尊严者之可耻，另一面亦在说明直言极谏根本不应有所谓冒犯尊严等问题也。在此一点上，仍系守住先秦思想之传统，为中国知识分子在文化上对专制政治所守之最低而最后之防线。若有人冒知识分子之名而竟欲将此最低最后之防线一举而溃决之，此等人果自居于何等乎？故今日之争，谓为民主自由之争，仍属言之过高过远；鄙意则实为抢救中国文化最后防线之争；自由人士之所以投袂而起，殆亦欲维护人类尊严、民族尊严于万一耳。

兹更略举先秦思想家所言人臣事人君之礼，以便与今人作一对照。《论语》："子路问事君，子曰，勿欺也，而犯之。"犯者，犯人君之好恶，犯人君之尊严也。《礼记·檀弓》"事亲有隐而无犯"，"事君有犯而无隐"，"事师无隐无犯"。可知"犯"为人臣事人君之大礼，亦可证明先秦事君与事父母并非等类齐观。孟子主张"格君心之非"，此与今日之共产党恰恰相反。共产党之统治者专洗人民之脑，而孟子则认为仅应洗统治者之脑。又谓"有事君人者，事是君，则为容悦者也"。朱元晦释之曰："阿徇以为容，逢迎以为悦，此鄙夫之事，妾妇之道也。"儒家演变至荀子，君臣地位已较在孔孟心目中者大为悬隔，但仍谓"从道不从君，从义不从父"，并斥"巧敏佞说，善取宠乎上"者为"态臣"。态臣者，搔首弄姿，供人玩弄之臣也。与儒家并称但又互相非难之墨子，在此点上亦复与儒家完全一致。《墨子》第一篇《亲士》谓："臣下重其爵位而不言，近臣则喑（喑，哑也），远臣则唫（噤，不敢出声也），结怨于民心，谄谀在侧，善议障塞，则国危矣。"法家乃中国之法西斯思想，特将人君之尊严绝对化。但法家欲维持人君之尊严，必要求人君自处于深密无为之地。否则人君亲自舞枪弄棒，势必露出马脚，虽欲维持尊严得乎？且儒家主张亲亲，此在政治上易流于家族政治。法家乃一出于冷酷客观之态度，使公族之政治权利不能超出于一般人民之上，于是客观之政治制度乃有建立之可能，此为法家之一大贡献。吾辈读古人书，应选长去短；而今人为学，则专欲选短去长，亦可痛矣。秦用法家，完成极权之治。汉承秦后，首先对秦代极权政治加以反省，因而渐开尔后政治之一线生机者，当推贾山之《至言》。贾山在《至言》中述秦因极权而亡之情形谓："秦皇帝居灭绝之中，而不自知者何也？天下莫敢告也。其所以莫敢告者何也？亡养老之义（按凡极权者多与匈奴同俗，'贱老而贵少'。盖匈奴重气力，而极权重驱使。少者容易玩弄而不敢有所是非，老者不易驱使也），亡辅弼之臣，亡进谏之士。纵恣行诛，退诽谤之人，杀直谏之士，是以道（导）谀谕（偷）合苟容。比其（秦皇）德，则贤于尧舜。课其（秦皇）功，则贤于汤武（按即'德与天平'之意）。天下已溃而莫之告也。"细读此一段文章，孰谓鉴古之不可以知今乎？

兹更举一保皇党之刘向之言以作此一段之结束。盖刘向生于专制政治完全成熟之后，又为皇室懿亲，其所言最为低调，且对皇室亦最为保险也。

《说苑·臣术》篇谓"人臣之行，有六正六邪"。"六正"中之"直臣"乃"敢犯主之颜面，言主之过失"之臣。至于"六邪"则"一曰，安宦贪禄，营于私家，不务公事；怀其智，藏其能，主饥于论，渴于策，犹不肯尽节。容容乎与世浮沉，上下左右观望，如此者具臣也。二曰，主所言，皆曰善，主所为，皆曰可；隐而求主之所好，即进之以快主耳目。偷合苟容，与主为乐，不顾其后害，如此者谀臣也。三曰，中实颇（偏）险，外容貌小谨，巧言令色，又心嫉贤。所欲进，则明其美而隐其恶。所欲退，则明其过而匿其美。使生妄行过任，赏罚不当，号令不行，如此者奸臣也。四曰，智足以饰非，辩足以行说，反言易辞而成文章，妪乱朝廷，如此者谗臣也。五曰，专权擅势，持权国事，以为轻重；于私门成党，以富其家。又复增加威势，擅矫主命，以自贵显，如此者贼臣也。六曰，谄言以邪，坠主不义；朋党比周，以蔽主明。入则辩言好辞，出则更复异其言语，使白黑无别，是非无间。伺候可推，因而附然，使主恶布于境内，闻于四邻，如此者亡国之臣也"。刘向所列举真可谓先乎今日之洋洋大观。而在中国历史文化中，从未以直言极谏为冒犯人君之尊严，亦可谓皎然明白矣。

至于历史之佞幸系统，就其发展言之，实足令人不寒而栗。春秋战国时之所谓便嬖佞人，不过系面目姣好，雄而实雌之辈。即《史记》、《汉书》之《佞幸传》中，其流品亦不外此。故班固谓"柔曼之倾色，非独女德，盖亦有男色焉"。则此辈只知供奉人君之尊严，亦何足责。迨后专制之毒日深，而此辈之蕃衍滋广，其为祸亦愈酷而愈烈。《明史·佞幸传》中，则纪纲、门达出自锦衣厂卫（特务）；李孜省、僧继晓等出身江湖；江彬、许泰等出身偏将；而顾可学、盛端明、朱隆禧等则皆起自科甲之知识分子也。佞幸而扩大及于知识分子，由出卖肉体者进而出卖灵魂，则明代欲不亡于流寇夷狄，得乎？且佞幸之扩大，岂一《佞幸传》所能概括。读书人终日忙忙碌碌，驱遣书本中之故事、词汇，咬文嚼字，以发为诗赋文章，或如今日之所谓社论、论文、文选、著作等，其目的只有一个，即在如何炫耀自己之聪明智巧，以讨皇上之欢喜，乱天下之耳目，变事物之是非，图个人之温饱而已。吾人试进图书馆、阅览室，一探其内容，则此类诗文著作，或且十居八九，则二千年来中国文化固已被佞幸化之读书人而佞幸化其八九矣。三十年来努力于歪曲西洋文化而亦欲使之佞幸化者，固亦不可以一二数。反视邓通、董贤辈之不轻干预外事之为犹稍有廉耻、之为难得也。今日中国知识分子于流离丧乱之余，若犹欲为自己子孙延一线生命，必先立誓言：自兹以后，不为佞幸化之文化服役，不将自己所读之中文书、外文书供佞幸化之资。此大前提一经决定，则任何主义思想之争，皆可在客观问题上求得自然之解决矣。否则有如溺人之抱石以求自救，岂有幸乎？笔者久未到港，寄语港中故人，借达拳拳之意。笔者年来居台无状可述，惟欲从佞幸化之传统洪流中，检存中国文化于十一，未敢自信能稍有所成也。

以上拉杂写来，毫无条理。笔者与李先生无一面缘，此文刊出，借便请教于李先生，幸甚。

一九五七年三月十三日《自由人》第六二八期

按此为答复《自由人》主编陈克文先生的一封信，经陈先生将前后略加删改刊出。

附关于中国历史中的人民自由问题另给陈克文先生的一封信

克文我兄：

这封信，我希望能把它刊出，但并不能算是"写文章"。

我每看到"中国人民是数千年来最享有自由之人民，其受病在缺乏紧张，形成涣散"，因而"不可再盲目学习西方民主"的这一类的文章，便使我心中万分难过。写这类文章的先生们，有的是出自一番好意，并且又是对线装书下过若干工夫的；但是为什么要把几千年无数人民在专制政治下的血河泪海，代他们装出白鼻子式的笑脸，为新的专制主义者制造出反对民主自由的太没理由的理由呢？

"自由"在政治上说，是人民对于自己合法的生存权利，政府官吏不能，也不敢运用政治权力加以侵犯之谓。最低限度，老百姓只要没有犯"朝廷"的"王法"，官吏便不能随意加以诬陷罗织之谓。此一自由的确立，只是近三百年来的历史成就。中国在专制政治之下，有哪一种客观的保障，能使人民可以得到这种自由呢？一部廿四史，有哪几部历史没有《酷吏列传》？哪一个酷吏后面不是跟上几千几万的冤鬼？并且姓名被列入史传中的酷吏，不过是千百人中最为突出之一二人，由史乘奏诏中所暴露出各时代官吏鱼肉细民的一般情形，真是不可胜数。到宋代而胥吏政治成熟，在胥吏政治下的暗无天日，宋明及清初许多人的文集中，有不少悲痛的纪录。"乾嘉大师"们的文集中便很少这类材料，是因为他们的心力只肯集注到文字训诂那一方面去，而不屑注意这些现实问题，以保持他们的高洁。但一直到民国十五年为止，下层政治的黑暗情形没有两样。县衙门派出的催粮差役，老百姓一看到没有不吓得发抖的。我小的时候便曾亲眼看到过几次。在我的乡下，称这些催粮的差役为"叫垫券的"，而"叫垫券的"便成为凶神恶煞的代名词。我一直到十九岁，还想不通"叫垫券的"为什么有那样的厉害。所以谚语说"灭门的知县"，这是说知县可以随意灭人一家的。又说"贫不与富斗，民不与官斗"。这里的所谓"斗"，不是斗争的斗，只是争论是非的意思。这句谚语是说穷人只有顺从富人，百姓只有顺从官吏。若和他们争论是非，包管叫你吃上大亏的。此一情势的稍稍好转，不能不归功于民国十五年的北伐。从历史的材料看，从我们具体的社会经验看，中国人民是在何朝何代而可称为享有近代的所谓自由呢？我们讲话，一定要根据实际的资料，并且应把不同的资料作一种客观的衡量；不然，不论动机如何好，结果不仅毫无效果，反而只有模糊真实的问题，以延迟其解决而已。人类的理想，不论最先启发于何地；但一经启发出来以后，即是属于"人类底"，而不问其为"东"或"西"。近代民主自由，虽启发自西方，但一定要在人类中，开花结果，这和科学的成就没有什么两样。至于在不同的历史条件、社会条件下，其具体实现的方式或不尽相同，但这只是极小的不同，与大原则并无关系；在这种地方，应当特别加以分疏的。至于"中国实行民主数十年，但……"这类说法，我们真怀疑到这只是刚从月宫降落下来的仙人的口吻，我们住在这块土地上几十年的人，是看见在什么地方真心实意地实行过一天的民主呢？

专此敬请

大安

弟徐复观上

三月十日

孟子政治思想的基本结构及人治与法治问题

一、了解历史文化的态度

我在这里，想以孟子的政治思想作为儒家政治思想的一代表，略加分疏，以澄清若干误解。

在未谈到本问题以前，想先谈谈为得要了解历史上的某种思想，在态度上似乎有几点值得注意的地方。

第一，古人与人自身有关的思想，都是适应于他当时社会的某种要求，也受到当时社会各种条件的制约。社会环境是变的，我们只能先从某一思想家所处的社会环境中去了解他的思想，估计他的思想价值。一种成为知识系统的思想，对其以后的历史，总会发生某程度的影响。但此种影响，只是原则性的、启发性的，而不会是一个具体的蓝图，只是可能性的、被动性的（《论语》"非道弘人"）。因为只要是一个人，便应有其自主性，古人决不会从坟里钻出来牵着后人的鼻子走。拿今人的社会环境作评判古人思想的尺度，或者恨古人的思想，并不能作今人行动的蓝图，乃至把今人的一切罪恶，都归到古人身上，这只是表现自己的堕性、堕落。

第二，因为中国文化很早便重体认、重实用，而不重思辨，所以古人表达其思想时，常是片断的，针对某一具体事实而说的，缺乏由思辨而来的抽象性及构造形式。但只要是成了"家"的思想，在他各个片断的语言中，依然会有其内在的关联，含有逻辑的结构，否则便只能算是一个"杂家"。并且在他们针对某具体事实所陈述的语言中，有的没有普遍的意义，有的则在具体事物的后面，含有普遍的意义。因为正如卡西勒（E. Cassirer）在《原人》（*An Essay on Man*）中所说，思想的本身便是普遍性的，除非还没有上升到可以称为是一种思想。因此，对于中国古人思想的了解，便须要多费一番爬搜组织的工夫，须要在他全般相关的语言中来把握他的思想，并且也只有在全般相关的语言中，才易于确定某一句话的意义，万不可拈住一句两句话去随意作猜测。五四时代的人，谈到中国文化时，多半犯了这种毛病。

第三，古人的意思有对有不对，有的我们赞成，有的我们反对。但反对与仇恨、栽诬不同。反对是根据一种事实、理由，而不接受他，或进一步去批评他；仇恨则完全是由现实利害所引起的感情上的东西。若由仇恨而变成栽诬，那更是不正当的手段。试想，古来许多艰苦奋斗一生的思想家们，他的身体早在坟墓中腐朽，他遗留的著作也正是"烟墨无言",他如何会得罪现代人而引起现代人的仇恨？因为在外赌钱赌输了而回到家来打家具、丢祖宗牌位，因为对现实不满而一箭射向坟墓中的人身上去，这都可以算作能避免直接抵抗的勇敢，但未必算得是有出息的勇敢。有不少的人，好像是曾经得过一部无字天书样，对于他完全不知道的东西大嚷大骂，有如街头玩江湖的人，觉得只要声音嚷得大，姿态出得怪，便不愁没有人围拢来看热闹。文化界中所以有这种现象，多半是由仇恨而来的发泄。其实，这不仅与古人无关，更与他所谈的问题也无关，而只会令人怀疑到这种人有无谈任何问题的资格？因为只有能保持清明平允之心的人才能谈问题。

我之所以说上这些闲话，是感到在古人中孟子的政治思想，是最不易引起误解的，但在今日也竟会引起不易使人想象得到的误解。我想，这种误解，大概不应归之于这些人们的学力，而应归之于这些人们的态度。

二、孟子政治思想的结构

近人萧公权氏所著的《中国政治思想史》中说："孟子之政治思想，遂成为针对虐政之永久抗议。"（原著页九〇）又说："专制时代忠君不二之论，诚非孟子所能许可。"（页九一）这都是很正确的结论。我现在除了顺着孟子政治思想的结构略述一个轮廓外，再就《孟子》中的人治与法治问题，稍补萧氏之所未及。

孟子在政治上谈"仁义"、谈"王道"的具体内容，只是要把政治从以统治者为出发点，以统治者为归结点的方向，彻底扭转过来，使其成为一切为人民而政治。这点在经过二千多年的我们现在，还不曾完全达到，甚至连观念上也不曾达到的扭转工作，在历史上是一件惊天动地的大事。他不仅把当时统治者的利益从属于人民利益之下，由人民的利益来作一切政治措施得失的衡断，并且把儒家所强调的"礼义"，也把它从属于人民现实生活之下，使礼义为人民的生活而存在，而不是使人民的生活为礼义而存在，所以他一再强调"无恒产者无恒心"（《梁惠王上》、《滕文公上》），及"此惟救死而恐不赡，奚暇治礼义哉"（《梁惠王上》）。任何好的主义、名词都是可以伪装利用的；只有人民的现实生活不能加以伪装利用，这才是各种政治思想的试金石。我过去几次指出先秦儒家是把修己治人的标准加以分开的，即是说明儒家在修己方面的严格的道德要求，决不许假借为欺压人民的工具。这点是被过去的人所忽略，因而引起许多争论的思想史中的一大关键。

因为孟子坚持政治应以人民为出发点、为归结点，所以他明白确定政权的移转应由人民来决定。他提出"天与"（《万章上》）的观念来否定统治者把政权当作私产来处理的权利，而他之所谓"天与"，实际便是民与。所以当齐宣王伐燕胜利，想援传统的天命观念来作取燕的根据时（"不取必有天殃"），孟子干脆告诉他："取之而燕民悦，则取之……取之而燕民不悦，则勿取。"（《梁惠王下》）即是说，这应当是由民意来决定的事，与天命无关。正因为他认定政权应由人民来决定，所以他便在二千年以前，已经肯定了政治的革命权利（同上"闻诛一夫纣矣"）及人民对统治者的报复权利（同上"夫民，今而后得反之也"）或将人君加以更换的权利（同上"四境之内不治，则如之何"，"反覆之而不听，则易位"）。他是非常反对战争的，但汤之伐葛，他认为是"为匹夫匹妇复仇"，是王者之师。并且他还认为人民的力量，是政治上最大的力量，所以他说"民归之，由水之就下，沛然谁能御之"（《梁惠王上》），"保民而王，莫之能御也"（同上），"孰能御之"（同上）"七十者衣帛食肉，黎民不饥不寒，然而不王者，未之有也"（同上），"乐以天下，忧以天下，然而不王者，未之有也"（《梁惠王下》），"以德行仁者王，王不待大"（《公孙丑上》），"信能行此五者……则无敌于天下"（同上）。这都是表明人民有力量来决定政治。他这些话初听来不仅是当时的统治者认为迂阔，现在读《孟子》的人，恐亦多有同感。但把历史拉长了看，彻底翻动历史的，谁能说不是人民的力量呢？

过去，我也和许多人一样，以为孟子的"民贵"、"君轻"思想，只是民本思想，与民主的思想尚隔一间。用萧公权氏的话说："孟子贵民，不过由民享以达于民有。民治之原则与制度，皆为其所未闻。"（《中国政治思想史》页九一）现在看来，民治的制度实为孟子所未闻，但民治的原则，在《孟子》中已可看出其端绪。《梁惠王下》：

> 国君进贤，如不得已。……左右皆曰贤，未可也；诸大夫皆曰贤，未可也；国人皆曰贤，然后察之（察其贤之事实），见贤焉（见其有贤之事实），然后用之。左右皆曰不可，勿听；诸大夫皆曰不可，勿听；国人皆曰不可，然后察之，见不可焉，然后去之。左右皆曰可杀，勿听；诸大夫皆曰可杀，勿听；国人皆曰可杀，然后察之，见可杀焉，然后杀之，故曰，国人杀之也。

就全文看，这里省掉了"故曰国人用之也"、"故曰国人去之也"的两句话。这段话的意思，是说用人、去人、杀人之权，不应当由人君来决定，而应当由人民来决定。人民的好恶，决定政治的具体内容（《离娄上》"所欲与之聚之。所恶勿施尔也"，《大学》"民之所好好之，民之所恶恶之"），而对于用人、去人、杀人的政治权力，又主张保留在人民手上，这怎样没有透露出"民治的原则"呢？但人民如何有效来行使这种权力，则系制度问题，孟子的确没有想到。但由此一原则性的要求，便发展而为《礼记·礼运·大同》章的"天下为公，选贤举能"的主张，这已向制度方面迈进了一大步。西汉初开始的"乡举里选", 即由此一思想的要求而来。但西汉的"乡举里选",缺少了"天下为公"的大前提, 所以只有缓和一点专制毒害的作用, 而失掉向民主前进的意义。但我们不要忘记, 西方以议会为中心的民主制度, 是在几万人口的城邦国家中自然产生的。中世纪若干小的城市, 也自然而然地采用了这种制度, 都不是从思想家的理想中产生的。在近代以前, 在西方的政治思想中, 只认为民主制度是许多政治制度中之一种, 并不曾把它当作最好的政治制度。把它当作理想的政治制度而加以追求, 乃经过了一段国王专制以后的启蒙运动后期的事情。则在土地广大的农业社会基础上, 二千年前不能产生健全的民治制度的思想, 是可以理解的。

三、孟子不重法治吗?

孟子政治思想的结构, 只能简略地说到此处为止, 以后有机会再行补充。现在转到孟子政治思想乃至整个儒家思想的人治与法治的问题上面。一般人说儒家只重人治, 不重法治, 由此而加上儒家很多的罪名。但我觉得这完全是出于误解。任何时代, 在政治中不能否定人的重要性, 当二千年前, "天下为公"还是托之于理想, 政治的权原, 还是操在一个人君的手上, 人君成为政治的总发动机时, 只有人君能成为一种道德的存在; 最低限度, 只有人君能控制自己而遵守人生上、政治上的若干基本原则, 才有法治可言，否则一切良法美意，在人君一摇头、一瞪眼之下，立刻会走样、变质，成为倒闭后的钞票。用宪法来控制人君或其他形态的政治权力，乃到了近代才出现之事。在中国古代，便只有靠人君的德性来控制人君自己。由人君的德性推上一层，便只有抬出"天"来，但西汉中叶以后，人君便把"天变"的责任转嫁到大臣身上去。由人君的德性落下一层，便只有陈述现实上的利害，但有权力者常常会把利害倒错。所以归根到底，不论怎样，总要以人君德性为中心，这不仅在宪法的观念未出现以前，是无可如何之事，即在宪法已经存在，但还未树立起真正的基础、权威时，还是一样。当今人类每遇到重大的关头，也常要在法的后面，还须呼吁人类的良心理性，有如《联合国宪章》及《世界人权宣言》之类。则在两千年前，儒家不特别重视人治，不特别重视负政治责任者的良心理性，还有何办法？法家重法而不重人，到韩非，可说主张得最为彻底，而秦国也正是法家政治思想的试验场。但韩非死于李斯，李斯死于赵高，扶苏、胡亥也皆不得其死，二世而亡，这不是最现实的讽刺吗？

至于说儒家重人治而不重法治，便首先要看对"法"的解释。若将"法"解释为今日的宪法，则二千年以前尚无此观念。当然过去也曾想到要有一种恒常不变的法，来维持政治的安定，此即孟子所说的"旧章"、"先王之法"（《离娄上》），这有似于英国的历史的惯例。但它与现代的宪法观念，究不相同。若将法解释为刑法，则儒家确是不重视刑法，但并不否定刑法。孟子说得很清楚，"国家闲暇，及是时，明其政刑"（《公孙丑上》）。若将法解释为政治上所应共同遵守的若干客观性的原则，及由此等原则而形之为制度，见之于设施，则孟子乃至整个儒家，是在什么地方不重法治呢？孟子说，"先王有不忍人之心，斯有不忍人之政矣"（同上），"尧舜之道，不以仁政，不能平治天下"（《离娄上》），"子产听郑国之政，以其乘舆，济人于溱、洧。孟子曰，惠而不知为政"（《离娄下》）。凡这里所说的"政"，即是一般所说的法治。又"上无道揆（度也）也，下无法守也。朝不信道，工不信度……国之所（或）存者幸也"（《离娄上》）。这即是说无法治便会亡国。不错，孟子由传统的德治的观念，更落实到人君的心上面，以为人自己可以确实把握得到的心，是政治的根据，所以他特别强调"仁心"、"不忍人之心"，并且强调要"格君心之非"。但他所指的"心"，是"仁义礼智根于心"（《尽心上》）的"心"。顺此种心的本性，必须客观化出来以成为治法，来解决人类实际的问题，这才能填补"天下有溺者，犹己溺之也；天下有饥者，犹己饥之也"（《离娄下》）的心愿。正因为如此，所以在先秦诸子百家的政治思想中，以孟子最注重经济问题，最注重经济制度。他再三强调"明君制民之产"，即要以"法"来定人民之产。因为当时土地都在人君手上，人君不制民之产，人民便没有产，便无从得到起码的生活手段。"五亩之宅，树之以桑"的一段话，在《孟子》一书中凡三见，可见这是他针对当时"民之憔悴于虐政，未有甚于此时者也"（《公孙丑上》）的实际情况，所提出的经济立法的蓝图，以求达到"七十者衣帛食肉，黎民不饥不寒"的目的。而他对于工商，则希望能采取鼓励自由发展的途径；他再三主张"关市讥而不征"（《梁惠王下》）、"市廛而不征，法而不廛"（《公孙丑上》）的法制。这是先秦儒家对工商的共同态度，所以《中庸》提出"劝（鼓励）百工"的主张。此种思想，一直到荀子受了法家的影响而才稍有所改变。孟子由此再进一步的法治主张，则是他对滕文公所提出的井田、学校的制度。这里不讨论古代井田制度的有无，及其实际性质怎样等问题，而只指出孟子的井田制度，是经过他理想化以后所提出的，与历史上的有无此种事实及此种事实之究竟如何，并无关系。这是中国土地改革的最早主张，一直影响到中山先生"平均地权"的思想。关于教育的观念、作用，到孔子才真正明确化。学校制度，在《尚书》、《诗经》中似乎没有明显可靠的证明材料，殷代政治经验的传承，大概是靠着巫，周代靠着史。而学校的萌芽，恐怕开始只是习射、养老，并非经常的教育机构。焦循《孟子正义》引王念孙《广雅疏证》，以为"养老、习射，偶一行之，不得专命名之义"。故释"养犹教也。

射、绎古字通。《尔雅》，绎，陈也，则射者陈列而宣示之。此序训为射之说也。养、射皆教也"。此乃不明于历史上各种制度的演进事实，以后来的学校观念，解释萌芽时期的形态，故在文字训释上如此牵强附会。学校由"偶一行之"的养老、习射，而进到一种经常的教育机能，这是儒家不断努力的结果，并且到孟子而开始得到一个明确的形态。这在主张法治的意义上，更是一件大事。即是在中国历史上的统治之外，另开辟出一个教育的系统。除了井田、学校的法治以外，再引孟子几段关于一般法治的具体意见：

　　不违农时，谷不可胜食也；数罟不入洿池，鱼鳖不可胜食也；斧斤以时入山林，材木不可胜用也。(《梁惠王上》)

　　省刑罚，薄税敛，深耕易耨，壮者以暇日修其孝悌忠信。(同上)

　　昔者文王之治岐也，耕者九一，仕者世禄，关市讥而不征，泽梁无禁，罪人不孥。老而无妻曰鳏，老而无夫曰寡，老而无子曰独，幼而无父曰孤……文王发政施仁，必先斯四者。(《梁惠王下》)

　　尊贤使能，俊杰在位……市廛而不征，法而不廛……关讥而不征……耕者助而不税……廛无夫里之布……(《公孙丑上》)

总结孟子关于人与法的观点是"徒善不足以为政，徒法不能以自行"（《离娄上》）。上一句是说仅有治人（徒善）是不能办好政治，所以还要有治法；下一句是说治法不会自动实现的，须要治人始能推行，即是治人、治法不可偏废。这似乎是明白而平实的看法。不过因时代的关系，在二千年以前，重点是稍偏在治人那一方面，而在今日，则重点乃是多偏在治法这一方面。但正在过渡期的中国，二者的轻重恐怕是难分轩轾的。

由孟子上推到孔子，他曾说"道之以政，齐之以刑，民免而无耻。道之以德，齐之以礼，有耻且格"（《论语·为政》）。《论语》上的所谓"政"，多指政治上的命令而言。"道之以政"即是"言教"；"道之以德"即是"身教"。《论语》上的"德治"，乃指为政者须以自己的生活作模范而言，没有后来"德治"一词的广泛意义。所谓"道之以德"，是以自己的实际生活作领导，这是人治。而"道之以礼"的"礼"，其基本精神，正合于现代之法治，而法家的法，偏于刑法的意味重，并与现代的法治不同。因此，"齐以之礼"即是主张法治。荀子的所谓"礼"，在政治上也是指法治而言。孟子也有"上无礼，下无学，贼民兴，乱无日矣"（《离娄上》）的话。专谈政治制度的《周官》又称为《周礼》，由此一端，也可知儒家在政治上所说的"礼"都是法治。而孔子也决不曾忽略法治。所以汉人常说："孔子作《春秋》，当一王之法。"

最易引起误解的是《中庸》"文武之政，布在方策。其人存，则其政举；其人亡，则其政息"的一段话，许多人由此而说儒家不重法治。其实，这段话只说明当时的实际情形，何能解释为不讲法治？《中庸》在这章后面接着说"凡为天下国家有九经"，"九经"即是九种常法大法，后面皆一一地胪列了出来，这不是法治是什么？先秦儒家典籍中，讲政治制度最详（如《孟子》、《荀子》、《礼记》等），因此才演变出来《周官》这一部书。而今人竟异口同声地说，儒家只讲人治，不讲法治。治学不实事求是，论事不虚心坦怀，把现代人的责任，推卸到自己祖宗身上去，则此一代知识阶层的没落，决不是偶然的。

一九五九年五月二十五日《祖国周刊》第廿六卷第八期

此文乃针对《祖国周刊》署名李金者之一文而作（作者一九五九年十月二十六日补志于东大）。

中国古代人文精神之成长

一、忧患意识的宗教精神

中国文化，既不是以神为中心而展开的，也不是以自然为中心而展开的，很早便是以人的自身为中心而完成其发展；因此，中国文化，似乎不妨称为人文主义的文化。但一提到人文主义，便容易联想到欧洲十五世纪前后的人文主义。这种联想，很易使人发生误解。所以我在这篇短文内，想从古代人文精神发展之过程中，解说所谓中国的人文主义的具体内容。

一般人说，希腊哲学，发生于对自然的惊异；各种宗教，发生于对天灾人祸的恐怖；而中国文化，则发生于对人生责任感的"忧患"。忧患并不同于恐怖。恐怖常将人之自身，投掷于外在的不可知的力量（神）；忧患则常要求以自身的力量，掌握自己的命运。忧患的本身，即是"人的自觉"的最初表现。在中国文化中的此种自觉，乃开始于殷、周之际；尤其系以文王、周公为中心而展开的。

《易传》说："（天地）鼓万物而不与圣人同忧"（《系辞上》）；这是说明圣人与天地不同之点，乃在于天地无忧，而圣人有忧。又说："《易》之兴也，其于中古乎？作《易》者其有忧患乎？"（《系辞下》）"《易》之兴也，其当殷之末世，周之盛德耶？当文王与纣之事耶？是故其辞危（危惧）。"（同上）《易传》虽大概成立于战国末期，但此处所说的情形，与周初文献相对照，却非常地适切。例如《尚书》五诰中的《召诰》说："惟王受命，无疆惟休，亦无疆惟恤。呜呼！曷其奈何不敬？""呜呼！天亦哀于四方民，其眷命（天眷爱之命）用懋（加在勉力于德之人）；王其疾敬德。""敬"、"敬德"、"明德"的要求，贯穿于周初的各种文献之中。"敬"是由忧患意识而来的警惕、敛抑、集中的精神状态。"德"在当时恐怕只能作"一个人自己负责的行为"来解释；"得于己之谓德"，"道德"的"德"等，都是后起的意义；所以当时仅用一个"德"字时，不一定含有好的意味；而须在"德"字上面加上"敬"字、"明"字、"懋"字、"中"字、"吉"字等，才能表示好的意味。当时若没有忧患意识，便不会有强烈的敬、敬德、明德等的要求。从殷代遗留到现在的铜器看，它的物质文明，已发展到相当的高度。但在观念上尚未脱离原始状态；他们的生活，都要通过"卜"的方式，而被决定于外在的神秘的意志——祖先神，及自然神的意志。当时似乎也有少数殷人，如祖伊、微子等，开始有了"人的自觉"；但多数人还是处于完全无自觉的被动的地位。周之战胜殷，可以说是有自觉性的文化，战胜了缺少自觉性的文化。这在中国文化发展史上，是一个划期的进展。但近人因为看到殷代的铜器及周公主张吸收殷朝文化，便比附为这是周的野蛮民族，战胜了保有高等文化的殷民族；周人吸收了殷文化后，才能有自己的文化。这种说法，是完全不了解在人类文化发展过程中，"人的自觉"所占的重要地位；更不了解主动地、选择地吸收他民族的文化，正是有了自觉的一种表现；与被动地被人所同化，有本质上的分别。

周初的宗教生活，比殷人有两个显著的差别：第一，在祖宗神中，主要是以文王为中心；而文王之所以能"在帝左右"，只是因为他生前的"明德慎罚"的各种德性，这便和殷人把所有的祖宗经常扯在一起，有所不同。第二，周初虽然也承认各种自然神之存在，并列入祀典；但和他们的精神直接发生关系的，似乎只是天、上帝、天命；这是宗教精神向上升华，因而澄汰了许多离乱之神的一种表现。殷人的宗教精神，似乎还是在各种自然神中挤来挤去。更重要的是：周初虽然特别强调天命，但周人的天命，只居于考察监督者的地位；纣说"我生不有命在天"（《尚书·西伯戡黎》），认为天命一定是站在自己这一边的；这大概是殷代极流行的看法。但周人则认为上帝只根据自己考察的结果以决定其赏罚，并不一定站在谁的一边，所以才说"惟命不于常"(《康诰》)、"天命靡常"(《诗·大雅·文王》)这类的话。因此，人不能依恃天命，而只能依恃天命所根据以为赏罚的各人的行为——德。天命如何，既由各人的德而决定，则实际亦即是人类自己决定自己；于是人的命运，开始从神秘之力的黑暗中解放出来，以建立某程度的自主地位；所以《诗经·大雅·文王》篇便说"永言配命，自求多福"。周初的天命，依然是宗教性的天命；但这种宗教性若是以恐怖为动机，结果便只能走向信仰，在信仰中解决问题。仅靠信仰解决问题，实际只是精神的麻醉。但跃动于周人的宗教精神内部的，却是忧患意识；忧患是深入于困难情势之中，以自己的责任感，探索解决问题端绪的心理表现；这便不能安心于在实际上无所作为的信仰，而要求在实际的行为中解决问题。这种情形，可以说是在天命中的自主性，在宗教中的人文精神。这是中国人文精神的初步。而其动力，则是当时的忧患意识。并且这种忧患意识，一直贯穿于中国以后文化活动的底流之中，以形成其人文精神的特性。同时，以忧患意识为基底的人文精神，常将个人欲望消解于其对人类责任感之中；它和以表现个人才智为中心之人文主义，在基调上完全是两样。

二、从天命向人性的推移与融合

周初的天命，虽根据人之行为而决定其赏罚，已赋予人以某程度之自主性。但从另一方面言之，天命仍是人类为善的一种保证力量，此殆与一般之宗教作用无异。但一般宗教，常在"此岸"之外，构造一明确之"彼岸"世界。神的赏罚，不仅在此岸行之，主要系在彼岸行之。于是在此岸所未能实现的合理要求，可以推卸到只可想象而无法实证的彼岸中去，由此而可以维持神的权威于不坠，并给人们以精神上的安慰感。中国古代，殷、周虽然都认他们的祖先是住在天上，以作上帝与子孙中间的中介人；但天上的"天"，只是漠然的存在，并无明确的彼岸性的构造。因此，神的赏罚，不能不限定于在此岸行之。佛教未入中国以前，中国并无彼岸审判的构想。于是在此岸中各种不合理的事实之存在，不能不使主持赏罚的天命，逐渐失坠了它的权威。尤其是到了周幽王、厉王的时代，王纲大坏，赏罚失常，天命的权威，更扫地以尽。这在《诗经》的"变雅"中，表现得很清楚。所以进入到春秋时代，原有的带有人格神性质的天命观念，大体上分向两个方向演变。一演变为"运命"之命，主要表现在人的贫富、贵贱、寿夭等方面；它和以前的天命观不同之点，即以前的天命，具有为人可以了解的合理意志；而运命之命，则只是一种神秘的盲目的力量。用五行来加以条理，这是战国末期才出现的；但五行生克，依然是没有意志作用的东西。这种演变，流行于社会大众之间。另一演变，则把人格神的目的性，消解而为宇宙运行的道德法则；这是出于少数知识分子对道德的要求与反省，并诱导出后来的人性论，且构成其重要内容。至于与原来的天命有关的祭祀，亦演变为人文生活中的一种节目；《礼记》的《表记》说："殷人尊神，率民以事神，先鬼而后礼……周人尊礼尚施，事鬼敬神而远之，近人而忠焉。"由此亦可窥出此中消息。更到后来，儒家把祭祀转化为德行扩大的实践。

现在所最成为问题的，乃是在周初所建立的某程度的人的自主性，因天命权威之失坠，势亦必随之而动摇。欲重新奠定人之自主的信心，必须在天命以外，亦即在宗教以外，另求得其保证。中国文化，由以天命为中心，转而以人性为中心，即是在这种情势之下，慢慢发展起来的。中国人性论之出现，乃是在宗教自身破产以后，转而要在人的自身，求得自我完成之根据。但在文化发展史上，尚须要一段艰难的岁月。

首先，人格神性质的天命权威，虽已失坠，但人们与其生存密切相关之宇宙，并不能因此而失去其精神上之关连。并且在中国古代，很早便认为民是由天所生，所以殷盘庚迁都时对他的老百姓说："予迓续乃命于天"；而"天降下民"这一类的话，不断出现于周初及其以后的文献。后来道德法则性的天，固然是"善"的；以前人格神性质的天，也不能不是善的。天是善的，由天所生的人，也应当是善的，这可以说是自明之理。万能万善的神，却创造出原罪的人来，这不是合理思维所能了解承认的。所以

《康诰》上已经说"天惟与我民彝大泯乱"。"民彝",即是民的"常法",即是善;这句话的意思,是说不好的政治,把天赋与给人民的常法扰乱了。《盘庚》上已出现"民命"的名词,周初更常将"受命"与"受民"并举。"受民"即是"受命",命是善,民亦自然是善的。这种想法,到后来更为明显,于是而有《诗经·大雅》"天生烝民,有物有则;民之秉彝,好是懿德"的说法。这可以说是性善说的萌芽。但此处特须仔细注意的:在孔子以前,依然着重在"命"上来说"民彝",而并不从人的性上来说。《左传》"民受天地之中以生,所谓命也"(《成公十三年》)的话,与《中庸》"天命之谓性"的话,在意义上并没有分别。但这里只说"所谓命也",而不说"所谓性也",即是说明在此一阶段,善在"命"而不在"性",善与具体的人之间,还有一点距离。

"性"字是从"生"字孳生出来的,出现得比较迟。《尚书·西伯戡黎》中"不虞天性"的"性",若此一材料可靠,则似乎是指天之好恶而言。《康诰》中的"节性"的"性",及《诗经·大雅·卷阿》中的"弥尔性"的"性",则都指的是"生而即有的欲望";这似乎是"性"字的原有意义。《左传》中的"性"字,有的与"生"字同义,有的则指的是生而即有的欲望。但有两处说"天地之性",一处说"地之性",已含有道德的内容。但这是就天地身上说,而不是就人身上说,所以这里的"性"字实同于"命"字。一般地说，命与性，在春秋时代，依然是两种性质，命善而性无所谓善不善；两个层次，命在上而属于天，性在下而属于人。所以把性和命联作"性命"一个名词，此时尚未能出现。

孔子一生的学问，人格的成长，也是一个发展的过程。《论语》"吾十有五"一章，正是此一过程的自述。所以我们读《论语》，有的地方，不可只作平面地看。他所说的"性相近也"的"性"，我以为是他早期所说的传统观念的性（生而即有的欲望）；而子贡所说的"性与天道，不可得而闻"的"性"，乃五十岁以后，与天命融和在一起的性善的性。孔子"五十而知天命"，固然不是运命之命；运命之命，何待五十而始知？但亦非仅传统的道德法则之命；因为传统的道德法则之命，是外在的，可凭闻见而知的，也不待五十而始知。这里的所谓"知"，乃是"证知"的"知"，即是在其生活中证知了道德的超经验的先天性；这是人格完成时的"自证"；在这种自证中，道德与自己融成一片，亦即是天命与人性融为一片，这才是子贡叹为"不可得而闻"的"性与天道"。因为这是孔子个人，也是整个文化的发展，所达到的新的境界线，孔子尚未能把它的自证加以理论化，子贡才觉得"不可得而闻"了。从思想史上看，最先常常先有某种事实，才有解释此种事实的观念；有了某种观念，才有表现此种观念的名词。由事实到观念，由观念到名词，开始是一个相当长的发展过程。

孔子实际上已将天命与人性融合在一起了；但"天命之谓性"的这句话，直到子思的时代才能明白说出。与天命融和在一起的性，不能不是善的；但"性善"一词，一直要到孟子才能明白说出。孔子说"人之生也直"，又说"天生德于予"，又说"我欲仁，斯仁至矣"，实际已主张性善。但在他的时代，还不能直捷以语言表达出来。

三、作为发展成熟的性善说

从思想史的立场看，《中庸》里面虽然杂有战国末期，甚至是秦时的材料，但我依然相信汉儒的说法，它是代表子思的思想。"天命之谓性"，正式把性和命结合在一起，这是长时期发展下来的结果。命是代表道德普遍性的一面；性是道德成就在各个人身上的，即是道德的普遍性，在具体之人中间的实现，所以性是代表道德的个别性、特殊性的一面。《易传》"成之者性也"的话，应当作这样的解释。所以若仅说命而不说性，则道德与具体的人之间尚有一个距离；使具体的人，向上追求，以填补这个距离，将会只注意到普遍性的一面；用现代的术语说，将走向抹煞个性的全体主义。相反的，若只强调性，而不连上命，则所谓性，将只是一种具体的、生理的存在，在生理个体的相互之间，将发现不出一条真正可靠的通路，因而会成为闭锁性的个人主义。真正道德的善，必须从个人通到群体中去，亦即必须由性通向命。性与命融合在一起，即是普遍与特殊，群体与个体，形上与形下，融和在一起的境界；这是中国人性论不同于西方人性论的一大特色。

如上所说，性善的观念，在孟子以前，尤其是到了孔子，实际上已经成立了。但"性善"两个字，尚不能明白说出，便依然不能避免观念中的朦胧，乃至夹杂。孟子简单将"性善"两字说出，把它从观念的朦胧夹杂中澄汰出来，以树立理论上的确切地位，这又是人文精神向前的一大伸展；并且就当时一般人来看，这完全是一个新的创说；便不能不引起许多争论。《孟子》"天下之言性也，则故而已矣；故者以利为本"的话，古今的注释家，似乎不曾注释得清楚。在我看，这即是表明他为了维护自己的新说而针对当时传统的性论者的一种抗辩。"故"即是传统的老说法；"利"，在《孟子》一书中，都是指个人的欲望而言。这两句话的意思是"天下说性的人，只是依照（则）老的说法（故）罢了。老的说法，是以个人的欲望为根据"。告子"生之谓性"，正是继承了传统的说法。

人类文化的发展，是要求从自然状态中，从野蛮状态中脱离出来，以建立人文，或文明的人类生活社会。这一要求，在中国首先表现而为"人禽之辨"，即是人开始意识到自己不同于其他的动物。有了这种意识，人与自然，文明与野蛮，才有一个清楚的境界线，因而人之所以为人的特性，及由此特性而来的努力方向，才能因观念上的明朗而确定。中国文化中的此一发展的阶段，至孟子而完全成熟，这是性善说的真正背景。因为不先了解这一点，所以二千多年来，对孟子的性善说，便似乎没有人真正能完全了解它。现在简单分作四点来加以疏导。

第一，就性所包括的范围来讲，他和告子乃至当时一般人所说的，显然有广狭的不同。告子所说的"生之谓性"，是说"凡是生而就有的欲望，都称为性"，这是传统的说法。但孟子觉得生而就有的欲望，许多是人与一般动物的共同趋向；若这样地论性，则"人禽之辨"，亦即人所以不同于一般动物的特性，不能显著出来。他为了把人从一般动物中超升上来，便只能人与一般动物不同之点，来看人之所以为人的"特性"，其所包括的范围，要比告子所说的狭小得多。他说："人之所以异于禽兽者几希。庶民去之，君子存之。"由此可知他是认为人有一大部分是与一般动物相同，只有一点点（几希）是与一般动物不同；而这一点点，却是善的，亦即他所说的四端。他的性善说，即是以这一点点为立足点。这一点点的善，是生而即有的，并且也只有人才有的；所以可称为性，所以可由此以表现人之所以异于禽兽的特性。但并非生而即有的欲望都是善；从生而即有的欲望来论性，便把人和一般动物混同起来了，所以他反对告子"生之谓性"的说法。了解到这一点，便可以了解他论难告子"生之谓性，犹白之谓白与"的一段话；而这一段话，正是二千年来的注释家所不曾解释清楚的。若更用图来表示，则：

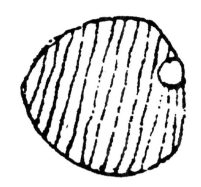

　　图内右上方的白圈代表人所独有的"几希"，这是孟子性论的内涵。其余黑条所代表的，则为人与一般动物所同的"生之谓性"。此为告子性论的内涵。

　　第二，从具体的人来讲，告子所谓"生之谓性"，是包括了人的整个生理活动；而孟子则只就心的作用言性。他把"心"称为"大体"，耳目等称为"小体"。他说："体有贵贱，有小大。无以小害大，无以贱害贵。养其小者为小人，养其大者为大人。"又说："耳目之官不思，而蔽于物。物交物，则引之而已矣。心之官则思（此'思'包括反省与思考两重意义）。思则得之，不思则不得也。"

　　第三，因为他的性善说，是继承文化上长期道德反省所得出的结论，没有选择的自由，便无所谓道德；所以他只把在生而即有中，人可以自作主宰的一部分称为性；人生而即有，但非人所能自作主宰的，告子和一般人皆谓之性，但他却只称之为命。他把"天命之谓性"的"命"称作"天"，而把运命之命称作"命"。因此，他的"道性善"，乃是要把人的道德主体性彰显出来，使人在可以自作主宰的地方用力；对于靠外缘来决定的运命，只好"修身以俟之"。所以他说："口之于味也，目之于色也，耳之于声也……性也（此'性'同于告子'生之谓性'）；有命焉（要达到目的，有运命存乎其间），君子不谓性也。"这里，一般人忽视了"君子不谓性"的"君子"二字；"君子不谓性"的反面，即是一般人皆谓之性，亦即告子所说的"生之谓性"、"食色性也"的性。君子是有道德自觉的人，所以才不以此为性。又说："求（求善）则得之，舍则失之，是求有益于得也，求在我者也。求之有道，得之有命，是求无益于得也。求在外者也。"求在外，即是决定于"外"，外自然不是性。

第四，他的强调性善，似乎还有一个目的；即是，在使人能各顺其固有的自然而为善，不须政治上强制的压力。穷究到极点时，便可以发现，若不能在人的自身反省出善的根芽，则不是完全放弃道德，即将"戕贼人以为仁义"。他责告子"戕贼人以为仁义"的这一段话，正值得今日的人们作深切的反省。

性善说成立后，然后才能真正谈人格的尊严，才能从根本上建立人与人相互间的信赖，才能对人类前途树立真正的信心。所以中国古代的人文精神，至孟子而始发展完成。此后环绕这一问题所发生的争论，只不过是在各个时

代精神中所发生的曲折，及由各学人工夫的到达点所作的
补充、修正；没有能改变这一条发展的基线。

一九六〇年六月廿八日于东京旅次

一九六〇年七月十六日《民主评论》第十一卷第十四期

中庸政治领导人物的古典形相

在民国三十八年七月一日出版的《民主评论》第一卷二期里，刊有我的《论政治的主流》一文，其副标题是"'中'的政治路线"。我在这篇文章里，主要是指出在中西文化的正统中，涉及到政治问题，总是有意无意地归结到一个"中"字。西方因有自亚里士多德一直到洛克的"中"的政治思想，这是西方能出现民主政治的重大思想线索之一，而民主政治，也正是实现"中"的政治的基础和保证。十九世纪以来，民主政治的危机，乃是来自独裁化了的资本主义，拉歪了社会发展的均衡，使民主政治离开了作为它的本质的"中"的路线。

中国由"中庸"这一名词所表现的"中"的政治路线，因为历史中没有出现过民主政治，而多少使此一政治理想落空。我所说的民主政治，是指在言论、结社有自由的前提之下，"定期"选出民意代表的议会政治而言。中国历史中既有长久的中庸理想的传统，但又不曾出现过民主政治，难道主张中庸之道的人，只要求在人生上实现，而不要求在政治上实现吗？不是的。他们把此种希望寄托在政治领导人物的身上，所以儒、道两家，对于领导人物应当如何去领导政治的"君道"，都以郑重叮咛的苦心，讲得非常详尽。

我在《中国人性论史·先秦篇》的第五章中，对《中庸》一书，作了细密的文献考察，作了详尽的哲学性的阐述。现在再引下面一段话稍加疏释，以说明孔子所要求的典型的中庸政治的领导人物，是怎样的一种形相。

　　子曰：舜其大知也与！

按孔子是有强烈历史意识的人。他曾说："吾犹及史之阙文也……今亡矣夫。"（《论语·卫灵公》）。可见孔子不同于其他诸子百家之一，是他不会凭空捏造历史故事，所以他自己表明是"述而不作，信（有征验）而好古"（《论语》）。而孔子只有在历史事实中发现新的意义，而加以引申，决无康有为所说的"托古改制"之举。因此，孔子所说的尧、舜、禹等，都是历史中的人与事。孔子在这种人与事中发现了新的意义，但决不同于子虚乌有之流。领导群体生活的政治，需要有"大知"，"大知"系对小知小巧而言。孔子认为舜是有此大知的人物。

　　舜好问而好察迩言。

按自此以下，系承上而申述舜所以可称为大知的原因。朱元晦的《中庸章句》对此说："舜之所以为大知者，以其不自用而取诸人也。迩言者，浅近之言，犹必察焉，其无遗义可知。"朱氏对"舜好问"的解释，解释得很精，但对"而好察迩言"的解释，一则与原文的语气不顺；因在原文上下两句间，添不进一个"犹"字，"而"字很难作"犹"字解释。二则与原义也不够贴切。"迩言"，可以释为"浅近之言"，即是"刍荛之言"、"舆人之颂"，用现在的语言说，即所谓"社会舆论"。由老百姓口里所说的话，都是他们日常生活问题的反映，便自然是浅近之言。这种浅近之言，乃真正政治问题之所在。"好问"是舜之所以为大知，"好察迩言"更是舜之所以为大知。"察"是详审辨别之意，能"察"便不致为"浮言"所惑，且能在"迩言"中作适当的判断，不致像西方所传的父子两人牵着一匹驴子走的故事。

又按马克思生于黑格尔大体系哲学盛行的时代，深深地受到此种大体系哲学的影响，所以把社会问题、政治问题，扯到唯心、唯物的哲学争论上去。黑格尔的大体系垮了，但由共产党的组织力量所支持的马恩体系，却被他们奉为神圣的教条；其影响所及，使许多人以为政治领袖人物，一定要有一套哲学，于是唯心唯物、非心非物、心物二元、天人合一等等，搅入于政治问题之中，反将"迩言"置之不顾。像这类哲学问题，作为私人思辨的兴趣，未尝不可；但若以为谈政治须从哲学谈起，那便是一种莫大的错觉。就我的了解，从哲学上的唯物论，并不一定推得出唯物史观，从唯物史观也不一定推得出无产阶级专政。共产党专政的毒害，与其哲学并无必然的关系。所以同样相信唯物论、唯物史观的，有第二国际与第三国际之争；而最近中共、苏联的破裂，也只有无产阶级革命的阶级教条上的争论，并不曾扯到唯心、唯物上去。由马克思的时代文化背景所形成的教条，共产党运用它作为控制思想的符咒。但对一般政治而言，可以说是毫不相干的，政治上最高的原则，永远只是"民之所好好之，民之所恶恶之"（《大学》）两句话，及人民反映自己好恶的"迩言"。好察迩言，而不索隐行怪，见神见佛，所以为大知。

隐恶而扬善。

"迩言"并非一定都是善的，经过"察"的工夫，判断"迩言"中也含有善有恶。"然于其言之未善者，则隐而不宣，其善者则播而不匿；其广大光明又如此，则人孰不乐告以善哉。"（朱元晦《章句》）不过这里所说的善恶，不是以严格的道德作标准，而是以反映的真实性及其概括性作标准。二千五百年前孔子所了解的舜，不特已经知道政治的方向是决定于舆论，并且知道只有鼓励舆论，才可健全舆论。凡以窥伺、压迫、构陷之方，去对待舆论，这不仅是扼杀舆论，结果也是扼杀自己。孔子在二千五百年前，赞叹舜是"大知"，我们生在孔子二千五百年以后，又何能不赞叹舜是大知呢？

执其两端，用其中于民，其斯以为舜乎？

朱元晦《章句》："两端，谓众论不同之极致。盖凡物皆有两端，如小大厚薄之类。于善之中，又执其两端，而量度以取中，然后用之，则其择之审而行之至矣……"按朱元晦这一段话，只有开始一句说得对，其余都不很恰切。我在一九五五年六月十六日出刊的《民主评论》上，刊有《儒家在修己与治人上的区别及其意义》一文（收入《学术与政治之间》甲集），前半段指出修己与治人在道德的要求上，有宽严缓急之别，以纠正由戴东原到钱穆等的误解；后半段指出学术与政治的观点并不相同，以纠正陈康等站在逻辑的立场，以追求政治"思想统一方式"的误解。这是一篇很有意义的文章。政治上的是非利害，是来自社会组成分子的实际生活，永远是相对的，永远是有两端的。即使阶级消灭了，但因职业和地方的分别，依然是有两端的。何况今日的共产党，消灭了旧阶级，同时即形成"新阶级"。一个问题而有两端的意见，站在纯学术的立场，必有一对一错，一真一假，一善一恶，这里没有"用中"的余地。共产党正是以此种立场去处理问题，所以清算斗争得理直气壮。但若是"生"乃一切价值的根源，则凡是为了维持其生命生存的要求、意见即无绝对的是非利害可言；除非是为了求得自己的"生"，而存心去消灭他人的"生"。在人民现实问题上，各种意见既无绝对的是非利害可言，则只有将对立的两端的意见，加以调和折衷，使各阶层、各方面的利益，能得到合理的调剂，以凝结成统一的政治社会发展的大方向，政治上的任务，还有比这更重要的吗？

再则在上面两句话中，有三层意思：一是承认有"两端"，也可以说是承认社会是有阶级性的存在。二是"执其两端"的"执"字，乃把握之意；把两端的意见，彻底弄得清楚明白，自身则超然于两端之外，此之谓"执"其两端。三是"用其中于民"。但必先能执其两端，然后所用者，乃真正不偏不倚之中，容易为大众所接受两句简单的话。涵摄了今日民主社会主义的基本原理，舜之所以为大知，正是在此。

但上面的道理说来也很简单。为什么古今来只有舜能如此，他人却常常走向相反的方向去了呢？这道理在《论语》上一句话说破了："巍巍乎舜、禹之有天下也，而不与焉。"（《泰伯》）所谓"而不与焉"，是视天下为天下人之天下，而不视为一己之私物，所以天下与己，不相关与。此即"天下为公"之实。既是天下为公，即会以天下人的意见治天下，因而便会"好问"，"好察迩言"，而执两用中了。若视天下为一己之私物，则自己的东西，怎好让旁人多嘴？

在这种情形之下，只能有独无二，更何来执两用中？由此可知执两用中的大知，实来自圣人天下为公的大德。孟子说"尧、舜，性之也"，也是说明这种大德。在现实政治的领导人物中，期待出现如孔子所说的大知大德的圣人，真是旷千载而难一遇；但在民主政治中，却可使政治的领导人物，即使是奸猾之夫，亦不能不行圣人之事，这真是人类伟大的发现成就。我们无法期待圣人的出现，却可以促成民主政治的实现。

一九六三年十月十六日《中华杂志》第一卷第三期

论中国传统文化与民主政治
——与白思都等博士书

　　白思都（Dagmar Graefin Bernstorff）、金德曼（Cottfried-Karl Kindermann）、艾佛斯（H. D.Evers）三博士，最近是由德国佛莱堡文化研究中心决定，得联合国文教组织资助，来远东——台湾、日本、印度尼西亚、泰国作访问研究的。他们经我国教育部的接洽，于十月十二日下午到私立东海大学，访问徐复观先生，作二小时半的谈话，讨论中国文化与民主政治问题，意犹未尽。这封信是徐先生事后再作的补充，特发表于此，以供白思都等博士参考。

——《中华杂志》编者识

白思都、金德曼、艾佛斯三位先生：

　　远承下问，至感研究问题的热心。但我因平日缺少系统问答的经验，故对各位所问问题之答覆，并不完全，深恐有负来意，故再书面稍加补充，希望由此而对各位之研究工作，能稍有所帮助。

　　在昨日所提出之许多问题中，就我所了解，当以"中国传统文化对民主政治之有无贡献？"及"是否中国人对政治问题，有不同于西方人之思维模式，因而有不同于西方之所谓民主政治？"两点，为问题的中心。我的答复，对于前者是肯定的，对于后者是否定的。

基督教有其超世俗而又可与政权相抗衡的独立组织，保持其原来性格，较为容易。但在其长期历史中，尚不断与各种不合理之政治及政治人物发生关涉，此在今日之许多落后地区，还可看到许多这种情形。中国以儒家为正统的文化，对中国之社会，担当西方宗教所担当之责任；但并无特定仪式，更无独立组织，则它在两千零二十年之大一统的专制中，求其不与专制政治势力相适应，乃不可能之事。因此，在现时可以看到之中国文献中，能找出若干与民主精神相合之点，也能找出许多与民主政治相反之点。若非作进一步的探求，则将徒陷入于互相矛盾的混乱之中。我们要把握某一民族的文化，应先把握其基本精神及其基本性格，然后可以在演变中清理出一条理路，而不致为许多事象所迷乱。因为一个伟大民族的文化，在其长期发展中，必有不少的曲折；但最后与以规制力量的，还是来自它的基本精神及其基本性格。我说中国文化在政治方面是与民主相合的，乃从其基本精神与基本性格上所导出的结论。

中国在以宗教为中心的古代，认政权是由神意（帝令、天命）所决定。在纪元前十二世纪之末，十一世纪之初，周代的周公、召公，便强调民意即是神意。这些文献，在《尚书》中现尚保存有五六篇之多。在纪元前六世纪，老子、孔子出，中国开始有平民的思想家。老子、孔子在政治思想上，虽有消极与积极之不同，但皆主张"为人民而政治"，并皆以"无为"为统治的理想方式。"无为"是要求统治者解消自己的权力意志，少作主张，让人民能得到自由发展之意。顺着此一方向，认为人民的所"好"所"恶"，才是施政的最高规范；而统治者的责任，便在实现人民的所好所恶。再进一步，即主张"天下为公，选贤与能"（《礼运·大同》篇）。天下为公，是说治理天下之权，不应属于一人一家一党（当时虽然还没有党），而应为人民所公有，此即"主权在民"之意。而构成行使政权的人，是来自选举。

上述的政治理想，是在封建与霸主（僭主）政治的递嬗中有系统地提出的。这并非出于偶然，乃是儒、道两家的人性哲学的必然产物（关于儒、道两家的人性哲学，我已另有专著）。两家的人性哲学内容并不相同，但在下面三点是大概相同的。

一、认人类的本性是相同，因而认为人类是平等的，是不应相对立的。

二、认人类的本性是善的，因而认为每一人的人格有不可以权势财富相代替的尊严，并认为人与人之间，是可以互相信赖的。

三、认为每一人之价值，皆圆满自足。在启发上固然须要教育，但不须要外力来加以强迫干涉。同时，认为在每一人之人生价值中，同时即涵有一切人的人生价值。假使肯沉浸到人性根源之地，是没有己与人，及人与物的界线的（此中并无神秘主义的意味）。所以成就自己，同时即应成就一切人，一切物。

在上述人性哲学之上，中国文化的伦理道德，乃是"现世的、大众的、实践的"伦理道德。正因为如此，所以中国文化的基本性格，是"中庸的性格"。中国在前五世纪时，即专有《中庸》一书。亚里士多德与洛克之所谓中庸，与中国之所谓中庸，有近似之点，但远不及中国的广大深远。因为他们缺少人性哲学的基础。中庸性格的思想，在政治上必然是民主政治的。关于中国文化的中庸性格，我在八月出版的《中华杂志》创刊号上，有一篇《在非常变局下中国知识分子的悲剧》一文，曾作很简单，但是颇有系统的陈述。

在上述中国文化的基本精神与基本性格中，它表现在政治上，我不仅认为它自然与民主政治相合，因而决不能承认专制、独裁；并且认为对西方的民主政治，可以扩大、加深其精神基础，解消其不断所发生的危机。这一点，是值得西方的思想家，多作思考、反省的。

西方的民主政治，古代曾在城市国家中，以自由人为主而实现过；这是以空间小、人数少，为其实现的基本条件。近代则有赖于市民阶级的兴起，及各种交通机能的发达，还有传统的、新兴的各种抵抗团体，发生制衡作用。中国古代以黄河流域的广大平原为政治的中心，以农业为经济的基础。这与古希腊的城市国家性格，大不相同。原有的宗教及贵族的势力，在纪元前八世纪（宗教）到四世纪（贵族）之间，已经没落了；此后便再没有可以与统治中心（朝廷）相抗衡的团体。在纪元前三世纪前后，出现了法家，提倡"为统治而统治"的政治思想，自然为当时的统治者所乐于接受。于是秦国在法家指导之下，实行农民与战士的结合，统一了六国，建立了大一统的专制政治。此一政治形态，虽在西汉不断受到儒家知识分子的反对，但没有可以与政权相抗衡的社会力量作他们的后盾。虽然最后以知识分子自身之力，把西汉的政权推翻了（中国历史上，仅此次是由野心家与知识分子相结合而成功地推翻了政权。此外，便都是来自军队及野心家与农民的结合），但无法建立起更好的政权形式。于是此后的儒家思想，只能在专制政治之下，争取若干开明合理的措施；中国历史上许多所谓"忠臣"、"义士"的血，绝大多数是因此而流下的。后世儒家中，曾有少数人复活了原有的民主政治思想，但终不能抵抗专制的大压力。另有不少人不断地提倡井田制度，这是中国土地改革的理想，为大家可以了解的，但在提倡井田制度的同时，又多提倡封建制度，便易被人误会是开倒车。实则他们之所谓封建，骨子里是想以地方分权的方式来减轻中央集权专制之害的；揭穿了说，乃是一种以农民的福利为主的联邦制度。简单地总结一句：中国专制政治，从思想上言，儒、道两家皆不能负此责任。

中国近代的民主政治运动，当然系受西方民主政治的启发。但此启发所以使知识分子易于接受，正因此一启发，与中国文化之基本精神与性格，无形中互相契合。虽然许多知识分子并无此自觉，这也是发生许多不必要的纠葛的重要原因之一；但传统常在人的不自觉中也发生作用的。中国民主政治运动中所受的挫折，主要系来自野心家利用历史与社会的弱点，而决非出自中国文化自身所含的阻力，或来自中国人对此有不同的思维模式。为前一说者，是出于对传统文化的无知；为后一说者，一系来自西方若干人士的误解，一系来自野心家的代言人。我相信这类的野心家，在历史发展的大方向中，终会被历史唾弃的。

今日共产党（最大的野心家集团）的统治形式，是建立于它庞大的组织技巧及庞大的武力基础之上，并非出于中国人民自由意志的选择。它为了稳定此种统治形式，正广大而深刻的，实行以斗争为中心的训练工作，以求改变人性及我们文化的传统。我认为这是它们所受的永恒的考验。

上面简单的陈述，内部包含有许多应当加以特别讨论的问题在里面，这不是一封信所能详尽的。

　　祝
各位工作进行得顺利

徐复观敬启　十月十三日

附注：此信已另烦萧欣义先生译成英文寄出。

一九六三年十一月十六日《中华杂志》第一卷第四期

孔子德治思想发微

一、在夹攻中的中国文化

极权主义和殖民主义对中国来说，他们在文化上有一共同之点，即是都彻底反对以孔子为中心所展开的中国传统文化。极权主义之所以如此，是因为中国文化系立基于性善思想之上；这便真正把握到了人类尊严、人类平等及人类和平相处的根源，当然也是政治上自由民主的根源。[①] 所以极权主义者一旦稍稍接触到它的时候，便立刻会感到这种由人性所发出的呼声、力量，对于他们是致命的威胁。今日大陆上之所以誓言要根绝中国传统文化，这是非常容易理解的。

殖民主义者之所以如此，是因为由对自己文化的尊重而来的民族自尊心及与此相关连的国家独立意识，乃任何国家一切建设的前提条件，但与殖民主义者所追求的殖民

---

① 对于中国文化在这一方面的意义，我们少数几个人，年来作了相当的研究、阐述。

目的，却是背道而驰的。因为殖民主义，只能建立在自卑自贱的民族之上；而对于自己文化的诬蔑、侮辱，正是自卑、自贱的动力和表现。以孔子为中心的传统文化，乃至以老、庄为中心的传统文化，都是彻底的和平主义的性格，这只要稍有常识的人便可以承认。所以抗战期中，陈立夫氏以教育部长的地位，说提倡孔学，也是争取世界和平的最好途径时，这话并不算错。但费正清氏于一九四三年十一月十九日提向美国驻华大使的节略中，认为陈氏提倡孔学，"为了美华文化关系，我们（美国）必须反对，原因是孔学含有侵略性质"。[①] 这里特别值得注意的是，费正清氏此时在重庆，正是美国派在中国的外交工作人员，而他的意见，乃是向他的大使提出，要以此形成美国正式的外交政策。以驻外的外交人员，居然要在外交政策上从正面反对驻在国的传统文化，这是外交史上所没有的先例。有人说他是出自残余的殖民主义的心理，我实在没有方法为他辩护。他既彻底反对孔子，哪里还有中国文化？还说什么"美华文化关系"呢？

今日在反共人士占绝对多数的美国和中国，费氏把反对孔子最彻底的毛泽东，说成是继承了孔子的传统，这是巧妙地告诉美国人士和反共的中国人士，"你们要反对毛泽东，便要先反对孔子"。这是费氏要打倒中国传统文化

---

① 按六月廿八日《征信新闻报》梁和钧氏《费正清改造了毛泽东？毛泽东改造了华盛顿？》一文中附注，见《一九四三年国际关系》，页三八五。

的一种巧妙策略的运用。

极权主义者和殖民主义者的反对孔子，都有其现实上的必然性。我们若不能说服他们放弃极权主义和殖民主义，便不应希望他们改变对孔子的态度。但站在作为一个人的基本条件上，我们可以要求他们的反对，应建立在有关孔子的真实材料及对这种材料的正常解释之上。所以我在这里特提出孔子的"德治"思想来作一探讨。

二、美国费正清所提出的德治问题

费正清认为"中国是被孔子的一个伟大创作所控制，他就是德治的神话（the myth of rule by virtue）。依照这个神话，一个超人的本于正当行为树立一个楷模……那些愚昧的人，如不能为皇帝的楷模所感召，则就以刑赏去对付"，"无论如何，中国依然为伟大的儒家政治虚构，即德治之神话所统治"。[①]陶百川氏在六月六日《征信新闻报》《费正清对华言论的再检讨》一文中谓"我以为译为礼治主义，更能切合费正清教授的说法"。这里我得先说一句公平话，由陶氏的改译看来，陶氏对此问题的了解，可能还不及费正清，这到后文自然会明了。

孔子正式提出德治的有《论语》下面的一段话：

---

① 这里是从《中华杂志》第四卷第六号曹敏氏《陶百川先生〈费正清再检讨〉的检讨》一文中所转引。

子曰，为政以德，譬如北辰，居其所，而众星共之。(《为政》)

尧、舜在孔子心目中是最高的德治典型。下面的话，可以说和上面的话是完全相应的：

子曰，无为而治者，其舜也与。夫何为哉？恭己正南面而已矣。(《卫灵公》)

"恭己正南面"即是德治。何晏《论语集解》对"为政以德"的解释引"包曰，德者无为，犹北星之不移，而众星共（拱）之"，是包氏以德治乃无为之治，把上引两段话互相印证，包氏的解释是有根据的。所以朱熹《集注》对前一段话的解释也说"为政以德，则无为而天下归之"。这里先作一个小小的结论，德治即是无为之治。但所谓"无为"，如后所述，乃是不以自己的私意治人民，不以强制的手段治人民，而要在自己良好的影响之下，鼓励人民"自为"，并不是一事不做，这是两千多年来的共同认定。

再进一步要追问的是，德治的"德"，到底作何解释？邢昺《论语集解疏》谓"德者，得也。物得以生谓之德。淳德不散，无为化清，则政善矣"，这大体是采用老子的思想。邢疏是由剪裁皇侃疏而成，其受老子思想的影响，与何晏正同。这种解释，先不说孔、老思想的异同，仅指明它在此处的含意，显得非常空洞笼统。朱熹《集注》谓"德之为言得也，行道而有得于心也"，这便由老子之所谓"德"，转到孔子之所谓"德"，与"志于道，据于德"（《述而》）之"德"，可以贯通得上，但用在这里，依然有点空洞笼统。《语类》卷二十三对此处（为政以德）的解说是"凡人作好事，若只做得一件两件，亦只是勉强，非是有得。所谓得者，谓其行之熟而心安于此也"。这是把行为和内心连接在一起来作"德"的解释。若把这段话稍稍变通一下，则所谓"德"，"乃是内外如一的规范性的行为"。"为政以德"，即是人君以自己内外如一的规范性的行为来从事于政治。周初用"德"字，多指行为而言，春秋时代则多以有恩惠于他人的行为为德。孔门也将"德行"连辞。所以把"为政以德"的"德"，作如上的解释，应当是和原意相切近的。由此可知，费正清氏以"正当行为"解释"德治"，并不算太错，而陶百川氏的改译，反为多事，因为德可以包含礼，但较礼更为广泛些。根据此种解释，则《论语》下面的话，都说的是德治：

> 子谓子产，有君子之道四焉，其行己也恭，其事上也敬，其养民也惠，其使民也义。（《公冶长》）

按《左传·襄公二十四年》子产在告晋宣子的话中有"夫令名，德之舆也；德，国家之基也；有基无坏"。子产的话，也可以说是德治思想。孔子这里说子产"有君子之道四焉"，这也可以说子产是"为政以德"。

> 子曰，雍也可使南面。仲弓问子桑伯子，子曰，可也，简。仲弓曰，居敬而行简，以临其民，不亦可乎？居简而行简，无乃大（太）简乎？子曰，雍之言然。（《雍也》）

按"简"与"无为"相近。"居敬"是德，而"居简"则易流于不德，所以"居敬而行简"，可以说是德治的另一说法。

> 齐景公问政于孔子，孔子对曰，君君、臣臣、父父、子子。（《颜渊》）

按"君君"是说为人君者应尽自己为人君之道，亦即是尽人君之德。孔子在此处虽君臣、父子并称，但因为是答复齐景公的，所以重点当然是放在"君君"上面，这也是德治的主张。

> 季康子问政于孔子，孔子对曰，政者正也。子帅以正，孰敢不正。（《颜渊》）
> 季康子患盗，问于孔子，孔子对曰，苟子之不欲，

虽赏之不窃。（同上）

季康子问政于孔子曰，如杀无道，以就有道，何如？孔子对曰，子为政，焉用杀？子欲善，而民善矣。君子之德风，小人之德草。草上之风，必偃。（同上）

子曰，其身正，不令而行；其身不正，虽令不从。（《子路》）

子曰，苟正其身矣，于从政乎何有？不能正其身，如正人何？（同上）

按"子帅以正"、"其身正"的"正"，指的是正当的行为，即是"为政以德"的"德"。"苟子之不欲"、"子欲善"，这是近于德。"孰敢不正"、"虽赏之不窃"、"而民善矣"、"不令而行"，是言德治的无为之效。"君子之德风"三句，是以比喻说明"不令而行"的原因。在答樊迟的学稼章中谓"上好礼，则民莫敢不敬；上好义，则民莫敢不服；上好信，则民莫敢不用情"。"好礼"、"好义"、"好信"即是德治的德，"莫敢不敬"等即说的是德治之效。又：

子路问君子，子曰，修己以敬。曰，如斯而已乎？曰，修己以安人。曰，如斯而已乎？曰，修己以安百姓。修己以安百姓，尧、舜其犹病诸。（《宪问》）

按"修己"即是"其身正"，即是德。"修己以安百姓"，即是德治。《周易·复》初九象①"不远之复，以修身也"；《孟子·尽心上》"夭寿不贰，修身以俟之"。上面所说的"修身"，都是从《论语》"修己"的观念而来。到《荀子》而有《修身》篇，到《大学》②而不仅将"修身"列为八条目，并且说"自天子以至于庶人，壹是皆以修身为本"，也即是说齐家、治国、平天下，皆以修身为本。这是把孔子的德治思想，组成了一个完整的系统。孔子的正名思想是偏在伦理方面，他所要求的是各人在政治上有某种名，即应尽到由此名所要求之实，亦即是他所主张的"君君、臣臣"。这对负政治领导责任者而言，同样是德治思想。由此不难了解，孔子乃至整个儒家的政治思想，都是由德治观念所贯通的。

三、德治思想的背景

现在要进一步追问的，孔子提出德治的背景是什么？

孔子的思想，主要是通过人的自觉、向上，以达到人格的完成。亦即是要每个人发现自己的德，完成自己的德。作为统治者的人君也是人，而且是负有更大责任的人，则

---

① 按象辞当成立于战国初期或中期。见拙著《中国人性论史·先秦篇》第七章。

② 按《大学》当成立于秦统一天下的前后。见拙著《中国人性论史·先秦篇》第九章。

人君应完成自己的德，使首先能作为一个人而站立起来，这在孔子的立场，毋宁是必然的事。但除了此一基本立场外，孔子之提出德治还有其时代背景。

从哀公问"何为则民服"（《为政》）及季康子问"使民敬忠以劝，如之何"（同上）等情形看来，当时统治者与被统治者之间的矛盾，已达到使统治者感到不安的程度。在这种情形之下，统治者常常觉得只有加强对人民的要求、管制，更只有以刑罚来作要求、管制的保证，才可将矛盾加以弥缝。这样一来，政治自然会完全变成为"刑治"，而使人民憔悴于虐政。但实际，统治者与被统治者的一切矛盾，是由统治者采用与被统治者两种不同的行为标准所发生的。而统治者一切不合理的要求，都是来自统治者把自己的行为，安放在对人民要求标准之外。孔子针对这种情形，便首先要使统治者把要求于人民的，先要求于自己，先从自己实现。能如此，人民将不待政令的要求，在行为上自然会和统治者一致了。前面提到的季康子问"使民敬忠以劝，如之何"，这是问用怎样的方法能够使人民对于他会"敬忠以劝"的。孔子立即把问题转回到季康子自己身上说："临之以庄则敬，孝慈则忠，举善而教不能则劝。"上面三句话，即是很显明地指出统治者与被统治者中间的矛盾，是要从统治者本身求得解决。并且通过《论语》、《孟子》、《中庸》、《大学》等典籍来看，凡是谈到政治问题时，尤其是在与统治者谈到政治问题时，无不认为政治问题的发生，皆是出在统治者的自身，而不是出自老百姓；这在消极方面，即是要减少乃至减掉统治者对人民的要求，使人民在精神与物质生活上能多得到自由的保障，这是提出德治的第一个背景。

如上所述，统治者对人民的要求，是以刑罚作保证的。现在既将要求转回向统治者自身上去，并且认为由此一转回，便可使人民同归于德，使刑罚归于无用，这是认为德治可以代替刑治，因而要求即以德治去代替刑治，这是提出德治的第二个背景。下面的一段话，将德治与刑治对比得最清楚：

> 子曰，道之以政，齐之以刑，民免而无耻。道之以德，齐之以礼，有耻且格。(《为政》)

"政"是要求于人民的政令，"齐"是整齐，"刑"即是刑罚。有一点特须注意的是，孔子在这里所说的政、刑，是指正常的政、刑而言，不是指乱政、乱刑而言。即使是正常的政、刑，它所收的效果，只能使人民苟且免于罪，但并不能使人民有以犯罪为耻之心，人民依然可以随时犯罪。这即是认为正常的政、刑，其效果依然是有限的，是不能根本解决问题的。政、刑是由统治者所加于被统治者的强制力量；孔子对政、刑效果的看轻，实际乃认定人民的问题是不能靠强制力量加以解决的。这里面含有对当时的政治在实质上加以否定的意味，所以他希望"无为而治"。

"道之以德"，即是"子帅以正"的"帅以正"，亦即是所谓"为政以德"。德与政相对，礼与刑相对。礼、刑同是禁民为非的；二者的分别，《大戴记·礼察》篇说得很清楚：

> 礼者禁于将然之前，而法者禁于已然之后……礼云礼云，贵绝恶于未萌，而起敬于微眇，使民日徙善远罪而不能知也。孔子曰，听讼吾犹人也，必也使无讼乎，此之谓也。
>
> ……以礼义治之者积礼义，以刑罚治之者积刑罚。刑罚积而民怨倍，礼义积而民和亲。故世主欲民之善同，而所以使民之善者异。或导之以德教，或驱之以法令。导之以德教者，德教行而民康乐；驱之以法令者，法令极而民哀戚。哀乐之感，祸福之应也。

礼的观念，经过春秋时代的发展，它的范围已经包括得很广。在孔子，更解消了贵族社会中的阶级意义，而赋与以纯道德的意义，即是以仁义代替了阶级。[①]且就"齐之以

---

① 《论语》："人而不仁，如礼何？人而不仁，如乐何？"又："义以为质，礼以行之。"此即以仁义规定礼之内容。

礼"这句话来说,乃是把人伦之道实现于日常生活中的一种"合理的行为方式";由这种合理的行为方式的积累,而成为社会的善良风俗习惯,此即所谓"化民成俗"。刑是强制、惩罚,而礼是启发、熏陶。由"齐之以礼",以至"化民成俗",一方面可以使社会的秩序与自由得到调和,一方面可以鼓舞人的积极向善的精神,此即所谓"有耻且格"。据我的考证,"格"应作感通、感动来解释。儒家政治理想之一,乃是"象刑","刑错"。孔子提倡德治,在消极方面,便是要使"无讼",即是要使"刑错"。所以连季康子"杀无道以就有道"的"杀",孔子也加以反对。我不知费正清氏以何方法,竟可把德治归结到刑治上面去。

四、德治思想的根据

然则孔子有何根据而能信任德治的效果呢?这里先得说明一点,从孔子"善人为邦百年,亦可以胜残去杀矣",及"有王者作,必世而后仁"(《子路》)的话看,他并不认为德治会收得到"其应如响"的效果。上面引的许多话,好像孔子把德治的效果说得非常容易,我想,这是为了要扭转当时政治的方向,带着一种鼓励的意思在里面的。但孔子信任德治必然有无为而治的效果,则是很明显的。孔子这种信任的根据,先简单地说一句,是出于对人的信赖，对人性的信赖。孔子虽未明说人性是善的，但实际他是认定人性是善的。①《诗·大雅·烝民》的诗有谓"天生烝民，有物有则。民之秉彝，好是懿德"，孔子对此诗的解是"为此诗者，其知道乎？故有物，必有则，民之秉彝也，故好是懿德"（《孟子·告子上》）。郑《笺》对上诗的解释是"民所执持有常道，莫不好有美德之人"。美德为人所同有，故亦为人所同好。既为人所同好，则统治者的德，对于被统治者自然会发生启发的作用。孔子说"斯民也，三代之所以直道而行也"（《卫灵公》），直道，是顺着人之所以为人之道，与政治上刑罚诈伪的手段是相对立的。当时的统治者，认为对于人民，必须用刑罚诈伪的手段去统治；孔子意谓，三代盛时，是顺着人民自身之道以治其人民，亦即《中庸》所说的"以人治人"，而无所用其刑罚诈伪。三代时的人民，在本质上与今日的人民无异，然则今日为什么不可以直道而行呢？即是为什么不能用德治呢？在二千五百年以前的社会，我们不难推想，人民对政治的依赖性特别大，统治者所给与于人民的影响也特别强，统治者自己实现其德，即等于实现了人民本身所潜伏的共有的德。孔子是由这种对人性的信赖，发而为对德治的信赖的。这类的话，在儒家典籍中随处可见，而尤以《大学》下面一段话说得更为明显：

---

① 请参阅拙著《中国人性论史·先秦篇》第四章。

所谓平天下在治其国者，上老老而民兴孝，上长长而民兴弟，上恤孤而民不倍；是以君子有絜矩之道也。

上老老、长长、恤孤，是在上者实现其德，此德乃人民共有之德，故人民受此启发而即兴孝、兴弟、不倍。絜矩之道，即是以己身之德为矩，由此以通于天下之人。而天下之人所共有之德，也即是统治者一己所有之德，所以絜矩之道的另一面便是"民之所好好之，民之所恶恶之"。德治者的模范性，是启发的性格，是统治者自己限制自己的权力的性格。所以统治者最高的德，乃在于以人民的好恶为好恶，这是德治的最大考验。一切的极权政治，皆来自对人的不信任，而民主政治的真正根据，乃来自对人的信任。费正清氏认为孔子的德治思想是神话，是因为他缺乏对于人自身的基本信心，他便不了解孔子说这种话的背景及其根据，所以闭着眼睛把孔子和毛泽东连在一起。费氏自己认定中国的人民是"愚昧之人"，却反而说孔子把当时的人民是当作"愚昧之人"。费氏所加于孔子的话，无一不与孔子相反，不能不算是一桩怪事。

五、德治的积极内容

因为费正清氏认为孔子的德治是神话，从神话落实下来便只有靠刑罚。他的这种认定，可能是因为道家的无为思想，结果变成了法家以刑罚为主的政治思想的根据。孔子的德治既然也是无为的政治思想，费氏便认为也会与道家同其结果。我上面所说的，孔子系以对人性的信赖为其德治思想的根据，费氏可以说这是唯心论，乃至只是一种理论，面对现实政治而言，依然是神话。关于这，我再提出三点来讨论。

第一，孔、老提倡无为，是为了极力防止统治者以自己的好恶为标准去统治人民，并不是完全不作事。老子说"为无为，则无不治"（三章）。所谓"为无为"，应当解释作"为而无为"，其真实内容乃是"辅万物之自然而不敢为"（六十四章），"自化"、"自正"、"自富"、"自朴"（五十七章）即系"自然"，"自然"是"自己如此"，有如今日之所谓"自治"，无为的目的，正为了好让人民能根据自己的意见去作事，这是"无为而无不为"的根据。但人民虽然"自然"，仍待圣人的"辅"，辅依然是"为"，不过这种为，是以人民为"主"，而统治只居于"辅"的地位，这便没有统治者的私意夹杂在里面。无私意之为即是无为，所以老子特重视"无私"，无私之实，即是"生而不有，为而不恃，长而不宰"（十章）。"辅万物之自然"

的"辅"，在慎到发展而为"因"的观念。他说："天道因则大，化则细。因也者，因人之情也。人莫不自为也，化而使之为我（按指统治者），则莫可得而用。……故用人之自为，而不用人之为我，则莫不可得而用矣。此之谓因。"（四部丛刊本《慎子》页二）无私和因的观念，亦为孔子的德治、无为的思想所涵摄。所以他答子张"何如斯可以从政"之问，特提出"因民之所利而利之"（《尧曰》）的主张。由此可知德治并非不管人民的事，而实际是帮助、启发人民去作人民自己的事。

第二，老子与法家的结合，并非出于老学必然的发展。这种结合，在学术上是出于申、韩有意的依附，在政治上乃来自西汉初年，在感情上因反对秦代暴政而趋向黄老，而在现实上又是继承秦代由法家所奠定的政治制度，于是便形成黄老、申韩互相结合的局面。在秦代则并没有这种结合。所以认为道家的无为必流为申韩，这是由司马迁等而来的误解。[①]

第三，恐怕费氏对孔子所说的德治的积极一面，缺少基本的了解。这也是中国过去的传注家所不曾尽到的责任，不能仅怪费氏。例如《语类》二十三："为政以德，不是欲以德去为政，亦不是块然全无所作为。但德修于己，而人自感化。然感化不在政事上，却在德上。盖政者所以正人

---

① 《史记》将老子与韩非同传。

之不正，岂无所作为？"又说："为政以德，是非不用刑罚、号令，但以德先之耳。"按朱熹的最大错误，是把德和政治行为分作两事看。其所以分作两事看，乃是把德只从个人的生活上着想，而不知德乃内外如一的合理行为，凡人君所应作的事，而能内外如一（诚）地合理去作，这都是人君的德。换言之，人君是一个人，应当先在人的条件上站了起来，这是"人的德"；人君又是一个统治者，同时要尽到统治者所应尽的责任，这是"人君的德"。人的德与人君的德是不可分的，在人的德里面即涵有人君的德，如子路问君子，孔子说"修己以敬"，而"修己以敬"的究竟便是"修己以安百姓"。修己之所以能安百姓，必是由修己扩充出去，以善尽其安百姓的责任。哀公问"何为则民服"，孔子的答复是"举直错诸枉，则民服，举枉错诸直，则民不服"（《为政》）。人君最重要的是用人，用人得当，便是人君的德，用人不得当便是人君不德。而人君用人得当不得当，与人君的"修己"有直接的关系，所以修己与用人，对人君来说是不可分的。在舜的"恭己正南面"中，即含有"举直错诸枉"在里面。所以子夏对樊迟"举直错诸枉，能使枉者直，何谓也"之问，而答以"舜有天下，选于众，举皋陶，不仁者远矣"（《颜渊》），而《论语集解》对"无为而治者其舜也与"（《卫灵公》）的解释是"言任官得其人，故无为而治"，这是非常得当的。又：

定公问，一言而可以兴邦，有诸？孔子对曰，言不可以若是其几也。人之言曰，为君难，为臣不易。如知为君之难也，不几乎一言而兴邦乎？曰，一言而丧邦，有诸？孔子对曰，言不可以若是其几也。人之言曰，予无乐乎为君，惟其言而莫予违也。如其善而莫之违也，不亦善乎？如其不善而莫之违也，不几乎一言而丧邦乎？（《子路》）

按上面对定公一言兴邦、丧邦的答复，实际是对君道得失的扼要答复。知为君之难，"则必战战兢兢，临深履薄，而无一事之敢忽"（朱注），这即是德治。惟予言而莫之违，"则忠言不至于耳，君日骄而臣日谄，未有不丧邦者也"（朱注引范氏）。"言"是对于事的共同商讨，要能善其事，必先能使人尽其言，所以听言纳谏为人君要德之一。《中庸》："子曰，舜其大知也与！舜好问，而好察迩言（切于人民利害之言），隐恶（隐其言之不当者）而扬善（宣扬其言之当者。按此乃所以鼓励人之进言），执其两端，用其中于民，其斯以为舜乎？""好问"、"察迩言"、"用其中于民"，在古代只有"恭己"、"正身"的人君，才可以作得到，并且也即包涵在"恭己"、"正身"之内。又"子曰，道千乘之国，敬事而信，节用而爱人，使民以时"（《学而》），这里当然也说的是德治，而是把爱民、养民包含在里面的。概括地说一句，凡善尽人君所应尽的责任的行为，便都是德治，所以德治是有一定的政治内容，如何可称之为神话？

更重要的是，德治是为了反对刑治而提出的。"齐之以刑"的"刑"，是由政府的强制力所施行。"齐之以礼"，便不可诉之于政府的强制力。因为礼固然带有若干的强制性，但发展到孔子，礼的强制性乃发自各人良心的要求，而不应来自政治的压力。"有子曰，礼之用，和为贵，先王之道，斯为美"（同上），"子曰，能以礼让为国乎，何有。不能以礼让为国，如礼何"（《里仁》），礼在政治中的意义，在孔子看来，是以让为主。通过政治压力以实现礼，对孔子而言，这已经不是礼了。所以为了实现"齐之以礼"，孔子便发展了"教"的观念。"教"即是教育，它的方法是启发、熏陶，就人的各种个性以成就各种个性之德，这是由孔子自己施教的实际情形而可以确定的。

> 子适卫，冉有仆。子曰，庶矣哉。冉有曰，既庶矣，又何加焉？曰，富之。曰既富矣，又何加焉？曰，教之。（《子路》）

"富民"、"教民"，是孔子德治的综括性的目的、内容。而先富后教，无形中成为与各种极权主义的大分水岭。极权主义者多是以控制人民的胃，使人民经常在半饥饿状态下以行其极权之教的。对于这一点，此处不作深一层的研究。这里特须提出的是，由于孔子在政治中对教的特别提出，便在以政（号令）刑为主的政治中，开始导入了教育的机能和意义，这是道家所缺乏的观念，正是他们弱点之所在，所以便为法家所乘。在此后二千多年的专制政治中，教育的机能虽然未曾得到充分的发展，但也尽到了保障、培养社会生机的最大功用了。孔子的德治思想，与"教"的观念，是一而非二，所以后来便有"德教"的名词。"子曰，有教无类"（《卫灵公》），这句话的意思，是认为有了教育的力量，便没有智愚、贵贱乃至种族等等各种的分别（类），而人类可同归于善，这是他自己"诲人不倦"的经验，同时也是对于"教"的最大信心。在他这句话里，可以看出他认为教育可以解决人类自身的一切问题。美国目前人种的冲突，站在孔子的立场看，这是美国不曾作过平等教育工作的结果。由教育的发达，而可使政治的强制力归于无用。因此，不妨这样说，孔子在政治上的无为思想，极其究，乃是要以教育代替政治，以教育解消政治的思想。这是德治最主要的内容。

六、德治思想的发展及其在历史中的影响

《论语》是由孔子的弟子及再传弟子所记录,把孔子有关德治的话,散记于全书各部分。我们只有很细心地发现各有关语言的内在关连,始可了解德治思想实际构成了孔子政治思想的完整体系。但在语言表达的形式上,并没组成一个系统。在语言表达的形式上组成为一个系统的,应首推《中庸》"哀公问政"[①]一章,这要算第一阶段的发展。此章以"修身"立基,君臣、父子、夫妇、昆弟、朋友的"五达道"是修身的对象,每一人必生存于此五种基本关系(达道)之中,故修身必须以此"五达道"为对象。知、仁、勇"三达德"是修身的内容,为使五达道能各尽其分,必须有三达德的精神与能力。这是就每一个人的修德(修身)来说的。若推之于政治之上而为德治,则组成了"九经"的系统。"九经"是:

> 凡为天下国家有九经,曰,修身也,尊贤也,亲亲也,敬大臣也,体群臣也,子庶民也,来百工也,柔远人也,怀诸侯也。修身则道立,尊贤则不惑,亲亲则诸父昆弟不怨,敬大臣则不眩,体群臣则士之报礼

---

① 《中庸》应分为上下二篇,上篇出于子思,下篇出于子思的门人。这里所引的是属于上篇。详细的考证,见拙著《中国人性论史·先秦篇》第五章。

重，子庶民则百姓劝，来百工则财用足，柔远人则四方归之，怀诸侯则天下畏之。……送往迎来，嘉善而矜不能，所以柔远人也。继绝世，举废国，治乱扶危，朝聘以时，厚往而薄来，所以怀诸侯也。

这里我只说明一点，上面所说的"柔远人"、"怀诸侯"的原则，在今日可能还是国际政治上追求和平的重要原则，这是从《论语》上"远人不服，则修文德以来之。既来之，则安之"（《季氏》）的精神发展出来的。费正清氏所指的德治中的侵略性，到底从何说起呢？

德治思想到孟子而发展为"王道"，王道的具体内容是：

五亩之宅，树之以桑，五十者可以衣帛矣。鸡豚狗彘之畜，无失其时，七十者可以食肉矣。百亩之田，勿夺其时，数口之家，可以无饥矣。谨庠序之教，申之以孝悌之义，颁白者不负戴于道路矣。七十者衣帛食肉，黎民不饥不寒，然而不王者，未之有也。

上面的话，孟子说了三遍，可见这是王道最具体的内容，亦即是孔子养民、教民的德治的最具体内容。这里特须注意的是，中国的学校观念，就我考证的结果，是从孟子开始的，这是孔子"教"的观念的大发展。^①在国际政治上，孟子提出了"仁者为能以大事小"、"智者为能以小事大"（《孟子·梁惠王下》）的原则，这与《论语》、《中庸》上有关的原则是相符的，这中间有半点侵略的因素吗？

秦以刑罚为治。汉承秦后，因而未改。其刑罚的残酷，略见于《史记·酷吏列传》及《汉书·刑法志》。所以两汉，尤其是西汉的知识分子，都想扭转这一以刑罚为主的政治方向，于是德治的观念特为显著，董仲舒便是一位代表人物。他的"天人三策"，在阴阳五行的神秘外衣中，包含着这一伟大的愿望。他说：

> 然则王者欲有所为，宜求其端于天。天道之大者在阴阳。阳为德，阴为刑。刑主杀而德主生。是故阳常居大夏，而以生育养长为事；阴常居大冬，而积于空虚不用之处，以此见天之任德不任刑也。……王者承天意以从事，故任德教而不任刑……今废先王德教之官，而独任执法之吏治民，毋乃任刑之意与。（《汉书》五十六《董仲舒传》）

所谓"先王德教之官"，指的是主管学校教育，以教化代刑罚之官，这实际是由孔子的"教"，经过孟子所发展出

---

① 详见拙著《中国人性论史·先秦篇》第九章。

来的观念。又说：

> 夫万民之从利也如水之走下。不以教化堤防之，不能止也……古之王者明于此，是故南面而治天下，莫不以教化为大务。立大学以教于国，设庠序以化于邑；渐民以仁，摩民以义，节民以礼。故其刑罚甚轻而禁不犯者，教化行而习俗美也。（同上）

但是他并没有忽视养民的重要，所以在第三策中，特反复要求在上者不可与民争利，好像他已预见到武帝后来所行的各种专利政策。他说："夫皇皇求财利，常恐乏匮者，庶人之意也。皇皇求仁义，常恐不能化民者，大夫之意也。"不过他上述的主张，必有一个基本立足点，这在专制时代，便是当时的皇帝。皇帝不自修其德，则一切无从说起。所以他说：

> 故为人君者，正心以正朝廷，正朝廷以正百官，正百官以正万民。（同上）

政治上的要求"反自贵者始"（同上），正是德治的起点。综合董氏所言，完全是发挥孔子德治的思想，而他的所以特别强调德治，正是对治由秦以来所加强的刑罚之治的。

东汉光武开国，"颇以严猛为政"。^①当时的思想家应首推桓谭。他在《新论·王霸》第二中有谓：

> 夫王道之治，先除人害，而足其衣食，然后教以礼义，使知好恶去就；是故大化四凑……霸功之大者尊君卑臣，权统由一，政不二门，赏罚必信，法令著明，百官修理，威令必行，此霸者之术。王者纯粹，其德如彼；霸道驳杂，其功如此。（《全后汉文》卷十三）

按桓谭上文之所谓"王道"即是德治，所谓"霸功"即是与德治相对的法家之治，也即是当时立国的精神。

杜林奏谏从梁统增科禁^②（言）疏谓：

> 夫人情挫辱，则节义之风损。法防繁多，则苟免之行兴。孔子曰，导之以政，齐之以刑，民免而无耻。导之以德，齐之以礼，有耻且格。古之明王，深识远虑，动居其厚，不务多辟（刑）。……大汉初兴……蠲除苛政……人怀宽德（按此指西汉而言；乃立言时之方便，非事实）。及至其后，渐以滋章，吹毛索疵，诋欺无限。果桃菜茹之馈，集以成臧（赃）；小事无妨于义，以为大戮。故国无廉士，家无完行。至于法不能禁，令

---

① 《后汉书·第五伦传》褒称盛美以劝成风德疏中语。

② 增科禁，即是增加刑罚的条文。

不能止。(《后汉书·杜林传》)

按杜林的话是以当时的事实，为孔子德治的主张作证明。历史中像这类的议论，不可胜数。我在这里试作两点结论：

（一）孔子德治的思想，在中国尔后两千多年的历史中，尽到了"思想"所能尽的影响，因而在专制政治的历史中，也尽到了补偏救弊的责任。德治思想实通于民主政治，也要在彻底的民主政治中才能实现。若因其在过去历史中未曾完全实现，即目之为神话，是油漆，这是由于根本不了解理想性的思想在人类生活中的意义，也是根本不了解理想对现实生活的意义。没有理想的现实，乃是没有照明的漆黑一团的现实。

（二）德治是对刑治所提出。德治纵然不能一下子根绝刑治，但它是要由减轻刑治以达到"必世而后仁"(《子路》)的"仁"的社会，即是"刑错"的社会，则是决无可疑的。我真不了解费正清氏何以会把它和刑罚连结在一起，更和毛泽东思想连结在一起。

费正清氏的错误，假定是来自他学力的不足，那是可以原谅的。因为有许多负有声誉的中国知识分子，对自己的传统文化，也是一无所知，何能遽以之责备一个美国的所谓"汉学家"。假定是来自他预定的政治立场，便不惜故作违心之论，那便是他缺少了学术的良心，结果不仅想害中国，实际上也将先害他自己的国家。中国不论怎样变，决不可能变到殖民主义上去，这是费正清氏及靠费正清氏吃饭的人应当弄清楚的。不过，费正清氏认为，包括共产党在内的大陆，不论怎样，也会受到传统文化的影响，这一点是正确的。可是，传统文化的影响，必然是反对毛泽东思想而不是维护毛泽东思想，这是目前大整肃运动所证明。我不知费正清氏面对这种铁的事实，再会提出什么说法。

按此文先发表于《孔孟月刊》，此系根据《民主评论》十七卷九期所载。

中国文化中"平等"观念的出现

一

我在《西方文化中"平等"观念的出现》的短文里，曾经指出，西方文化中的平等观念，首先是来自亚里士多德的一个形上学的命题，并且出现以后，长期停留在思辨性的学术范围之内。一直到十七世纪，因市民阶级的兴起，与国王、贵族、僧侣等争地位，而开始导入到现实政治之中，成为促成民主政治出现的基本原则之一。我国文化中平等观念出现的情形，和西方相比较，其异同之际，是值得关心国家命运的人深长思考的。

人类开始形成社会政治的集体生活以来，根本没有平等的事实。但若不能在文化中浮现出平等的理想，以作为人类追求的目标，便无法缓和政治社会中的残酷压榨，人类的生命很难延续下去。在不平等的现实中，要浮现出平等的理想，此种理想便不期然而然地会挂上了形而上的面貌、形态。作为我国文化特点之一，文化的自觉，不始于自由人，而始于政治领袖中的少数特出人物。现在无可置疑的历史事实，可以肯定文王、周公，即是这种特出人物的征表；而平等观念，首先是从文王、周公开始浮现出来的。文王的情形，多由周公所转述；在周公的转述及周公的自述中，他们已确实地把人民看作是天的代表，把人民的聪明看作是天的聪明。他们没有明白说出人民乃与统治者处于平等的地位；但在他们把人民当作天的代表的这一点上，已经把人民安放在统治者的上面，其应当与统治者处于平等地位，是不待其他语言来说明的。顺着上述方向发展下来，《诗经·大雅》"天生烝民，有物有则"的诗，较之亚里士多德的有关命题，其所含平等的意义，实更为确切而明显。

由上面简单的陈述，可以了解：（一）我国文化中平等观念的提出，较之古希腊要早六七百年。（二）一开始，便由卓越的政治领袖，作为政治的原则而提出。

二

上述观念、理想，经过春秋时代，发展到孔子，进一步把它含摄在仁的观念之中，以作为他的政治、学术活动的最高理想。"己欲立，而立人，己欲达，而达人"；这不仅是平等的表现，而是视人如己，将自己融解于人民之中，为其担当起救济责任的表现。所以他一生的活动，可以用

"吾非斯人之徒与而谁与"的一句话作一个总的解答。

《中庸》"天命之谓性"，这是周初以来，认为一切人的本质（性）是由天所赋与，所以一切人的本质是相同的，这一思想的集中的表现。因为一切人的性（本质）都是由天所命，则一切人的性自然是相同的。因为一切人的性是相同的，则一切人的地位，先天便是平等的。由此一前提所演出的政治思想，是"絜矩之道"。所谓"絜矩"，是把自己的好恶，作为量度人民好恶的仪器（矩），凡是自己所不喜欢的，便不可加在人民的身上。假定统治者不认为人民与自己是处于平等的地位，而把人民当作奴隶、贱民，乃至在身份上有不可逾越的等级，则自己所不喜欢的，正好加在人民身上，怎样会"施诸己而不愿，亦勿施于人"呢？此一意义，在《大学》一篇中，更从人民的立场来说，便是"民之所好好之，民之所恶恶之"。统治者牺牲自己的好恶，以人民的好恶为好恶，必定承认统治者与人民，系处于平等的地位，而人民乃处于绝对的多数，乃有此必要，乃有此可能。

三

政治上平等的思想，在《孟子》一书中有突出的表现，孟子为了打破相传已久，君贵民贱的不平等的现实，所以特别说出"民为贵，社稷次之，君为轻"的石破天惊的一句话。他的政治思想，都是以民贵君轻为出发点，而归结到"为人民而政治"。

人的智愚贤不肖之不齐，可以动摇人在政治上应当平等的信念，孟子对此一问题，认为系来自经济生活条件的不平等。推孟子之意，假定在经济生活方面，没有太富与太贫的悬隔，而又加以教养之功，则不仅智愚贤不肖之不齐，可归于泯灭，推"性善"之义，则"人皆可以为尧舜"，在最高的成就上，也可以是平等的，这便对政治上的平等，更提供了坚强的根据。孟子的此一思想，由孔子的"有教无类"而来，西方要迟两千年左右，才出现此类的思想。

人生而平等，乃先秦儒家之通义，先秦诸子百家，除卫、晋法家外，亦无不以平等为前提，以各建立其独特的思想。其中最显著的莫如道家的老子、庄子，不了解先秦诸子立论的这一前提，便都把握不到他们的精神脉络。

人人平等的观念，在先秦有了上述的深厚基础，所以在以后的思想中，不可能加以抹煞。但我们应特别注意的是：我国的平等观念，本为争取人民在政治中的地位所提出来的，换言之，政治平等，才是平等的第一义。但自秦以后，三千多年，关于平等的意义，多停留在人性的发掘及私人的教育事业之上，很少像先秦样，以光明俊伟之姿，伸向政治方面。于是使人感到，平等观念，在西方是先在思辨性的学术中出现，到近三百年，才伸向政治，以开民主政治的新局。而在我国，则恰恰相反，把本来是对向着政治的观念，逐渐缩向私人讲学范围之内，在政治上，反而若存若亡。百年以来，却要从西方输入此一观念，以为政治推进之资。完全从外面输入进来的东西，不易生稳根，所以民主政治，在我国始终流产。此一奇怪现象，说穿了，原因非常简单，由军事与刑法合作所建立起的大一统的专制政治，一经建立起来以后，社会任何势力，一与其抵触，便立遭覆灭。朝代屡更，而此制不改。一切臣民皆抑压于天威难测的独夫之下，谁敢向他伸张平等的观念呢？

一九七三年六月十九日《华侨日报》

孔子的"华夷之辨"！

一

　　能在历史中长期生存发展的民族，其文化的主流，必具备有三种永恒性的功用：一是维持人的正常生活状态，二是维系人与人间的和谐、团结，三是维护民族的生存及善尽民族对人类的责任。这三种永恒性的功能，达到某一高度时，必然是互相连贯在一起的。假定我们从癫狂状态中把自己的基本认知能力恢复过来，便很容易能了解，为什么我们民族在无数的曲折中，孔子之教，毕竟是中国文化的主流；为什么在经历许多苦难中，我们民族，也只有我们民族，能始终屹立不动。世界上，有许多光辉灿烂的文化，常使以平淡之姿出现的孔子之教，在相形之下，黯然失色。因此，即使在学术界中，有的从正面，有的从反面，凭恃自己所倾倒的光辉灿烂的文化，来糟蹋孔子，或者把孔子当作射取名利的箭靶，或者把孔子当作自己伟大思想构造的螺丝钉；先不管这些人士，对自己所倾倒的光辉灿烂的文化，真正得到了多少，就各种光辉灿烂文化自身而论，尽管它们也都表现了各种崇高价值，但在上述三种永恒性的功能之前，只能算是一曲之知、一隙之明，不能不收拾夸张浮动的语言，各回到自己所应有的方隅之位。

孔子所说的"克制自己的私欲，以恢复应有的正常合理的生活形式"的"克己复礼"，也就是在答复另外一位学生时所说的"居处恭，执事敬，与人忠，虽之（往）夷狄，不可废也"，这都是三种功能中前两样功能的源泉。在《论语》中，孔子曾面对各种个性、各种程度、各种具体问题，而说了各种形式不同的言语；但归结起来，都可归结到上述两种功能之内。而另一重大功能，则主要表现在他所作的《春秋》的华夷之辨。

二

常识地说，孔子作《春秋》，是为了尊王攘夷。尊王，是重视一统，即所谓"大一统"；攘夷，是为了保护自己民族的生存。这样说，也不算大错。但过于简单化了，容易引起误解。仅就攘夷而论，决不是今人所说的"大汉族主义"。

孔子作《春秋》的大义，具见于《公羊传》。把《公羊传》中有关的资料加以归纳，"攘夷"两个字，不如用"华夷之辨"一词，来得适当。孔子的华夷之辨，应分为三个层次。第一个层次，是"种族的华夷之辨"，这是在自己民族受到压迫时的华夷之辨。自己民族受到压迫，而要服从以自己民族作牺牲的什么国际路线，实等于卖国，与径直卖国的相去无几，这是孔子之教所决不允许的。《公羊传》"不与（准许）夷狄之执中国"（隐公七年，僖公二十一年）；"不与夷狄之获中国"（庄公十年）；庄公"追戎于济南"，则"大（推重）其未至而预防之"（庄公十八年）"不与夷狄之主中国"（昭公二十三年，哀公十三年）；在僖公四年以攘夷狄为"王者之事"；这都是立足于自己民族的保存所表现的坚决立场。孔子不许当时的贤士大夫及自己的弟子以仁，而特许管仲以仁，是因为"微（不是）管仲，吾其被发左衽矣"，也正是站在这一立场。我们能抗战八年，而许多伟大的知识分子，有如陈援庵、余嘉锡们，生活在敌伪环伺之下，忠义奋发，以著作救人心于不死，这都是有得于孔子之教。

孔子华夷之辨的第二个层次，是在种族生存不发生基本问题时，便突破种族的限制而主张"文化的华夷之辨"，这是为了保存、扩大人类生活的基本价值所作的华夷之辨。晋楚邲之战，"不与晋而与楚子为礼也"。定公四年，吴楚战于伯莒，"吴何以称子（称子以褒奖之）？夷狄也而忧中国"。及吴人入楚，"吴人何以不称子？反（反而为）夷狄也，盖妻楚王之母也"。这都是以行为的文明与野蛮，作为华夷的标准。在种族上是夷狄，但行为合于文明标准，便算是华夏；在种族上是华夏，但行为不合于文明标准，便算是夷狄。

三

第三个层次，是"以人类生存的基本要求，泯除了华夷之辨"。管仲相齐桓公救邢救卫，为孔子所推重，这是大家知道的，但庄公三十年"齐人伐山戎"的《公羊传》说"此齐侯也，其称人何？贬。曷为贬？子司马子曰，盖已操之为已蹙矣"。山戎也是人，他们的生存也同样要受到保障。宣公十五年"夏五月宋人及楚人平（和）"，主要是因为楚国的司马子反看到被围的宋国人民，"易子而食，析骸而爨"的惨状，先私下答应了宋国大夫华元的。董仲舒发挥此事的意义说："司马子反，为其君（楚庄王）使，废君命，与敌情（把楚军粮食将尽的情形告知宋国），从其（宋华元）所请与宋平（和），是内专政而外擅名也（违反了君臣大义），而春秋大（推重）之，奚为哉？曰，为其有惨怛之恩，不忍饿一国之民，使之相食，今子反出己之心，矜宋之民，无计（计较）其间，故大之也。"为了人民的生存，还讲什么君臣之义、华夷之辨。所以董仲舒由此而得出结论说，"王者爱四夷"。

没有种族的华夷之辨，则后两种华夷之辨，可能成为卖国者的借口、掩护。仅有种族的华夷之辨，而没有后两种的华夷之辨，则我们的民族，将成为"自我陶醉封锁"，并会浑同于西方的军国主义。顺着孔子之教，我们必然是一个不受侵略而又爱好和平的民族。孔子之教，其所以成为中华民族的保护神，也成为世界人类的保护神的原因在此。我由孔子之教的三大功能而尊孔，并以此判断谁是真辱孔，谁是假尊孔，谁是在处理孔子问题上，要断送民族生命的源泉。一个人的下流卑鄙，总有个限度。我在四月十七日的报上，看到一篇《尊孔卖国》的文字，说尊孔即是卖国，下流卑鄙的限度完全不存在了。

一九七四年四月廿五日《华侨日报》

日本一位现代知识分子对《论语》的反省

一

日本筑摩书店请吉川幸次郎及小川环树两位对中国文学极有研究的汉学家，主编一部《中国语文选》，共二十四卷。其中第四卷是《论语》，推京都大学名誉教授桑原武夫氏担任。桑原氏以研究西洋文学成名，是受西方文化熏陶而很有成就的学人，不是汉学家，可以称之为"现代知识分子"。他注释的《论语》，在今年四月二十五日出版，颇获一般好评，《朝日新闻》特有文推荐。

前言首先说"伊藤仁齐所称的'至上至极宇宙第一之书'的《论语》，是中国古典中的古典；《毛语录》出来以后的现在，不得而知。但一千余年间，不仅在中国有最多的读者，也普及于日本、朝鲜、安南、西域等，给东亚的人人以莫大的影响"。关于《论语》的影响，日本名史学家宫崎市定在今年六月二十日出版的《论语新研究》的前言中，也有相同的说法。他说"世界上被阅读最多的书，在西洋来说是《新旧约》，在东洋，当然是《论语》。但《新旧约》真正成为大众的圣书，是近代翻译成各国语文以后的事。《论语》则一直保留原来的面目，尤其《论语》对日本人应当是外国语的书，却用'训读'这种特别方法，也按照原典读了下来，以至今日。稍为一想，不能不说是很可惊异的事情"。

桑原氏今年应当是七十岁。在他的前言中，叙述了他在京都一中时，老先生教《论语》，对"子曰"的"曰"字，不准读普通所用的"曰"字，而必须用"敬语"的"曰"字等十分虔敬的情形，但一点也引不起学生的兴趣。当时他想，"把《论语》圈点一完，便会终生与此书绝缘的"。同时他以为夏目漱石、永井荷风两大文学家，"仅仅是叹赏、摄取了西欧的东西。这些文学家中，是如何深潜于儒学，却完全没有想到的。现在一加反省，我对汉文的趣味，与其说是来自父亲，无宁是得自这两位文学家"。

二

桑原氏更说"我们是生长在反儒家的知性时代风潮之中（按指明治时代）。我周围的诚实的知识分子，都相信，从儒教脱离一尺，即与新思想、美意识，接近一尺……无宁是望着前面而拼命用功，自然把《论语》的世界抛在后面。大家认为这是不值得用力去打倒的老朽物"。

"接着进入到马克思主义，在日本思想界发生巨大影响的时代（按指昭和初年），挺身左翼运动的态度严肃的学生们，大有'朝闻道，夕死可矣'，'志士仁人！有杀生以成仁'（皆见《论语》）之概。大家全没有注意到朱子学的严格主义，和共产主义的实践，不知不觉地连结在一起。"

"反动势力为了抑压革命的进步思想，利用上各种传统思想，儒教也担当了一翼"，但没有收到他们预期的效果。"其中，飞出了孔子是受了神武天皇思想影响的奇说，成为也没有学者从正面去加以讨论的时代。儒教又作为是反国粹思想的东西，为大家所避忌。战后思想自由复活，马克思主义得势。另一方面，许多人想从美国的想法找到出路，看不出有一个想返回到孔孟之道。"

接着桑原氏叙述一九五五年访问大陆时与范文澜见面的情形。范说孔子不是伟大的思想家，但比西方的来布尼兹及笛卡儿们要好得多。范又反对以近代四五个世纪以来的近代西欧文化，作为评断各民族文化的价值的标准。他对范氏所说的并不同意，但对范氏革命家的姿态觉得有一种美感。

桑原氏思想的转变，是始于一九五八年共同研究中江兆民的时候。日本学术界认为中江兆民承受卢骚的思想，但还残存有儒家思想，所以有他保守的界限。但桑原氏对此感到有疑问，"孔孟思想与法国革命思想，不必是绝对矛盾。假使有矛盾，则人若在内藏的矛盾中而能做出很优异的事情，又有什么不好？相反的，我觉得生活在有矛盾或复合的思想里的人们，较之站在单纯公式的思想上的人们，作为'人'来说，会更为强韧"。

三

桑原氏在前言中又说，他在去年（一九七三年）春开始通读《论语》时，既无尊孔之念，也无批孔之心，只感到读后有种快适的余味。他说，他长期地，对《论语》抱有偏见，因为要追求生活的自由，怕《论语》加上内心的束缚。他又说，他只是"自己为自己而生活着"的平凡的人生，"但有时不可避免地要作选择、决定。既拒绝信仰，又回避概念的我，到底依据什么来作选择、决定呢？好像是以近于无意识之方式来加以处理"。而他觉得所谓无意识的，似乎是在自己生命之内，有一种"超自我"、"理想我"的图像。"而这种图像，岂不是很近于孔子之教吗？"他说，他在读"高等学校时曾听小岛佑马先生讲'中国的社会主义'的孟子，而受到感动。但对《论语》，也没有从头到尾读过，怎能有'理想我'呢？我的父亲，是科学主义的东洋史学者，守住儒者的生活态度。我对父亲这种态度抱有反感，父亲也没有以儒教教导我。但在我生命内，儒教的东西，不知什么时候，却像雪花样地，降落积集了下来……从德川期到我的时代的日本人，只有浓淡之差，确信都有《论语》的影子。永井荷风的基本形态是儒学的……我和他的生活内容虽然不同，但我感到彼此间有共同的东西。我觉悟到《论语》对于我来说，并不疏外"。

在十年前，我曾在一位本省研究民俗学的李先生面前批评了津田左右吉对孔子以及整个中国文化的诬蔑，李先生因此和我绝交。桑原氏在前言中，严肃而扼要地批评了津田左右吉，也批评了社会学大家韦伯的《儒教与道教》。他也很含蓄但很深刻地提到杨荣国们的诞妄。他说"经过了二千四百年的岁月，从它（《论语》）的文章中剥落掉当时的政治现实性，其中还含有政治、经济、道德的意义，更含有无价的文学语言，洗练到艺术的程度。在这里，古典给我们的，可以说是产生一种安心感……纪元前四世纪所纪录的汉字，现代日本人大体上还可以看懂的这一可惊的事实，表示它有永远性的一面，是应加以重视。我不怕怠慢乃至逃避的毁谤，即以此安心感为依据，以读《论语》为乐"。桑原氏所说的"安心感"，意义深远。现代最缺乏的是安心感。人只有在有安心感时才真能把握到自己的生命，才真能感到生命生活的意义。从《论语》中得到安心感，这真读通了《论语》，也是每一个不怀成见的人，读《论语》时可以得到的。

桑原氏不想将孔子加以神格化，但"他（孔子）决不是懦弱者之子，他是身心都卓越的稀有的善人"。"他（孔子）感觉锐敏，感情热烈，而又能十分控制。"他说他没有描出孔子全像的能力，但对此一达人所以抱有亲近感，正是韦伯所批评的非超越性、非形而上性、合理精神、肯定欲望的乐观主义等等。

从某一角度看，也可以批评桑原氏对孔子的体认有所不足。但他从具体生命、生活上去接近孔子，较之从形而上学，从思辩逻辑上去接近孔子，远为正确而亲切。由此而可以"升堂"。若从形而上学入手，则自以为"入室"，但实际连"升堂"也感到困难了。我可以肯定地说，以卑俗和超越两种态度，都不能了解《论语》，不能了解《论语》，便不能了解孔子。

一九七四年八月廿七日《华侨日报》

为孔子作证的一位外国学者

一

最近从某些杂志上，知道现在有许多文化机关及文化人，自前年以来展开声援在苏联受到迫害的一位研究中国古代哲学的学者鲁宾的努力，引起我许多复杂感想。复杂感想之一是：居然有一位外国学者，站在人类的共同立场，肯挺身出来为孔子作证。

一个民族中，能出现孔子这样的一位圣人，是在历史的必然性中带有偶然性的事物。没有周初文王、周公坚决地站在人民的立场，勇敢地以人文精神代替原始宗教迷信的智慧，便不能出现西周末期的一群由强烈的"共感"歌唱出人民的疾苦、时代的创伤的诗人，也不能出现春秋时代由许多贤士大夫所达到的以人民为中心的高度文化。从文王、周公通过西周末期的一群伟大诗人及春秋时代许多贤士大夫的文化教养与智慧，这才准备了出现一位圣人的历史条件。但这种历史条件，也可以出现希腊型的"爱智"

的哲人，或末期的摆脱人伦关系的斯噶托学派，而不必出现把人类的疾苦与知识的庄严，凝结于自己生命之内，通过自己的全部以实践出来，展现出来的圣人。我说孔子的出现，是在历史必然中的偶然，其用意在此。

但才智外驰的人，瞧不起孔子的平淡；行己有亏的人，讨厌孔子的教戒；心智浮浅的人，接触不到孔子的广大、精微；支配欲太强的人，痛恨孔子的克己复礼。尽管长期被政治所利用，而这种利用，也多少有在黑暗中维持一线光明的意义，但由此所发生的反弹作用，增加了反对者的气势。文化永远应和政治权力保持一个距离的。

五十年代的台湾，是社会上要求民主自由相当强烈的时代。当时许多民主自由的运动者及希望得到民主自由的人们，把它与胡氏学派的反孔运动，结合在一起，认孔子是崇拜权威、助长专制的历史罪人。当时在学问上毫无成就的人，只要骂孔子几句，便立刻声誉鹊起。有人为孔子讲几句话，报纸杂志便称他为"卫道"之士，而"卫道"两字，在当时是"顽固"、"无知"、"堕落"等的总称。我常和朋友谈天，认为在这种自卑自贱的社会风气之下，假使外国人不为孔子申冤，孔子在中国便永无翻身之日。当时我还不知道，六十年代初期前后，孔子在大陆上的许多知识分子的心目中，已经开始复活。

二

　　鲁宾是犹太裔的苏联人，专攻中国儒家的人文思想，在莫斯科东方学院执教。一九七二年二月，因他申请出国而失掉了自己的教职，更以"重要专家，不准离境"的理由而不准出国。鲁宾由此受到各种压迫。他写了一封公开信寄给《纽约书评》，在十月份刊出，引起了一千三百多位研究东方文化的学者，联名写信给苏联科学院及苏联当局，请他们让鲁宾出境。一九七四年二月，鲁宾因不堪压迫而绝食两周。九月初，秘密警察把他从病床上捉走，加强了国际上的抗议与声援。美国参议院对美苏商务协议的附加"人权"的条款，及苏联宣布废除商务协议，都与此事有关连。

　　鲁宾曾以俄文写了一部《古代中国的思想与文化》，出版的"第一天的几小时之内就卖光了"。美国哥伦比亚大学副校长德拜雷博士，与鲁宾取得连络，合作译为英文，现在已否出版，无从知道。但从他英译本的自序中，可以窥见他对以孔子为中心的儒家的了解。他在自序中说：

　　　全书的出发点是，我虽局处在二十世纪下半期的苏联境内，却能从公元以前五百年光景的中国思想家的著作中，为自己的生命找到重要意义。古人与今人，都面对着一连串的基本问题，即是：人的行为有什么意义？有什么目的？善恶怎样区分？和政治权威的关系？文化价值在哪里？……我试同古代中国知识之士交谈，向他们提出我认为最有趣味而又最关切生命的问题。早期儒家所含自由主义成分与反抗权威主义成分，正是俄文读者所感兴趣的。

苏联今天这套，与秦始皇古代的一套是一样的，商鞅的学说不过是苏联的一面镜子。

一个人，要真正了解自由的意义，只有生活在一个极权国家中，唯一的精神食粮，只是发了霉的没有生命的党八股教条，才觉得自由的可贵。所以此书虽专论古代中国，但它给现代俄国人提供了生命的面包。

据自序说，他的俄文出版，受到广大欢迎后，俄共中委会便严厉申斥，说这部书"松弛了思想教育的戒备"，并唆使他们豢养的汉学家，对此书加以恶评。这是鲁宾要求出国的重要原因。

三

鲁宾所说的纪元前五世纪的中国思想家的著作，当然指的是孔子的《论语》。仅看上面他序言中的话，不能断定他真正的造诣。但最低限度，他在孔子的语言中，接触到"正常的人的存在"，接触到"正常的人的世界的存在"。而孔子所追求的"老者安之，少者怀之，朋友信之"的人类可以平安生存的社会，较之鲁宾所面对的社会，能更多给与人以值得生存的意味，则是没有疑问的。《论语》没有强调自由，而只强调忠恕之道，强调"己欲立，而立人，己欲达，而达人"的人己谐和在一起的自觉向上的大方向。这里所成就的是以成己成物为内容的人格，及由这种人格而来的不忧不惧，"无入而不自得"的"自得"的生活境界，没有自由，当然不能"自得"，但仅有自由，也不一定便能"自得"。自得是赋与人生以真实内容，赋与个体与群体以共同生命的大自由。在这种大自由面前，没有"权威"存在的余地。所以在孔子之教中，只有各尽义务的"君君，臣臣，父父，子子"的人伦世界。他对当时人君及贵族所说的千言万语，只不过是教告他们以如何去尽为人君之道，如何去尽为人臣之道。总归结一句，是教人以如何去尽一个值得称为是人的"人道"。从来没有把权威放在眼里。他消极的一面，视富贵如浮云，亦即是视权势如浮云。积极的一面，则"匹夫不可夺志"，"有杀身以成仁，勿求生以害仁"。在这种与众生同在的人格面前，自然使权威主义者感到自惭形秽。我二十年来，认定只有孔孟之道，才能给民主自由以真实的基础，才能赋与社会主义以真正的内容。鲁宾或许在苏联体制之下，接触到了这一点。对孔子的反对，是对人自身的反对。对孔子的诬蔑、践踏，是对人自身的诬蔑、践踏。把孔子踩在自己脚底下的人，实际是天地之大，无所自容的人。我以此看人类的悲剧。

一九七五年五月廿七日《华侨日报》

孔子历史地位的形成

一

　　最近本港有的报纸、杂志争论到孔子在历史文化中的原始地位的问题。这是反映时代的争论。而乙方说甲方"一、没有读过整部的王充《论衡》。二、蓄意隐瞒历史事实，不忠于学术"。甲方是否如乙方所指摘，暂置之不论。但应读整部的王充《论衡》，才可谈王充对孔子的态度；要不隐瞒历史事实，才可谓忠于学术，才可谈学术问题。乙方所提出的讨论标准，是应当接受的。侥幸得很，我对王充《论衡》，曾整部地读过几遍，并曾写过《王充论考》一文；而十年以来，留心两汉史实，对孔子在两汉地位的形成，或许比甲乙两位先生了解得多一点，所以我愿凑这个热闹。

　　首先我要指出，孔子以一个"贫农"（借毛泽东语）的社会地位，而得被称为圣人，是他及身所形成的。《论语》："太宰问于子贡曰，夫子圣者与，何其多能也。""子曰，若圣与仁，则吾岂敢。"是当时已有人称其为圣。而在封建贵族政治尚未解体的时代，他以一个平民身份讲学，不仅有齐鲁卫宋的学生，并且有秦晋吴楚的学生。若不是他的人格与学问，突出于一个时代之上，这是可能的吗？现在大学中招到定额的学生，有学规的限制，有学位的吸引，尚有的教授拉不到学生听课，却有人随便张开两片嘴皮来菲薄孔子，这种人未免太无自知之明了。

孔子与诸子百家的关系，当另有专文讨论。我这里只指出在秦国实现法家政治的商鞅，他入秦游说秦孝公时，第一次是"说公以帝道"，第二次是"说公以王道"，第三次是"说公以霸道"，第四次才"以强国之术说君"，孝公始为之大悦。但商鞅也自认为"亦难以比德于殷周矣"（以上皆见《史记·商君列传》）。由此不难了解，商鞅在秦变法的一套，他自己认为在政治中乃最低级的一套。而他所肯定为第一级的帝道，第二级的王道，正是"为人民而政治"，"把人当作人来看待"的政治，乃儒家或与儒家相通的政治。今人拿法家来打儒家，商鞅死而有知，会把大牙都笑掉的。

二

汉儒推尊孔子，其用心可简括为两点。第一，只有在孔子之教中提供了个人及人与人相互间的正常的、向上的生活态度与方式。第二，老、墨、儒，都是站在人民的立场来谈政治，但只有孔子代表人民讲话时，有更积极而中庸的内容。西汉有人格有知识的人士，看到大一统的皇权专制，压在可怜的人民身上，只有把孔子抬出来，把孔子整理及著作的五经抬出来，安放在皇权专制的上面，才能缓和皇权专制所加于贫苦人民身上的痛苦。五经在西汉知识分子的心目中，有如民主国家中的宪法，有如共产国家中的马列主义。五经所以有此地位，因为他们认为《诗》、《书》、《礼》经过了孔子的整理，《易传》则认为是孔子所作，而孔子所作的《春秋》，其地位更为崇高。《论衡·超奇》篇：“孔子作春秋以示王意。然则孔子之《春秋》，素王之业也。诸子之传书，素相之事也。观《春秋》以见王意，读诸子以睹相指。”许多读书不求甚解的人士，因王充有《问孔》篇，便把王充拉作反抗的伙伴，或认王充是把孔子与诸子等量齐观，为什么不把他的《论衡》，“整部地”去读一遍呢？王充非常尊重圣人，他认为“天地气和则生圣人”，与一般人禀气之厚薄以生，大不相同（见《齐世》篇）。他在《辨祟》篇说“孔子圣人，知府也”。《知实》篇说“从知命至耳顺，学就知明，成圣之验也”。《超奇》篇说“文王之文在孔子，孔子之文在仲舒”。他所以不赞成《公羊》、《穀梁》，认为这两传“非孔子之心”。由此可以了解汉儒之所以尊五经，正是所以尊孔子。在两汉人士心目中的孔子，断非其他诸子百家所得等量齐观，事实是太昭著了。

再举两件小事为例。刘邦谩骂儒生，曾把儒冠作溲器，这是大家熟知的。《汉书·高祖纪》十二年十二月，诏"与秦始皇帝守冢二十家"。在前一个月的十一月"行自淮南，还过鲁，以太牢祀孔子"。这是以祭天之礼祭孔子。由孔子及秦始皇在他心目中地位的悬隔，倒真可看出他卓绝千古的英雄气概。成帝绥和元年二月诏"盖闻王者必存二王之后，所以通三统也。成汤受命，列为三王，而祭祀废绝。考求其后，莫正孔吉。其封吉为殷绍嘉侯"。"三月进为公"。把孔吉视为继承殷王朝之统，只因孔子说了一句"丘，殷人也"的话。这种特出事情的出现，正反映出孔子在两汉的崇高地位。

三

两方争论的重点，似乎都忽视了五经与孔子的关系，而把问题落在《论语》的地位上面。两方都认为"《论语》正式入经部，是唐文宗开成年间的事"，乙方的意思是说《论语》在这以前的地位是次于经一等，因而孔子也是侪于诸子百家的。我觉得这不是没有读通典籍，便是隐瞒了事实。

不错，两汉引用《论语》时，有时称"孔子曰"，有时称"传曰"，《论语》是传而不是经。但"传"是发挥经的大义的。汉人常把发挥经的大义的传，即视之为经。如引《公羊》、《榖梁》、《左氏》三传，有时称"传"，有时即直称之为"春秋"。引《易》的"十翼"，有时称为"易传"，有时即直称之为"易"。而《论语》则早以传而取得经的地位。汉武立五经博士，虽无《论语》博士，但《论语》实为博士的共同必修之书。《汉官仪》载推举博士状（公文程序）曰"生事爱敬，丧没如礼，通《易》、《尚书》、《孝经》、《论语》"。宣帝甘露三年"诏诸儒讲五经异同"。此次诸儒所讲，见录于《汉书·艺文志》的，其中即有"《论语》十八篇"。是《论语》与五经的地位完全相同，故亦同时在讲论之列。而《论衡·正说》篇谓"儒者说五经并失实"，王充在指出说《尚书》、《诗》、《春秋》、《易》、《礼》失实之后，便接着谈到《论语》。是王充亦以《论语》与五经同列。至于在诏令奏议中引到《论语》时，其权威性或且较其他诸经而上之。例不胜举。

不仅如此，东汉已正式将《论语》列入经中而有"七经"之称。《后汉书·张曹郑列传》，张纯"乃案七经谶……"章怀注"七经谓《诗》、《书》、《礼》、《乐》、《易》、《春秋》、《论语》"。《隋书·经籍志》谓后汉刻七经于石碑，其中即有《论语》。《后汉书·赵典传》注引谢承书，"秦宓谓文翁遣相如东受七经"。又汉唐扶颂碑"咀嚼七经"，是七经之名，早已出现，因为被五经一名所掩，故引起许多议论。但蔡邕所书的石经中有《论语》，这是毫无可争论的。则说《论语》到唐开成时始列入经部，未免太昧于事实了。

一九七五年六月十七日《华侨日报》

人类之宝的古典——《论语》

一

最近收到日本友人木村英一先生译注的《论语》，引起我一番感慨。这里的标题，即是取自他书中的一句。木村先生曾留学过北京大学。曾担任京都大学副教授，大阪大学教授。退休后，现正担任追手门学院大学教授。数十年来，不务声华，埋头治中国古代思想史，成就卓越，取得这一方面的权威性的地位。

最近承他寄赠的普及版的《论语译注》，是讲谈社在今年（一九七五年）八月十五日发行的。自大陆发动批孔运动后，就我所入手的，日本在去年出版有关《论语》的书籍有四种。一是岩波书店重新发行的津田左右吉博士的《〈论语〉与孔子思想》。二是筑摩书房《中国诗文集》中桑原武夫博士译注的《论语》。三是河出书房新社《世界大思想》中由木村先生指导四位青年学人译的《论语》及《孟子》。四是岩波书店出版的宫崎市定博士的《〈论语〉

之新研究》。当然还有为我所没有入手的。上述四种互有短长，但他们所下的功力及所达到的水平，远超出于近三十多年来我们在这一方面的有关著作之上。因为下面四种原因，我最推服木村先生这一册普及版的《论语译注》。

第一，津田对中国古典所下的功夫很深，但他站在日本本位的立场，对中国文化存有偏见，上书是他偏见比较少的。桑原是法国文学专家，宫崎是新中国史学专家。木村先生则专心研究中国古代思想，除儒家思想外，著有《法家思想之研究》、《中国民众之思想与文化》、《中国实在观之研究》、《老子之新研究》、《慧远研究》，并译有《老子》、《庄子》。因此，他可以在古代各家思想互相关连比较之下，来了解《论语》。

第二，他对孔子及《论语》的把握，先在文献上作了一番精密的考订工作，其成果，即是一九七一年由创文社出版的四百八十四页的《孔子与〈论语〉》。并由他所编集解说的《伊藤仁斋集》，可以了解他对日本的儒学传统，有很深的研究。因为他先下了这样深入的探索工夫，所以这册普及版，是他完全成熟以后的笃实圆融之作。

第三，在他的著作中，可以看出他对有关的世界重要思想，都有明确的了解，所以他是在"比较思想"中来了解《论语》。不像许多人，只挂"空手道比较"的招牌。

第四，他是以同情的态度来了解中共，以同情的态度来看待江青们的批孔。在他的解说中，是处处把中共所提出的观点，放在他的脑筋里面。我虽不能完全同意他在这方面的说法，但由此可以了解，他是把《论语》安放在时代考验中，才作出他的评价。

二

木村先生普及版的《论语译注》，是由两大部分构成的：一是《论语》本文的译和注，另一是包括五个项目的"解说"。我这里只稍稍介绍他把《论语》安放在时代考验中所作的评价。

他在解说三"《论语》所见的德目系谱"中，有一条是"从经济性的侧面所见的善的问题"。他在这条中，指出孔子教育的对象，是要把担当政治的人，养成为品学兼优的"君子"，"使其能实行人的尊重，以教导救济万民的政治。因之，《论语》中的道德之教，是基于人之所以为人的人性自觉的道德之教，含有对万人、对万世不灭的原则，特别对于政治家，留下了许多优异的教训。但占全社会大多数的农、工、商、生产者、技术者、商业者的日常生活的伦理几乎完全看不到"。下面引了孔子"吾不如老农"、"吾不如老圃"及"君子喻于义，小人喻于利"等的例证。而认为"《论语》的伦理，对于近代以来所要求的（农工商）的伦理，有所不足"。

但他又进一层认为《论语》的伦理，"可以看出合于人本质的诸侧面——社会性、自觉性、文化性、可能性、求真性、宗教志向性等诸侧面所作的优异的展开。在这一点上，《论语》对于万人的道德，是永远的古典"。他的意思是说，人的职业各有不同职业所要求的道德，也不能无差异。但作为一个人，并具有作为人的本质的人性，则并无不同。孔子顺着人性所展开的道德之教，这是每一个人之所以为人的根源之教，其他的职业道德，隐在此根源之地生根、衍出，所以《论语》依然是一切人的永恒古典。并且他进一步指出，随民主主义的进展，每一个人是被支配者，也是支配者。因此，我们每一个人，一方面是各有分业的专门的职业人，同时也不能不是《论语》所要求于为政者具有优异学问与道德的君子。现代民主主义最大的缺点，不论自由主义也好，共产主义也好，或采用其他的形态也好，在于可以成为主权者成为为政者的庶民们的教养人格水准的低劣，在此一意义上说《论语》对于万人的道德，也是永远的古典。

三

木村先生在《现在中国与〈论语〉》一项目中，承认中共革命在中国历史上的重大意义，也承认他们应从旧中国文化的许多限制中解脱出来，更承认他们对中国古典应作新的解释、发现。但针对中共批孔运动的实际情形，而站在邻国友谊的立场，不能自已地作了委婉的劝导。他一则曰"新中国的指导精神，是把马列主义在中国再编成，以作为毛泽东思想，正在形成之中。基于这种指导精神，新中国的劳动人民文化的多彩地发达，可能属于将来。但旧中国的官僚中心的文化，在四千年开发中，加上二千年的雕琢，完成了极高度的发达，在其成果中，不仅是中国的文化遗产，即作为人类文化的遗产，依然有贵重的东西。有如《论语》，据我的看法，正属于这一种……在追究到人性的原点，从这里暗示出道德政治文化的基本状态的意味上，它（《论语》）放射着超时代超意识形态的不灭之光"。再则曰"不用意地否定了过去，常常成为破坏了现在，否定了未来"。他对中共所加的对《论语》的诬蔑，很委婉地说："从中共说是当然的。但仅此，决不曾究明了《论语》孔子的真相，《论语》是中国产生的古典，但今日已经不仅是中国的古典，而是作为世界人类之宝的古典……中国以外的研究者，用与中国人不同的方法，学问地研究《论语》，是当然的，也是可能的，也是必要的。像最近所卷起的剧烈的孔子批评……最少，从我们不是中国人的立场看，为了究明孔子的事实及其价值真实，不必是有效的。"在中国知识分子学术良心泯灭之后，我能看到从木村氏的学术良心所发出的恳笃的呼吁和规劝，真使我感慨无量。"惟善人能受善言。"掌握文化大权的江青这一伙，是中共内部最坏的一伙，木村先生又将奈之何哉。

一九七五年十月廿二日《华侨日报》

孔子在中国的命运

一

　　离开儒家，便无法谈中国文化。离开孔子，便无法谈儒家文化。他所代表的不是一家之言，而是由尧、舜到满清的"历史文化"。没有他的思想，便不能照明我们长期历史演进中的兴亡盛衰之故的基线。中国文化在中国的命运，归结起来，是孔子在中国的命运。这一问题，当然是面对毛泽东以全面组织控制之力，展开诬孔灭孔运动所提出的。并且也是不知不觉地，认为中共政权，将在中国继续存在所提出的。

　　孔子不是教主，他没有传达过一句"神的语言"。他的学团，绝对不是宗教的组织。并且到了战国中期，他的一传再传弟子的学团也渐渐消散了。他的思想，没有任何组织力量的支持，而只是在社会上自由传播。到了汉武帝立五经博士以后，他得到了历代专制政治的提倡。但自汉武帝起，第一，并没有把孔子的思想，当作政治的信条，而只是作"缘饰"性的利用。第二，他们之所以要作缘饰性的利用，并不是像有组织的宗教样，具备什么现实权力，而只不过是为了应付社会人心的要求。第三，利用他的专制王朝亡了，但人们只能从孔子之教中，再一次认取兴亡的教训。他的影响力，从未随朝代的改换而丝毫受真正的打击。这说明了他的思想，与皇权专制，没有丝毫本质上的关连，没有丝毫现实权力上的纠葛。而只是他在社会人心中所显现的，及潜伏的道德理性的力量。这里我想附带指出一点：凡一种思想，经过组织来加以推扩时，组织的力量，必远超过思想自身所含有的价值。因之，他们的影响力，十之八九是来自组织而不是来自思想。并且孔子的思想，因皇权专制的利用而被污染歪曲，但各种宗教主义，在其组织中所受的污染、歪曲，随组织效率的提高，将较皇权专制为更甚。所以文化正常发展的最大绊脚石，是传播文化的组织。非由组织而来的影响，才是真正由文化自身价值所发出的影响。谈到孔子在历史中的地位时，应记清这一点。

我们不必为孔子在世界文化中的地位而担心。由十六世纪到二十世纪之初，西方文化，在科学上有特殊的成就，西方文化，是世界文化的中心。所以这三百年间，西方人谈文化时，常以西方文化，为世界文化唯一的标准。即使是如此，但孔子思想所给与于普鲁士菲特烈大王开明专制的巨大影响，所给与于法国启蒙派主要人物伏尔泰的巨大影响，这不是靠神话的掀动、组织的推销，及形而上学的吊诡所发生的影响。此种影响到后来的消歇，是与教会有组织的排斥，及殖民主义向远东的伸张，有不可分的关系。到了十九世纪之末，西方人才开始在艺术上承认了古希腊艺术系统以外的标准。到了二十世纪之初，才认识到科学知识的"当然"的意义，不能代替人生价值的"应然"的意义。并进一步开始承认各民族有各民族的价值系统，而不应以西方的价值系统为此方面的唯一标准。因而引起文化人类学的努力。更因中共政权的兴起，引起了世界性的中国研究热。在他们只研究现代史、近代史的阶段，及他们所达到的水准，尚不能接触到孔子思想真正价值之所在。但他们的研究正在不断地推进，所达到的水准，也不断在提高，势必一步一步地接近到孔子思想的自身。到了此一阶段，他们怎么会抛弃自身的认知能力、学术良心，而不承认孔子在这一伟大民族历史中的巨大意义与崇高地位呢？假定他们有一天能把孔子的思想，与人类当前所面对的人自身所发生的问题，两相对照，他们也一定会承认孔子不仅是中国的圣人、历史的圣人，而且是世界的圣人、现代的圣人。即使有一天共产党取得了世界性的政权，则受过民主洗礼的共产党，必然是修正主义的共产党。毛泽东的灭孔运动，与他的反修正主义是不可分的。由此可知修正主义的共产党，也会和刘少奇们一样，不可能抹煞孔子的地位。并且到了世界共产党化了以后，共产党相互间的斗争，较之对资本主义的斗争，将更为激烈。当他们斗到大家精疲力尽、死去活来时，将更会想到孔子。所以孔子的命运的问题，只应限定在中共统治下的中国范围之内提出。

二

毛泽东的灭孔运动，并非自他开始，而是长期反孔运动的总结。在他以前的反孔，主要是出于对孔子的无知；毛的灭孔，则是出于对孔的有知再加上无知。这是他要由反孔而灭孔的特色。

在毛泽东以前，中国文化中的反孔运动，应分为三个阶段。第一阶段，是以反宋明理学的形态出现。第二阶段，是以今文学派的《新学伪经考》的形态出现。在这两个阶段，都不曾明目张胆地反孔，甚至是非常尊孔。但既无条件的，反与孔子精神最为切近的宋明理学，既诞妄而悍泼的，斥中国文化中与孔子之教有密切关连的许多主要典籍为伪，则由此再进一步，必然逼出第三阶段，五四时代的直接反孔。这一切的反，都可概括在"无知"的范围之内。乾嘉学派，对宋明理学及其与孔子的异同，完全无知。今文学派以《新学伪经考》为代表，对《史记》各世家中大量引用《左传》，并引用了《左传》中的"君子曰"，完全无知；对《史记》以前的《新语》、《新书》、《韩诗外传》，及较《史记》后出的《新序》、《说苑》，都大量引用了《左传》，一概无知；对孔子以前的古代史，更一无所知。而悍然说《左传》是刘歆伪造的，《史记·十二诸侯年表》序"成《左氏春秋》"的一段，是刘歆偷加到里面去的，由此而诱发出"疑古派"，动摇了一个民族文化所积累的文献基础。其遗毒依然保留在台湾的少数愚拙无知，而又不肯安分守己的人们身上。五四运动，是把孔子与民主科学，安放在绝不相容的地位，而对于孔子所建立的人生价值系统，与科学的知识系统，是相关而绝不相妨的事实，全无所知。对孔子所建立的人生价值系统，可以提供民主政治的"人的基础"、"社会的基础"，并可解决西方民主政治中所孕育的危机，更无所知。他们说孔子是维护专制的，要民主，便须反专制，要反专制，便须反孔。他们对专制成立的历史条件，对孔子精神及其精神在政治上的导向，是与专制不能相容的，他们是全无所知。就毛泽东以反孔子为他加强专政的重大手段的这一点来说，即可彻底证明五四以来，说孔子思想是维护专政的是无知的谎言。他们无知的情形，我举几个例子：

> 后来我曾到山东旅行，在为道路的不平所苦的时候，忽然想到了我们的孔夫子，一想起那具有俨然道貌的圣人，先前便是坐着简陋的车子，颠颠簸簸，在这些地方奔忙的事来，颇有滑稽之感。（鲁迅《且介亭杂文》

二集《在现代中国的孔夫子》)

孔子生在那个时代，他为了追求知识，为了教诲学生，为了想解救人民的疾苦，而劳碌奔波的情形，这使鲁迅有滑稽之感。然则与自己的弟弟和弟媳妇，纠缠不清，以致必须迁出另住，与孝顺于自己母亲的原配，不屑于和她讲一句话；给章士钊撤了金事的职，便反复骂个不休；在上海内山书店老板的房里溜进溜出，这便都是伟大人格的表现，而没有滑稽之感吗？这不是无知是什么呢？

另一个例子是胡适先生以中央研究院院长的身份，在台北一个国际性的学术会议上发表演说，说"东方文明，是没有灵性的文明"。我曾因此写过一篇《中国人的耻辱，东方人的耻辱》的文章，对他的无知加以责难。

我在台湾，因为维护民族的尊严，维护人的尊严，并想为中国的下一代留点生机、命脉！便对孔子、对儒家，尽点疏导疏释的责任。但由此而在精神上所受的压力，较之由政治上所受的压力，更为沉重。毛子水先生在《中央日报》上刊出一篇文章，说我贻害青年，我写篇文章答复，《中央日报》拒绝刊载。我虽然没有学问，但总比毛先生高明一点。有一次，张研田先生约了二三十位名流学者，在他寓所的后园里吃自助餐，大家聊天正聊得十分高兴时，李济之先生突然向我郑重地说："你们讲的伦理道德，在学问中能占一个地位吗？"又有一次，李先生由美经港返台，在宴席上告诉我："现在美国发明了避孕药，今后夫妻的关系没有了，还有什么伦理道德。"这都是从根深蒂固的反孔心理中所说出来的。站在学术的立场上，是有知，还是无知呢？

三

中共在进入到由明年开始的新建设阶段中，我由日本报纸上的报导，了解在山西昔阳大寨所开的农业会议，正是恢复一九五八年毛泽东路线的起程炮。和一九五八年不同的是，把刘少奇们主张农业机械化加入到里面去了。这是文化大革命，批孔批林的必然归结。由一九七六年到一九八〇年的大寨普及化是否成功，是毛泽东政治路线的最后考验。我曾说过，修正主义，是天下的大势，是世界的潮流。从大势看，从潮流看，毛的过激冒险路线，终必被他自己或他人来修正。但我不愿把孔子在自己国家里的命运，与毛路线的成功或失败，连结在一起。我认为即使毛的路线成功，孔子依然会活在中国，与中国人民共其运命。

动员全国的能力，使全国没有一个不劳而食的人，以从事亘古所无的大规模建设，假定孔子生于今日，也必去泰去甚地欢欣鼓舞地参加推动。但这是我们国家任何有志气者的共同要求，不是毛路线的特色。即使是如此，毛路线，也并不是没有他合理的地方。例如他要泯除劳心劳力的分别，要知识分子向农工学习，要用劳动来改造旧社会的寄生虫，要他们的干部下放到工厂及农田中去劳动，这在千年科举制度流毒之下，在"万般皆下品，唯有读书高"的错误观念之下，在统治阶层与被统治阶层长期处于"云泥分隔"的畸形状态之下，在假知识分子之名，处处流特权意识之毒的情形之下，我认为他做得只是"矫枉过正"，不能说完全不合理。孔子对樊迟问学农学圃，答以"吾不如老农"、"吾不如老圃"，而要樊迟努力于修己治人之学，这一方面是说的老实话，他当然不如老农、老圃；同时也是说明他设教的基本用意，在适应贵族政治崩溃时期对士在政治上的要求，不能认为他是反对劳动。他说"吾不试，故艺"，又说"游于艺"，此艺乃技能之艺，并非指的是今日所说的艺术，此与古希腊用字上的情形完全相同。所以他又说"吾何执？执射乎？执御乎？吾执御矣"。从"子适卫，冉有仆"，及孔子绝粮于陈蔡，子贡"告籴于野人，得米一石焉，颜回、仲由炊之"的情形推测，孔门驾车吹炊等劳力之事，都由他的学生自己动手，而"洒扫"尤为训练小学生的必修科目。恐怕柏拉图的学园非由奴隶动手不可了。他的"发奋忘食"的"学不厌"、"诲不倦"的精神，乃是务其大者远者，岂有鄙视劳动之意。孟子说"劳心者治人，劳力者治于人"，乃说的是历史的事实，任何民族，都在此种历史事实范围之内。不过他不应排斥许行们的用心。其实，劳心劳力的差别，乃是知识内容及经济发展中所自然得到解决的问题。工业先进国家，白领阶级的生活还赶不上蓝领阶级。而一个有科学禀赋的青年，把学自然科学的最重要的年龄，用去从事农工体力劳动，以及把专门研究有成就的人，用到农工体力劳动上去，是否合于各尽所能及经济的原则，是非常值得怀疑的。

至于使干部下乡劳动，以消弭统治与被统治的悬隔，毛泽东的用心也是对的，但他所做的只是治标的暂时弥缝之策。他不了解他的极端专制的路线本身，必然要造成严酷的新阶级压迫制度。因为第一，共产党员与一般人民，事实上，是两种不同的身份。只有共产党员，才可进入到统治阶层里，人民则除了少数特别目的的运用外，只有一生一世，处于被统治的地位。这种共产党员与非共产党员间的身份制度，无奴隶主与奴隶之名，而有奴隶主与奴隶之实。统治者与被统治者的压迫与被压迫的问题，是要通过儒家人性平等、人格平等的思想，实行民主制度，才可得到解决的。这都是与毛路线相反。却从枝节上去加以补救，他用心不坏，其奈势不从心何？

其次，毛泽东要把都市生活与农村生活拉平的问题，假定这不是作为压抑工人生活的借口，而是想把农民的生活向上提，这依然是合理的。但这与孔子的思想，有什么冲突呢？有些无知之徒，说《论语》上的"人"字与"民"字的含义不同，人指的是奴隶主，民指的是奴隶。孔子的仁、爱的是奴隶主，而不是奴隶。按人为共名，可以包括各种身份、地位、年龄、职业不同之人。所以《论语》上有"冠者五六人，童子六七人"，更有大人、丈人、夫人、小人、成人、圣人、庶人、民人、行人、妇人、封人、门人、野人等名词。民则指农民，进一步则指凡是受统治的人。人可以包括民，民不能包括人。在两周及春秋时代，若称"国人"时，则指的是住在都邑之人，与住在郊以外农民有别。郊以外农民，或称民，或称氓，或称野人，或称农民、农夫、农人。他们与国人的分别，是国人有直接参与政治的机会，农民因散处、远居，没有直接参与政治的机会。"国人"是"人"的一种特称，仍包括于"人"的一词之内。并且其中包括有士、工商业者，及附郭的农民。而这一特称，随封建政治的解体，到春秋末，也慢慢消失，而还原到"人"的共名中了。民虽然指的是农民乃至一切被统治者，但由《尚书》中所保存的最可信赖的周初文献看，很明显地以"民意"代表"天意"，如"天视自我民视，天听自我民听"等，一切政治上的起心动念，无一不是为民着想，这可以闭着眼睛说，民即是奴隶吗？通过一部《诗经》中所出现的民、农民、农人、庶民、庶人等词，有哪一处可称为奴隶？何以到了《论语》中的"民"字，反指的是奴隶？《论语》中除了"民可使由之，不可使知之"两句话的背景我们不能清楚外，凡在政治上提到"民"字的，有哪一句不是为民着想，要把民的生活、地位向上提。所以儒家终于以民的好恶，亦即是以"民意"，为政治上的最高准绳。所以《孟子》上凡是"与民同之"的，都可得到孟子的承认；《大学》便说出"民之所好好之，民之所恶恶之，此之谓民之父母"的话。毛泽东所以提倡法家，摧毁儒家的重大原因之一，是法家只为统治者设想，而孔子以下的儒家，则处处为人民着想。他目前为了重新实现他的冒险路线，要求人民忍受某一阶段内最大的痛苦，便不准有人代人民讲话，以免"松了气"。假定他真注意到农民的生活问题，最后目的，还是要改善人民的生活，则他正是向孔子的方向前进，而要修改赋税制度、工分制度、民兵监视制度及对土地分配，赋予以更大的弹性。

上面所说的是想指出：在毛泽东路线中，凡是有合理成分的，都与孔子的思想、孔子的精神，没有根本的矛盾；并且在最后的归趋上，都要归结于孔子之教。他大力推动的所谓社会主义的教育改造，孔子以一句话说完了，克己（战胜个人的欲望）复礼（恢复人性中本有的"居处恭，执事敬，与人忠"之礼）。毛泽东所强调的思想改造，若暂时将"思想"的内容，置之不问，实来自孔子所重视的"教"，及"教化"。所谓"教化"，是因教而受到感化变化。总说一句，毛路线中比较合理的部分，不能动摇孔子的一根毫毛；其荒谬乖戾的部分，则有待于孔子之教的救济。他为了扶植江青，便痛恨孔子所说的"惟女子与小人，为难养也"的话。孔子的话，是就他所归纳的政治上的情形说的。悬记了以后两千年专制中的外戚宦官之祸。我推测，不久的将来，毛可能感到说出这句话的，不能不是圣人了。

然则假定毛路线成功，则孔子的命运会怎样呢？我认定届时"渣滓尽去，清光大来"，孔子依然会以圣人的地位，光照在八亿（此时或有十多亿）人民之上。因为：

第一，鲁迅、胡适乃至今日的江青们，在他们的潜意识中，有很深的民族自卑心理，一听说中国文化中有点好的东西，便与此种民族自卑心理相抵触，只好用几句尖酸、横决的话，骂了出来。像中国这样一个伟大的国家，不是仅凭一时横狠虚骄之气所能长久撑持下去的。真正精神的力量，必发自他自己的历史文化，必在自己的历史文化中得到自尊自信与荣誉，而不能长期当苏联的列宁、史达林的寄生子。孔子之教，与诸子百家最大不同之点，与佛教、道教不同之点，在于他不仅是一二人的思想，而是代表了由尧、舜以下的历史文化。离开孔子，便无法真正了解六经、二十四史及许多有价值的诗文集，无法了解中国历史的活动演进的实际情形。站起了的中国人，必不能忍受糟蹋自己历史文化的下贱、耻辱。再强横的寄生子，在他人祖宗面前，不能真正抬起头来，而必有"归宗"、"认祖"的一日。归宗认祖，便自然而然回到孔子的怀里了。

第二，中国真正站起来了，则共党干部的认识能力必加强，学术水平必提高。今日摧毁孔子的一切言论，或被迫而出于言不由衷，或出于钻营下的无知无耻，找不出一篇文章可以受得起知识的较量。若共党干部的学术水准永远是如此，便是中共没有真正站起来。若真正站起来了，则学术水准必然会提高。届时他们对江青集团的唾弃，必较我今日为更甚。因为我没有被骗被辱。

第三，江青集团们提倡法家，法家重视客观的法度，与儒家相同（《论语》"慎法度"），与今日的共党，恰恰相反，大陆今日连客观化的法律也没有。法家要求政治领导者要"无为"，这与儒、道两家相同；而中共的统治者，要包办到人民一切的生活。他们所受于法家的，仅在"为统治而统治"的权术与刑罚及否定历史文化，使人民因愚而永远处于被动的，被共党牵着鼻子走的地位。但法家的君臣互相窥伺的权术，使统治者的自身，必走上互噬而不能相信相安之路。所以李斯必杀韩非，赵高必杀李斯及胡亥，汉景帝必杀晁错。这一点固然与毛的脾胃相合，但长此下去，有如史达林末期，统治集团自身，必因谁都"莫必其命"而感到战栗，要求有种相安的局面。这在制度上须要民主，在精神上便须要孔子之教。有一天，共党自身为了求得安全的保障，也会感到孔子的话，"虽共党之朝行矣"的。

第四，孔子之教，不是宗教，不是形而上学，而只是从人的生命自身，从人的生活自身，所体验出的作为人生基源价值之教。此基源价值，内蕴于每一个人的生命之中，与生命不可分离，所以《中庸》说"可离非道也"。它必然实现于日常生活之上，而成为庸言庸行，所以鄙弃索隐行怪，而为匹夫匹妇所能与知与行。人的生命的结构不变，则生命内所蕴的知、仁、勇的基源价值不变。只要生活正常、心理正常，便自然流露于现实生活之上，而成为不知有孔子的孔子之教。所以千百年来，孔子之教，背叛于口里恭维孔子，或口里咒骂孔子的中国士大夫之手，而保持于不知不识的勤劳大众生活之中。科学发达，只有由孔子之教，能规整其方向，使其为人类服务，而不致把人类推向毁灭之途。中国假定真正站了起来，共党干部及人民的心理，也必由现时的骄激、恐惧，而恢复正常。大众生命里的基源价值，必然地或多或少地显发出来，此时即使大家不知有孔子，也必然以真实的孔子之教，维护个人、社会、国家、世界的生生不息于无穷，此时对孔子的尊敬与否，反成为次要的问题了。但人只要能恢复人的本性，并向上向前发展时，又怎能抹煞自己的历史文化，怎能抹煞自己历史文化中精神所寄的孔子呢？

当然有人认为孔子之教，必在中共失败，毛泽东路线失败之后，才能如日中天地显现出来。我对这种说法，不加辩论。但我不希望孔子之教是在国家民族再一次被外人征服中，凭春秋大义，作悲惨的奋斗而始显现。

现在寄身香港，一无依傍，而只凭"人心之灵"来屡次捋毛泽东的虎须，其为许多识时务的俊杰所非笑，乃必然之事。我在东海大学时，有不少热心教徒，劝我接受他们的洗礼。另有些好朋友劝我不要以半路出家的地位，为了几千年前的枯骨，与学术上居于领导地位的胡派相抗拒。我当时常常想，也曾几次向朋友们说过，假定我的认识完全错误了，因而孔子应当完全被人们所遗弃；但以这样大的民族中的一位圣人，当他最后被人埋葬时，有一个人为他披麻戴孝，这并不算过分。何况我的认识是否错误，只有时间才能作判断，与今日獐头鼠目的俊杰之士，是毫不相干的。

一九七六年二月《明报月刊》第十一卷第一期

韩非心目中的孔子

——教师节献给孔子在天之灵

一

　　中国先秦法家，在建立客观而平等的法，以作政治的最高准绳，使政治都依据此种客观而平等的法来运行，不受统治者私人意志的干扰，并在政治运行中，要考察名实，以名实是否相符来决定政治中的赏罚，不因身份、血统及私人好恶等而有所差异。这是他们重大的贡献。但他们把人君的地位神秘化、绝对化、阴狠化，把臣民的地位工具化、卑微化、牛马化（只能劳动而不准有人格、思想），以达到权力彻底集中于一人的目的，因而反对知识，反对人格价值，反对人与人相互间的自发性的社会生活，这不仅构成了古典法西斯的罪恶，而且也势必否定了他们所追求的建立客观而平等的法治的原始目的。于是在历史的事实中，常只表现出他们的罪恶的一面，而埋没了他们的贡献的一面。

儒家从个人道德的观点来看，封建政治中的"亲亲"，因而有意无意地继承了下来，对统治者的血统与床笫之私，开了方便之门。使二千多年的政治，陷于父子兄弟妻妾宦官的泥沼中，一直到今日尚不能自拔。这是儒家政治思想中的毒瘤。但儒家对政治的基本用心，则是天下为公，否定一人一姓一党的专制。认定统治者是人民的工具，须通过教化教育以使人民能自遂其生，自成其性，过着既有秩序而又得到谐和的，以人格为基础的社会生活。统治者不能在人民面前有秘密，不能在人民好恶以外有非分的要求。这在基本上本是与法家相反，因而儒法的思想，发生相互间的斗争，乃是历史的事实。韩非集法家的大成，所以在《韩非子》一书中，对儒家的攻击特为尖锐，此乃必然之势。

但我们由《韩非子》一书的构造谨严、条理周密、文字健锐等，来推测韩非本人，应当承认他是一个特出的思想家。因而在他的思考活动中，必然保有某程度的客观精神，以保证他的思想，不致陷于混乱虚幻。我在这里，不打算进一步去讨论韩非的思想，而只想向保有良知的读者，指出在韩非心目中孔子不能不是一个圣人。

二

韩非反对《诗》、《书》。但在他的著作中两次引用

《诗》，三次引用《书》。把《孟子》称为"记曰"，也引用了一次（《忠孝》篇）。这说明他自己读了这些书。他受孔子作《春秋》所影响很大，引用了孔子对《春秋》的解释，引用到《左氏传》的有十多条，引用到《穀梁传》的大约有两条或三条。他对文王、周公，都各称述过两次；而在《说疑》篇中，站在他的思想立场，不赞成"疾争强谏"的关龙逢、季比干以及伍子胥们；但对后稷、皋陶、伊尹、周公旦、太公望、管仲、隰朋、百里奚、蹇叔、舅犯、赵衰、范蠡、大夫种、逢同、华登等十五人，则皆加以称述。对"思小利而忘法义，进则掩蔽贤良以阴暗其主，退则挠乱百官而为祸"的十二个历史中的小人，也加以贬斥。由此可知他并未颠倒历史人物的大是大非。

韩非直接提到孔子的，全书中约二十九次。提到孔子的学生曾子的三次，提到子夏、宓子贱的各一次。提到孔子而正面加以批评的有两次："博习辩智如孔、墨，孔、墨不耕耨，则国何得焉。"（《八说》）"臣曰，孔子本未知孝悌忠顺之道也。"（《忠孝》）《显学》篇则以"孔、墨不可复生，将谁使定儒、墨之诚乎？"及"孝戾侈俭，俱在儒墨，而上（人君）兼礼之"，以反对儒墨。但这不是从思想价值判断上来反对。在《难一》、《难二》、《难三》的三篇中，各引用了孔子的一条议论，而采用"或曰"的委婉方式，加以批评。此外则无不从正面加以尊重、肯定。最值得注意的是下面三条。

孔围见孔子于商（宋）太宰。孔子出，子围入，请问客（问太宰见了孔子的印象）。太宰曰，吾已见孔子，则视子犹蚤虱之细者也，吾今见之于君。子围恐孔子贵于君也（恐为君所贵），因谓太宰曰，君已见孔子（宋君已见孔子之后），亦将视子犹蚤虱也。（《说林上》）

不论上面故事的真假，皆可以反映出韩非承认了孔子在战国时代，被社会所尊崇的地位。《内储说下》引了孔子治鲁，齐人献女乐的故事，而承认"仲尼为政于鲁，道不拾遗"。《五蠹》、《显学》两篇，是韩非思想的最突出的表现。上面所引《显学》篇的材料，可说他没有从正面批评孔子。《五蠹》篇说："仲尼，天下圣人也。行修明道，以游海内；海内说（悦）其仁，美其义，而为服役者七十人。盖贵仁者寡，能义者难也。"下面接着说孔子的仁义，不如鲁哀公居人君之位的"势"，所发生的效力之大。所以政治应重"势"而不重仁义。但韩非在上面的话中，承认孔子是一位圣人，也承认仁义的价值，这是决无可疑的。

三

韩非当然知道孔子的政治思想，和他的政治思想是不能兼容的。但由上面简单的陈述，可以了解孔子在他心目中的分量，是非常之重，使他在批评中又不能不攀援，在批评后，依然要承认孔子的圣人的地位。他何以要如此？因为他是一个注重现实的思想家，便必然保有某种程度的客观精神，必然受到"作为一个人的基本条件"的良知的压力。否则他岂独不配称为一个思想家，也就不配称为一个人了。在我国历史中，凡稍有良心知识的，决不会全面诬蔑孔子。李贽受到今天大陆上的特别青眼，他痛恨八股中所说的圣经贤传，对理学家的批评，尤为酷烈。但在他所著《藏书》的《名臣传》、《儒臣传》中，未尝抹煞一个理学家。《藏书》中不为老子、孔子立传，因为他认为这两人既不可列入"帝"里面，也不可列入"臣"里面。这是他对孔、老的突出的推崇。他佞佛而不为中国的高僧大德立传，他认为这是在中国历史文化主流之外的东西。他在《德业儒臣后论》中，称孔子为"大圣人"。这都是他作为一个中国人，作为中国的一个思想家所不能不保持的基点。

大陆疯狂地批孔，毁灭孔子的坟庙，当然是由毛泽东所支持的，但我没有看到毛泽东直接毒骂孔子的材料，意者：毛氏认为要保护自己的思想，不能不黑着良心批孔，但这种事，只应让"下三烂"的人出场，而不应直接出于"伟大导师"之口，此正是毛泽东的不可测度的地方。许多海外洋妖闻风而起舞的中国知识分子，大概是被私利私害，把良知淹没得一干二净的人吧。

一九七六年九月廿八日、廿九日《华侨日报》

面对时代浅谈孔子思想

一

汉代扬子云，在《法言》中说："震风陵（暴雨）雨，然后知夏屋之为帡幪也。虐政虐世，然后知圣人之为郛郭也。"扬氏所说的圣人，指的是孔子。孔子早经死了，但孔子的精神、思想，却能永远给陷在危疑震撼中的人们以安全感的保障。这是扬氏由他自己的深切体悟所说出来的话，富有极大的启发性。

思想与政治常发生密切的关系，但两者是属于本质不同的存在。一般地说，思想出于人类的理性，政治则来自人类的权力意志。思想的影响，是来自人与人相互间的自由而平等的理性的交流；政治的统治，是来自统治者对被统治者通过权力的强制压服。思想与政治的结合，从思想看，一方面使思想的某一部分凭政治权力而得以实现；另一方面，使思想的本来面目，必由政治权力加以歪曲、污染。从政治看，政治常须要由某种思想而得到被统治者认定其为合理而甘心加以承受；同时统治者常将自己的权力意志蒙上思想的面貌，使政治与思想，混为一体而不可分。历史上最大的混乱，常由此产生的。实际，思想的价值，决不可能由政治权力来决定，而是要通过政治权力的三种考验来证明的。孔子的思想，正是受过这三种考验而证明他的永恒的价值。

政治权力的第一种考验，是思想在没有政治权力支持的情形下，看他能否发生影响。凡思想是由政治权力的支持而始发生影响的，其影响必随政治权力的消失而消失。最残酷的例子是史达林，在他未死以前，苏联的百科全书在他名下写了"最伟大的哲学家"之类的十几个头衔。死后的次年，已经缩减到短短的不到三行，许多头衔都消失不见了。现在则凡属于世界像样点的共产党，都以提到史达林的名字为羞辱。但《史记·孔子世家》赞说："天下君王，至于贤人，众矣。当时则荣，没则已矣。孔子布衣，传十余世，学者宗之。自天子王侯，中国言六艺者折衷于夫子，可谓至圣矣。"这里应特别注意的是"孔子布衣"的"布衣"两个字，这说明他完全没有政治权力的支持，而能"传十余世，学者宗之"，这才真正是由思想自身的价值所发出的影响。

二

政治权力的第二种考验是由正面加某种思想以压迫。

孔子思想，正曾受过这种压迫，此即大家所熟知的秦始皇的焚书坑儒。以后讲孔孟之道的程伊川和朱元晦的晚年也都受到这种压迫。而两千年中的忠臣义士，杀身成仁的，也都是为了实现保持孔孟之道，他们的被残杀，也都是对孔孟之道的一种残杀。但被秦焚掉的诗书，依然复出于山崖屋壁，而出现了以五经《论语》、《孝经》为主流的四百年的学术风气，至程、朱在中国文化中的地位，及忠臣义士们的对世运的维持，是不待多说的。或者有人说，当时没有现代严密的组织，所以才有漏网之鱼。但现代的文化交通，早达到世界性的规模，在任何严密组织之下，依然可以有漏网之鱼，为我们民族保存文化的种子。我相信孔子思想在过去愈受到第二种考验，而愈能放出他的光芒，今后也将会如此。

政治权力的第三种考验，是由动机与行为处处与孔子思想相反的统治者，却口口声声地说："我很崇拜孔子，我是提倡孔子的思想。"把孔子的思想，和这种人的肮脏的政治，混淆起来，使人民因厌恶他的政治，也厌恶到孔子的思想。最显明的是过去的以四书为主的科举制度。这种考验，有似于今日之所谓"空气污染"。其威胁性或且较第二种考验更为严重。五四以来的反孔运动，多由此种空气污染而来。但宋代科举以外有程、朱的理学，明代科举以外，有王阳明的心学，而清代的八股，并没有淹没由孔子而来的民族思想，终酝酿出清末以中山先生为主流的三民主义的革命，中山先生的重视"道德"，决不是出于政治运用的策略。由此可以证明孔子的思想，在任何政治污染中是能涅而不缁的。

三

　　除政治性的考验外，任何思想还要受到时间的考验。文化史中，有不少喧赫一时的思想，随时间的经过，而其光芒愈缩愈小，终于只能留给专治思想史的人才知道他的姓名，在时间的限定中，才承认他的意义。只有孔子的思想，却能随时间的推演而愈能发现他的意义。在大陆文化大革命以前，台湾反孔的空气浓于大陆。文化大革命发动以后，大陆反孔的压力远过于台湾。孔子死了两千多年，这些人为甚么要反？因为这些人感到孔子的思想，对于他们有些不方便。最近我和一位由北京人民大学毕业出来的青年朋友聊天，聊到林彪的问题，我说："由台湾首先传出，由大陆得到证明的五七一工程纪要，我怀疑是伪造的。"这位青年朋友说："大陆上许多人知道这是由党内某部分人所假造出来的。"我问："说林彪写了'悠悠万事，唯此唯大，克己复礼'，是真是假呢？"他说："是真的。"我又问："然则林彪为甚么想到这四个字呢？"他说："林彪感到文化大革命造成的混乱及他自己所遭遇的危机太大，想由自己的克制加以挽救。"我想，不论林彪个人的好坏如何，他在绝望中由孔子的一句话得到希望，而这句话的真正意义，决不是江青这几个无耻贱人所能加以诬蔑，则是铁的事实。难道说这不是证明孔子思想的价值，经过时间的考验而依然是活着吗？

还有，一切古代思想，必须通过近代科学的考验，而始能维持他的生命。以诡辩的方式，逃避科学考验的思想，只是虚饰下的残喘。孔子"不语怪力乱神"，他在两千五百年前，已扫除了走向科学的障碍。而他的思想，以仁为中心，消极方面，表现为"己所不欲，勿施于人"。积极方面，表现为"己欲立，而立人，己欲达，而达人"。这正是挽救现代危机的一条正路，因为必如此，始能使科学为人类的幸福服务。而孔子的学思并用的方法，"主忠信"的精神，那是"竭己之谓忠，如实之谓信"的精神，正是追求一切科学所必须具有的精神。所以孔子的思想，正是科学时代所待望的思想。这是他和一切神学及形而上学的大分水岭。

四

宋代《唐子西文录》中有这样的一段话："蜀道馆舍壁间题一联云，'天不生仲尼，万古如长夜'。不知何人诗也。"题在旅舍壁间，而不留下自己姓名的两句诗，当然不是为了追求名利，乃至应付人情而作的。必定真有所感，真有所悟，才写了出来。此一无名诗人的两句诗，可从许多方面加以说明。我现在先从"史"的观点来说明。

人与其他动物最大分别之一，一般动物，只是空间中的存在，它们所占的时间，乃是横断面的时间。在空间中消失了，在时间中也便完全消失，一般动物不能有由记忆而来的长久生活经验的积累，当然更不能有由过去的追忆，及将来的待望，所形成的精神、理想。人则能通过自己记忆之力，把"十口相传"的口传历史，和当前的生活连结在一起。因而把由历史所形成的当前生活的方式、方法，继续在历史照察之光中前进，这是人类进步、人生意义的源泉。因此，可以说，一般动物，是过着"长夜"的生活，而人则过着白天的生活。因为人有时间中的过去与未来。

但许多民族根本没有文字，他们的历史，只限于口传。有文字的民族，也常常只知道纪录神话或与神话相关的诗歌乃至特殊事物的纪念，却不知道纪录自身的历史。譬如中国北方的骑马民族，他们在与中国的斗争中所表现的有力、智谋，通过《史记·匈奴传》等材料来看，决不在中国人之下。但他们没有自身的历史纪录，只有通过中国的片断纪录，研究历史的人，才能与地下材料结合起来，勾勒出一个概略的影子。所以这类没有正式历史纪录的民族，和我们保有大量正式历史著作的民族，比较起来，则他是生存在"长夜"之中，而中华民族，则是生存在白日照察之下。

我国因史官的发达，在孔子以前，在孔子以外，已经有"百国春秋"这类的纪录。但因孔子作《春秋》，而史的意义，乃特别受到尊重，乃特别引起许多人的研究，因而产生了"三传"，尤其是产生了三传中的《左氏传》，把二百四十二年，再加上孔子死后的十一年，共二百五十三年的历史，作了系统性的、全面性的纪录。更由此而引出战国时代的许多相关著作，终于产生了一部集大成的《史记》，及《史记》以后的一脉相承的正史和正史以外的许多史。在孔子以前以外的许多史，因不是与孔子的名字连在一起，都一起亡失了，后人只好求之于器物等的地下材料。由此可以了解，中国史学的成就在世界文化史中，是无可匹敌的，也是与孔子的名字不可分的。不是孔子，我们大概也只能和古印度、古埃及等民族样，生存于历史"长夜"之中而渐归于消失。

五

中国史学的兴起，是以文字纪录，代替宗教性的"永生"的要求，这在中国称为"不朽"。同时也是以文字纪录，代替宗教性的"审判"，这在中国称为"褒善贬恶"。人类要有前途，总须趋善而去恶。但当行为与现实势力纠缠在一起时，行为的善恶，一般人常难于辨白。只有安放在历史时间之中，让影响善恶判断的势力，随时间的消逝而消逝。行为的因果报应，也随时间的演进，而无情地、客观地反映出来。于是，历史自然成为善恶的镜子，历史经验，成为建立人类行为规范的根据。不是从历史中所提炼出的行为规范，是没有受过历史考验的行为规范，常是"思而不学则殆"，乃至是"盲人骑瞎马，夜半临深池"的行为规范。因孔子而奠定了坚确地位的史学，虽然不断受到专制政治的各种压迫以趋于萎缩，但写在历史中的大忠大奸、大善大恶，毕竟未曾模糊泯灭。而持以辨别这些大忠大奸、大善大恶的准备，最后必归结到孔子思想上面。可以说，中国的史学与史实，是在孔子思想照察之下运行，这是由两千多年的历史人物自己讲出的无数语言所证明的，是由两千多年来的无数行为因果报应所证明的。离开了孔子思想，则我们的历史会成为善恶混淆不分的历史，我们民族的行为规范，便建立不起来。从这一点说，岂不是"万世如长夜"吗？

六

上面是我年来研究中国古代史学所发现的观点，另有专文阐述。写上前面两句诗的无名氏，则大概是从《论语》中某些语言得到感发的。这是领受孔子思想的正路。

《论语》中由孔子的学生所纪录的孔子自己所说的语言，就语言的对象说，大概可分为两类：一是对当时的君臣说的；一是对自己的学生说的。也可以说是以君、臣、士三阶层为对象所说的。但孔子总是抑制这三阶层的利益，使他们还原为一种"普遍的人"，具备普遍的人的条件，以尽到他们由职业地位而来的作为"特殊的人"所应尽到的责任。例如他屡次说"主忠信"，这是普遍的人所应具备的条件。任何职业、任何地位的特殊的人，都可由忠信去尽到他的责任。但首须抑制由突出于庶民之上的阶层利益。他说："士志于道而耻恶衣恶食者，未足与议也。""士而怀居，不可以为士矣。"这是抑制士的阶层的利益的显例。正因为如此，所以他话里的思想多是与万人同在，与万世同在的思想。数年来，大陆上江青四人帮猛烈展开批孔运动。除了疯人式的诬蔑"克己复礼"外，更毒骂孔子蔑视女性。因为孔子说了"唯女子与小人，为难养也。近之则不逊，远之则怨"的话。其实，孔子上面的话，当然是指在政治上凭借"雨露之恩"、"逢迎之术"而进入到政治核心里的女子与小人的。周初开国的十臣中，"有妇人焉"，孔子会加以轻视吗？以《诗经》中第一首的《关雎》为赞美后妃之德，这是轻蔑女性吗？江青、姚文元们在被信任时，胡作非为，在稍被疏远时，甚至要谋害毛泽东的性命，这正是孔子们所说的"不逊"和"怨"的极点。谁能想到孔子这一句寻常话，指破了两千年专制中的外戚宦官之祸，并且到现在还有他的深远意义。假定江青们肯承认点"克己复礼"的道理，能想到"以约（敛束）失之者鲜矣"的训言，而不过分地飞扬跋扈，稍稍敛戢点野心，她们何至今日沉入漫漫长夜之中呢？孔子思想对于人类行为的照察，应从这种最浅显的例子体认下去。

七

说孔子是主张奴隶制复辟的，这固然是江青四人帮的"人首而畜鸣"。即使是一个平正的人，假定她对自己的生活与时代，缺乏由反省而来的体验，也会感到《论语》中的语言的平淡无味。如站在西方以思辩为主的哲学立场来看，便觉得这是停滞在思维尚未发达的极素朴的生活经验谈，必须另外加上一套形而上学的架子，才可以扮演"中国古代哲学"的角式。其实，孔子所说的许多话，是平淡的，但同时也是究竟的。把西方的"观念游戏"的哲学拆穿了，在他们的千言万语中，很难找出如孔子样的一句平淡而究竟的话。这里我只举出一个例子。

一九四四年，法国哲学家安德·克勒逊，写了一本《法国哲学》，成为当时相当流行的书。他在序论中以"明断性"、"确实性"、"秩序性"为法国哲学的三大特色。他在说明"确实性"时，一开始便引孔子的"知之为知之，不知为不知"，而说"不可把他当作是时代落后的话"。假定这位哲学家不是对现代求知的情形，有了一番体验，便不能了解孔子教导他的学生如何去求知的一句平淡的话，即是为了求得确实性的知识的一句究竟的话。

这里我便应当指出，孔子和古希腊系统的西方哲学家，走的是两条不同的路。

任何思想，必须以相关的知识为基础。任何思想家必然是一种热心地、无穷无尽地追求知识的人。孔子的"入太庙，每事问"，并说"学如不及，犹恐失之"，"博学于文"，"好古，敏以求之"，正反映出他是一位无穷无尽的、"不知老之将至"的知识的追求者。在这一点上他与西方的哲学家是相同的。

但西方哲学家，多只努力把他们求得的知识，加以条理、加以推演，构成一套知识系统，以解答他所认为要解答的问题。但却很少对他自身发现问题，因而不感到对他自身要解答什么问题。所以"思想"与"思想者"，常处于不相干的状态。

八

孔子与西方哲学家的不同，是在对知识的处理上。孔子对他所求得的知识，不是通过逻辑去推演它，而是把与自己生活生命有关的部分，由实践而在自己的生活生命中体现出来，证验出来，以求不断地开辟自己的生命，提高自己的人格。对孔子来说，他所成就的不是哲学思想，而是具体存在的人格。他的"下学而上达"，不是知识扩充的历程，而是人格向上的历程，人格始可言上下的层次。他的语言，不是在逻辑推演中说出来的，而是从他的伟大人格中所显露出来的。他的语言与语言之间的关连，不是逻辑推理的关连，而是由统一人格所形成的内在关连。假定一定要用逻辑的名词，则这是"事实逻辑"，而不是形式逻辑。冯友兰要按照西方的逻辑系统在中国找哲学，找来找去，只发现孔子不过是一个老教书匠，孟子、庄子是神秘主义者，未免太幼稚可笑了。

孔子说："见贤，思齐焉；见不贤，而内自省也。"这是他向社会学习的态度。"多闻阙疑，慎言其余，则寡尤。多见阙殆，慎行其余，则寡悔。"这是他向一般事物学习的态度。此处，"言"与"行"对举，而他是认为行先言后，"言之必可行也"的。这是他把知识转到行为实践上的显例。他说："已矣乎，吾未见能见其过而内自讼者也。"又说："见义不为，无勇也。"这说明了他在人格向上的实践中的消极与积极的两个方面。他概括性的说法是"德之不修，学之不讲，闻义不能徙，不善不能改，是吾忧也"，这种忧，是在彻底自觉下所显出的无限向上中的精神状态。

孔子在人格向上中的实践，也可以用"克己复礼"一句话加以概括。克己，是克去个人自私的欲望。复礼的具体工夫，即是他在同一段话中所说的"非礼勿视，非礼勿听，非礼勿言，非礼勿动"，亦即是生活的"不逾矩"。人之所以会危害社会，是因为他行为的放恣。行为的所以放恣，是因为他包藏着非分的自私的欲望，即今日的所谓"野心"。这种人，在孔子看，乃是不仁的人，即今日北京所讨伐的白骨精这类的人。孔子的克己，是由克去个人的欲望与天下人同其欲望。复礼，是由限制个人的生活放恣以与天下人同其生活。由这种工夫所形成的人格，必然是"己欲立，而立人；己欲达，而达人"的人我同在的人格，这即是孔子所说的"仁"。以仁为内容的人格，才可说得上是伟大的人格。

九

由孔子的伟大人格所透出的语言，有两种特性。一是在群体生活的连带感中，建立个人的行为规范；一是在现成而具体的指点中，显现出无限性的精神境界。

"子贡问曰，有一言而可以终身行之者乎？子曰，其恕乎！己所不欲，勿施于人"，这固然是在群体生活的连带感中来决定个人终身的行为规范，其他孔子所说的个人的行为规范，仔细体认一下，都是立基在群体生活利益之上。他所说的"徙义"的"义"即是群体利益得到谐和的"义者利之和也"的义。在这篇短文中，无法多举例证。

人格是与人的生活生命连结在一起的。由人格中所透出的语言，也必然是与生命连结在一起，而不容"索隐行怪"的。所以这种语言，必是眼前现成而具体的语言，使

"夫妇之愚，可以与知"、"可以能行"的语言，也可以说是"与万人同在"的语言。但由实践所完成的人格的精神境界，正如颜渊所体认到的"仰之弥高，钻之弥深"的无限性的境界，所以由这种境界落实下来的语言，在现成中即含摄"虽圣人亦有所不知"，"虽圣人亦有所不能"的无限的意味。他说"言忠信，行笃敬，虽蛮貊之邦，行矣"。又说"居处恭，执事敬，与人忠。虽之夷狄，不可废也"，我想，这比"我们要光明正大，不要阴谋诡计"，说得具体而现成得多了。要消弭人与人间互相猜嫌斗争的惨祸，应当面对这种语言来反省一下。平日列宁、史达林不离口地去"谓他人父"，在国际会议场面中，偶然听到"他人"引了一句孔子的话，便提出抗议的人，从甚么地方可以认定他是中国人，乃至能算得是人呢？

一九七六年十一月七日、廿三日，十二月九日《华侨日报》

孔子与《论语》

一

英国十九世纪的一位了不起的文学批评家阿诺特，曾有句名言："在某时代的文学中，从文学的支流，辨别出何者是它的主流，是文学批评的最高任务。"这句话，可以扩大来说："在某一国家民族中，从文化的支流辨别出何者是它的主流，这是文化批评的最高任务。"在研究方法上，也可以说，"在许多相关的材料，从次要的材料，辨别出何者是主要的材料，这是研究方法的最高任务"。这种辨别支流主流之所以重要，有如在人身体中判别大脑和肢体神经一样。由大脑指挥肢体神经的是生活正常的人，以肢体神经代替大脑的是变态的或垂死的人。

中国文化的主流是孔子，是由孔子所开创的儒家，这不是思想上的主张，而是一部廿四史中民族生存经验所证明的事实。在这两千多年中，人的邪正，事的好坏，主要是以孔子这一思想统绪作标准来判定的。而这种判定，同时即由两千多年的成败兴亡为它作证明。不承认这一主流的作用，便使我们对自己的历史，完全坠入于混乱黑暗之中，我们的现实生存，也因此失掉了根基，迷失了方向，终于会在飘浮无依中消失。六十多年来我们文化界否定主流，在各主流中营营苟苟，以尖新怪异，求一己的名利，遂任狐假虎威的变了性的外来神话，有如阎罗殿派出的"无常鬼"一样，在我们民族中，猖狂地干着勾魂摄魄的勾当。

研究孔子，从来没有人怀疑《论语》是主要的材料。其他许多材料，只能算是补充的或者是流演的。这种补充流演材料的真伪价值，还是要由《论语》来加以判断。我们可以说，诬蔑孔子，即是诬蔑中国文化的主流。抹煞《论语》，即是抹煞孔子。至于用解释《论语》的手法，以达到诬蔑孔子的目的，其用心尤为奸险。

二

当我听到方东美先生逝世的消息时，也为之悲怆不已。十多年前，我在他的台北寓所中，曾和他作过一次长谈，他批评了熊十力先生，痛斥了胡适之先生，并谓"我国接受外来文化，首先接受的是印度佛教，这是我们的不幸"。我当时除了稍稍纠正了他对宋儒的看法外，对他的热情、气概，得到了难以忘怀的深刻印象（这些年来，他对佛教的看法似乎有所改变）。方先生是一位哲学家，对他个人的哲学，不论赞成与否，我不能作批评。同时，他的著作主要是用英文写的，我不懂英文，不应以他在中文中所露出的只麟片爪，推论他全般的成就。但九月十三日，我由台北返港，十四日读《哲学与文化月刊》四卷七期上面由郭文夫先生所记的方先生对"孔子哲学"的讲词，使我感到非常惊讶迷惘。

首先我认为假定方先生要贬斥孔子，则今日贬斥孔子的人多的是，方先生尽可堂堂正正地加以贬斥。但方先生不从正面加以贬斥，而是用歪曲古人的语言，矫诬历史的真相，抹煞《论语》的意义等方法，把孔子幻化为一无实质实体的幽灵，这是太不应当的。我在下面只能举若干例子。

方先生一开始便说："但是用韩非子的名词来说，这么一个大哲学家（按指孔子）在春秋战国时代，也只能够叫做显学之一。用司马谈在《六家要指》的名词来说，那时就是六家……因此孔子的儒家，在春秋战国时代，也只是显学中间的一大派。"我们应注意方先生所用的"只能够"及"只是"的字眼。他用这种字眼，意在抹煞孔子、儒家在中国文化中所站的主流的地位。他全篇讲辞，都是为了达到此种目的而敷衍出来的。但他引的两位例证，很明显地作了语意上的歪曲。《韩非子·显学》篇："世之显学，儒与墨也。"从下文看"显学"两字，分明指的是韩非子当时儒家、墨家的情形，并非指的是孔子本人。在韩非心目中，依然是"仲尼天下圣人也"（《五蠹》）。司马谈《论六家要指》，乃就战国时代所发展出的学术派流，分为六家。春秋时代，不可能有司马谈所指的法家、阴阳家、刑名家的。方先生怎么一下子扯到孔子的春秋时代呢？方先生一再强调"大儒"的"大"，要"能够容纳并收，才能成其大"。则董仲舒即使是"打着儒家的招牌，提倡阴阳家、杂家的思想"，这也可以说是他的"大"，为什么因此而"不承认他是同情于儒家"呢？方先生看懂了《天人三策》的反秦反法的真正用心吗？看懂了《春秋繁露》的庞大思想体系吗？方先生把《中庸》"惟天下至诚为能尽其性"的一段话，解释为"因为自己宝贵生命，对于别人的生命也尊重"，固然说得牛头不对马嘴，但方先生的观点，是出于《吕氏春秋》的《孟春纪》各篇，《吕氏春秋》不正是杂家吗？方先生说："孔子的大儒及荀子的雅儒思想，一到了汉代变了色彩，被知识界利用去当利禄的敲门砖。"又说："汉代的儒生，逢君之恶，要保持他的利禄。"这便把两汉许多儒生，反秦反法，反家天下，反统治阶层的骄奢淫佚，横征暴敛，反酷吏的屠杀人民，反土地的分配不均，反奴隶主的灭绝人道，反外戚宦官的舞权弄柄，以及在人伦实践上许多可歌可泣的名节，终而以党锢之祸收场的精神，一起矫诬掉了。

　　说唐代除佛教外，"儒家几乎被政府的功令规定了，出了这个范围就不能够晋升"，方先生对唐代的贡举制度，缺少必须的常识。唐代名臣，有谁不是根据儒家思想以争论当时政治的是非得失。唐初所修各史，有哪一史，在思想上不是以儒家思想作导引。方先生一再强调中国历史的"持续性"，却又一再骂宋儒的道统观念。假定没有儒家的道统，则中国历史早随朝代的生灭而生灭，与其他古代民族同一命运了。中山先生在讲民族主义中，便强调了这一道统。只有他的极不肖的子孙，才将此一道统出卖，而要以异质的道统来篡窃，这是非常可悲的。方先生不顾各家思想的条理、系统，而特强调要"大其心"的"大"，但在方先生口中，用些与事实不相干的词句，把汉、唐、宋、明、清的儒家，都贬斥得一文不值，我不知道方先生的"大"，是大在什么地方。

三

方先生认为讲孔子的哲学，应从在孔子以前约千年以上的《洪范》（这是照传统的为方先生所肯定的说法）及在孔子以后，才继续出现的《易传》（这是今人所共同肯定的说法）两种思想系统去讲，而不应从《论语》去讲，因为《论语》有三大问题。

第一，《论语》有古论、齐论、鲁论三种本子，今日大家所看到的《论语》，是经张禹的手所传下来的，所以方先生认为在版本上有问题，按何晏《论语集解》叙"安昌侯张禹，本受鲁论，兼讲齐说，善者从之，号曰张侯论"。则张禹所作的是把齐、鲁两种本子，以鲁论为主，在字句篇第上，作了一番校勘整理工作。何晏《集解》叙又谓郑玄曾"就鲁论篇章，考之齐、古为之注"，是郑又做了一次校勘整理工作。敦煌石室出有郑注残本。前几年在新疆又有发现。其正文与今日所通行的本子，并没有分别，方先生认为《论语》经过了校勘整理便湮没了《论语》的主要内容而不堪信任，这是非常奇怪的版本学。

第二，方先生认为王充《论衡》的《问孔》篇，对《论语》所提出的问题，没有人能解答，因而证明了《论语》没有价值。在哲学上高视阔步的方先生，他的知解能力，竟然还停在乡曲之士的王充的水准，不能不说是一件怪事。我对王充作过一番研究，写过一篇《王充论考》的长文，有资格说王充的问孔，实在问得非常幼稚。并且王充本意，只是认为"圣人之言，不能尽解……宜问以发之"，并未曾因问而否定《论语》的价值。方生可曲解王充的本意，以他这种幼稚的问难，拿作否定《论语》价值的证明吗？

第三，方先生说："《论语》在传记、行谊这一方面是一部很好的书，但是就思想这一方面说，价值非常成为问题。"我应当追问一下，难道说孔子的行谊没有表现出人生崇高的价值？难道说他的行谊，不是发于他的思想？难道说我们不能从他的行谊中抽出他的思想。何况《论语》中分明有许多宝贵的思想纪录。孔子的思想必是见之于行谊，在行谊的内外经验中透出他的思想，这正是与希腊哲人，由冥想、思辨所形成的哲学，成为本质上的大分水岭。希腊系统由纯思辨所建立的形而上学，到黑格尔达到了顶点。因为"上"得越高与现实的人生相去越远，其为"观念游戏"的本质更为显著，这便激起了契尔加德们的反思辨哲学的实存主义。同时，我深信薛怀彻在《文化的没落与再建》中所指出的，形而上学受到科学的冲击后，不能再作为伦理道德的基础，而只能反求之于人的心。中国假定出现了一位有志气、有学养的哲学家，必会在孔子以行谊为基础的思想上，建立与西方哲学家分途的中国哲学系统，而不去"沿门托钵效贫儿"了。孔子的哲学系统，必然是"极高明而道中庸"，亿万人可以"与知"、"能行"的，而不是少数人的玩弄词句。

方先生说《论语》对仁没有解释。为什么不可以由孔子自身的行谊及其对门人的教导中，加以融会贯通，去用现代语言加以解释呢？我便作过这种尝试，而写了一篇《释〈论语〉的仁》。为什么不可以从"己欲立，而立人，己欲达，而达人"的"能近取譬"中深入进去，而加以贯通把握呢？方先生说《论语》对忠恕没有解释，但孔子不是对子贡说恕是"己所不欲，勿施于人"吗？宋儒不是以"尽己之谓忠，推己之谓恕"，解释得深切著明吗？何劳方先生引《大戴记·小辨》篇"知忠必知中，知中必知恕，知恕必知外，知外必知德"的一段糊涂话作解释。

四

方先生提出"五行"、"皇极"、"正德"等观念来说《洪范》。他说五行"以后来被阴阳家用了，变成怪异之说"，这是对的。他对汉儒释皇极为大中，有些怀疑。但五行皇极，到底应作何解？与孔子的思想，到底有什么关系？方先生并未明白告诉我们。方先生批评朱子把"皇"字说成是皇帝，极是最高标准，"那岂非是逢君之恶"。朱子是从"惟皇作极"，"皇则受之"等话作此解释的，而方先生又把朱子说这话的层次完全领会错了（见《语类》卷七十九"《洛书》本文"一条）。汉儒宋儒把"惟辟作福"主句的"辟"字作"君"字解，方先生以为这是不通假借，认为辟是邪僻之僻。但方先生忽视了这三句话是与"臣无有作福作威玉食"相对来说的，所以此处的"辟"字只能作"君"字解，我指出这些，只想告诉大家，方先生以矫亢之心来读书，他的解释是大成问题的。方先生以逻辑说明易卦的推演，这缺乏历史意识。他坚持《易传》（即所谓"十翼"）出于孔子，再加上商瞿，是缺乏知识基础。《易传》中的《象传》、《大象传》、《乾·文言》等，是与孔子的思想密切相关，而《系传》等便相当驳杂，瑕瑜互见。方先生谈《易传》，把最重要的《彖传》、《大象传》及其他各传中对人生、政治有深切意义的，皆割弃不顾，而只取"天地之大德曰生"、"生生之谓易"等简单语句，出"海阔天空地表达创造的幻想"的方法，以构成他的"生生之德"的哲学，并把它写在孔子名下，把《论语》中一切如何建立人格，如何扩充知识，如何拯救人类等的真实努力，都挖空得干干净净。可以这样地谈孔子的哲学吗？

"生生之德"，也是一句好话。但这句话若不是透自生命内蕴的"仁"，若不是把它融合在仁的人生价值系统中去，则不仅只成为一种玩弄的光景，只能供人在休闲中的暂时消遣，不能构成人生价值的真实内容与动力。而且现在说这种话，是非常不适宜的。因为若仅就宇宙而言生生之德，则除地球外，月球、火星，已证明它没有生生之德；而地球的生生之德，应当由以生物学为中心的科学去研究、解释，哲学家口里所说的，只能算是废话。若把这句话作为人生的价值来说，则必须追求人生何由而有此生生之德。难说生理上的生儿育女，便算是生生之德吗？地球的生生之德，可能由人类的反生生之德的行为，如核子大战、环境污染等，而告毁灭。可知把生生之德当作人生的价值，并不是"创造的幻想"所能真正创造出来的，只有通过《论语》中的"求仁"的工夫，在行谊中对仁的实践的工夫，以达到对自己是"仰不愧于天，俯不怍于人"，

"不知老之将至"，对天下是抱着老安少怀的宏愿，及"吾非斯人之徒与而谁与"的悲怀。否则这些话的后面，所隐藏的，只是人生的虚无、绝望。

在方先生刚死不久，而写出这样批评性的文字，感情上不仅对不起这位可尊敬的前辈，及他许多余哀未尽的高徒、贤弟，我自己也感到非常难过。但为了由孔子的"正位"而希望中国人能在自己的历史文化中生点根，我既曾对胡适之先生及其学派，与夫大陆上一些狂暴无知之徒作过坦率的批评，则我上面辞不能达意的文字，实亦出于对国族哀悯的不容自已之情，因而甘冒此人情上的大不韪。正当顾亭林所谓"亡天下"之际，微弱的呼声，总应当有一点。

一九七七年九月廿八日至卅日《华侨日报》

王船山的历史睿智

一

大概是一九七一年的事。我和一位年轻朋友聊天，当时我痛骂江青的胡作非为，痛恨毛泽东以猜忌之私，把文教大权交在江青手上，侮辱了民族的尊严，蹂躏了文化的宝藏，不仅将祸及国家，抑且将祸及中共及毛泽东自己。这位年轻朋友听了我的话以后，很严肃地向我说："徐先生以看历史中外戚宦官之祸的眼光来看今日社会主义的新中国，未免太拟于不伦了。"我说："人的生理结构未变，人的基层心理便不变。由基层心理所发出的行为，有形式的改变，但无本质的改变。由行为所发生的因果关系，有或迟或速，或隐或显之分；但通过历史的大流去看，也不会有太大的改变。中国传统固然重视以古为鉴的历史睿智，在卡西拉的《原人》中，也认为人只有通过历史，才是了解自己的捷径。"这样的争论，在当时自然没有结果。但在短短的五年多的历史之流中，总算有了相当的解答。

历史是一堆故事。要在一堆故事中，看出他的因果关系，及形成这种因果关系的原因，却决不是一件容易事情；于是在中国文化中，发展出"史评"这门学问。史评的得失，关系于评论者的人格、学识，及他的时代经验的多少与深浅。王船山的《读通鉴论》所以得到许多人的重视，因为他具备了上面三个条件。

《读通鉴论》的特点，是他把历史中的人与事的问题，发掘得很深，深到一个人所以作出某种行为的几微之地，这即是现代所说的"心理因素"；深到一般人所看不出的某种事情的意义、关连、影响，也就是司马迁认为《春秋》能在"失之毫厘"的地方，能看出"差以千里"的结果。因此，他的史评，假定因受时代限制而不免有所偏蔽时，会觉得有点近于深文周纳，容易引起读者的反感。又假定读者尚没有养成"用心精细"而耐烦的习惯时，又觉得有些迂回晦涩，容易使读者浅尝辄止。但若是由他（王船山）自己的时代经验，把他带进历史中去所透出的议论，便会发出历史睿智的光辉，富有政治人生的启发意义，下面我引用一个显明的例子。

二

东汉末年由宦官利用昏庸的桓帝、灵帝所构成的党锢之祸，把天下的"善类"一网打尽，使我们的民族生命受到莫大的挫折，这是稍有历史常识的人都知道的。和帝的初年，窦宪凭借他妹妹窦太后临朝称制的权势，残杀异己，紊乱朝纲，和帝想办法把他除掉，大快人心。这一公案的性质，与党锢之祸的性质，是恰恰相反，是从来没有人怀疑过的，但王船山却认为"朋党之兴（按即指党锢之祸），其始于窦宪之诛乎"，这要算是惊人的议论。

王船山何以有此惊人的议论呢？因为他认为窦宪及与他同恶的人"诛之可也"，次一级的"罢之可也"，"窜之可也"。这都是以行为的"个人"为对象所作的处置。但当时"尽举其宗族宾客，名之以党，收捕考治之，党之名立，而党祸遂延于后世。君子以之穷治小人，小人即以之反噬君子。一废一兴，刑赏听人情之报复，而人主莫能尸（主）焉。汉、唐以还，危亡不救，皆此之由也，可不悲乎！"中国过去的所谓"党"，指的是由血缘、人事等关系而来的"党与"，亦即今日所流行的"帮派"。王船山的意思是说，不以"行为的个人"作对象，却以由血缘、人事而来的帮派作对象，这是把由人情关系和犯罪行为混淆在一起，因而以人情关系代替犯罪行为所作的处置方式。这是由各个的犯罪者，扩张到整批整批的帮派的处理方式。君子以此方式处置小人，小人"待国事之非，而乘之复起"，便会反弹过来以此方式处置君子。由这种整批整批的几个反复，便把国家的内容抽空了。明朝末年东林、复社、阉党的情形，便是如此，所以他说得这样沉痛。

三

然即把小人整批地整掉，有什么不好？将王船山的话稍加分析，他是根据三个理由：

第一个理由，他认为除了"上智"与"下愚"的极少数人外，占绝对多数的是"中材"。而中材是可善可恶，随着权势走的。"人主不能正于上，大臣不能持于下，授奸邪以奔走天下之柄（权），使陷于恶（使中材者因趋赴权势而陷于奸邪的帮派），无抑内愧于心乎？""君失道于上，大臣失制于前，使人心摇摇靡定，行不顾言，言不顾心，如饮之（中材之人）狂药而责其狂，狂可恶，而饮之药者能勿疚乎？"今日大陆上的高级领导层，除邓小平外，应接受"内愧于心""能勿疚乎"的话的，大概不少吧！

第二个理由，他引孔子"举直错诸枉，能使枉者直"的话，认为只要用舍得宜，对"中材之士不绝其利禄之径，而又涤除其奸佞之名，亦何为不灌磨以自新耶？"能自新，则"直用之，奚党之有乎？"王船山认为能如此做，则小人的帮派自然会解体，国家社会也不致大伤元气。"除恶务尽"是对"恶事"与"怙恶不迁"的各个人而言，不应把恶人恶事扩编成为一个党，一个帮派。

第三个理由，是在具体罪恶以外的名义，乃君子与小人所得而共同使用的，这便不宜轻于用以定罪。他说："邪党之依附者，戚里也，宦寺也，宫闱也……彼小人者，亦何不可借戚里、宫闱、宦寺之名以加君子哉？"至于较戚里、宫闱、宦寺更为抽象的口号，在彼此间更易于转来转去。以这种口号为刑赏的依据，以"斗争"为刑赏的手段，由此所引起的混乱与伤残之巨大，可由王船山的睿智的语言中推论出来，但却不是王船山本人所能想象得到的。这正包含着政治是否正常化的重大问题在里面。

一九七七年十二月六日《华侨日报》

孔子思想的性格问题

一

香港一家"非共"报纸，曾转载《光明日报》八月十二日刊出的《孔子思想的再评价》一文。虽经过了大量删节，且亦未标出作者姓名，但依然可以看出，它表现了大陆对孔子认识的重大进步。文中指出孔子"有教无类"的主张，使教育从贵族手上扩大到社会，突破了教育的垄断。又说，孔子在教育史上最大的成就，要数打破了学在官府，开创私人讲学一事；"这是作为教育家的孔子对于祖国文化的重大贡献"。文中更对孔子教学内容的"文"，作了适当的解释；并指出儒家所传承的经典，"纪录有文学、史学、哲学、政治、宗教、道德以至科学的材料，成为后人了解上古中国文化的根据，也是我们祖国文化宝库的重要财富"。对于历代经师的注解、发挥，也肯定了他们的价值。可以说，由江青们所打乱的中国历史文化的神经系统，通过这篇文章所表现的态度，可能重新发出它的生命力的光辉。文章中对"克己复礼"的"克己"的解释大体上可以成立。但把"复礼"解释为"复周礼"，因而说孔子是"哀叹世风不古的保守思想家"，这却是一种误解。虽然这种误解，不是此文的重点所在，并且这也是广泛性的误解，但误解总不是一件好事。

九月十七日日本《朝日新闻》报导中共正编纂全国统一的中小学教科书，十六日的《光明日报》，刊出了编纂方针及重点。对于孔子，认为他的思想虽然是落后的、保守的，但在教育方面的古代文化书籍整理所完成的作用，应当加以肯定。报导过于简略，有点辞不达意，但可以推测这是受了上述文章的影响。这里我想就保守与进步的观念，对孔子的思想性格，提出概略性的讨论。

二

首先我应当指出，既承认孔子"有教无类"，是把封建政治中由贵族所垄断的教育、文化，扩大到社会。并且承认孔子对自己的教育思想，曾竭毕生之力，加以实践，因而在他的学生中，包括了社会各阶层的分子，这种事实的本身，即是对于封建政治秩序的大突破，即是人类进步的重大里程碑。这样的事情，怎么会在一个思想落后的保守的人物身上发生、实现呢？

各种误解，都从孔子所说的"周监于二代，郁郁乎文哉，吾从周"的这句话引申出来的。孔子这句话，我们应从三方面去了解。

首先我们应承认周初的精神文化，较之"殷人尚鬼"的文化，是有一种飞跃性的进步。王国维的"殷周制度论"，虽然他所把握的深度还不够，但对这种进步，已清楚地表达了出来。由此，我们应承认孔子所说的客观的意义。

第二，四人帮说周礼是规定奴隶主和奴隶之间的压榨与被压榨的政治秩序，这是出于"梁效"小集团的过分无知；在孔子以前，"礼不下庶人"，却居然下到了奴隶，稍有点知识的人能说出这种话吗？不过若说礼是维持封建政治秩序的，则应当承认这是历史事实。但周初封建政治，我已有专文指出过，是以宗法制度为中心所展开的。由王以至诸侯卿大夫，一方面是君臣的关系，同时又是血统的亲族姻娅关系；所以周天子对诸侯的称呼，常是"伯父"、"叔父"、"元舅"、"舅父"。

因此，周初的礼，一方面要规定君臣上下尊卑的等差，此即所谓"尊尊"，或称为"定分"；但同时又要超克上下尊卑的等差，对在下位的伯父、叔父们，必依照"本支百世"的血统关系，推致敬爱之情，以达到精神团结的目的；此即所谓"亲亲"或称为"合族"、"收族"，由尊尊亲亲两大要求的对立统一，便形成周礼的精神与形式。由此可以了解，周礼成立于封建政治之中，但由上述的对立统一的基本精神，尤其是其中的亲亲精神，实可通于封建政治以外的各种政治、社会。儒家系统中所传承、发展的礼，在西汉以前，由亲亲而来的敬爱精神，必定居于由尊尊而来的定分精神之上，以敬与爱来统摄定分，这是我年来研究所得出来的结论。大家不妨顺着我所提出的线索探究下去，应可证明这决不是由感情而来的夸诞。由此而可扫荡对传统文化理解上的许多障蔽。

第三，孔子不是以思辩为立足点的思想家，而是以"实践"为立足点的思想家。他思想中的理想性，是通过实践所开辟出来的，在二千五百年前，实践必须在现实政治社会条件之下实现；所以孔子常常是在当时现实条件之下，选择最为合理的来实践。后人仅从他不曾否定现实条件的这一点上着眼，便可说他是维护当时封建制度的保守主义者。但若把他实践后面的精神，以及用实践所开出的理想，关联在一起来了解，则所谓保守、落后、唯心等观念，只是出自后人理解力不足或受到学术以外的因素的限制，与孔子思想的自身，是毫不相干的。

三

礼是一种社会乃至个人的生活，行为的形式，这即是所谓"仪"。仪在社会上，可成为得到共同承认的风俗、习惯。由伯禽初封时带到鲁国的殷民六族，在鲁国保有相当大的社会势力，此观于"亳社"在鲁国的重要地位而可见。因此，在风俗习惯上，可能和周礼系统的有些出入。孔子是殷人，他说"吾从周"，可能是指在日常社会生活中，乃至在政治活动中，他选择了周礼系统的风俗习惯，决非表示他对周礼的全般肯定。我们只要想到"颜渊问为邦，子曰，行夏之时，乘殷之辂，服周之冕，乐则韶舞"的一段话，应该立刻可以承认。

即使孔子在日常社会生活中，是顺承周礼的风俗习惯，但他也必定选择与他所把握的周礼精神相合的形式来实践，此由《论语》中对当时流行的礼所作的批评而可反映出来。他对周礼，实际作了脱胎换骨的工作。他说"义以为质，礼以行之"；以"事之宜"的"义"为"礼之质"，礼是实现义的形式，这便把以宗法的身份制度为礼之"质"的封建性格，作了百八十度的回转。《仪礼·冠礼》后面所记的"孔子曰"中，有"天子之元子犹士也，天下无生而贵者也"的话；封建制度，便是"生而贵"的身份制度；这与《公羊传》所说的"春秋讥世卿"合在一起看，他对身份制度的否定，即是对封建政治得以成立的基本因素的否定。

孔子对整个的礼的态度，在"子张问十世"的一段话中，说得最清楚。他说："殷因（因袭）于夏礼，所损益，可知也。周因于殷礼，所损益，可知也。其或继周者，虽百世可知也。"这段话，给朱元晦解释得莫名其妙，因为他把孔子以后几百年才出现的观念填充进去作解释。文从字顺的解释应当是：孔子认为下一代对于上一代的礼，必定有所因袭，因为人类的生活条件及精神状态，是在连贯中发展，所以历史是连续而不是断绝的。四人帮"除四旧"的毒害，今日大家已经很清楚。但上一代的礼，因时代的演进而僵化成为时代前进的障碍物时，便应把它损去；因新条件、新要求的出现，为上一代的礼所没有的，便应与以增益。礼在夏殷周三代的运行是如此，继周以后的百世也会如此。孔子认定礼是随时代的要求而有因、有损、有益，所以《礼记》的《礼器》篇，便说出"礼，时为大"的非常有分量的一句话。假定说这不能算是"进步的史观"，抱着这种史观者的思想，不能算是进步的思想，便只好倒在四人帮的"除四旧"的毒旗之下了。

四

由上面简单的说明，应当承认：把"克己复礼"的"复礼"，笼统地解释为"复周礼"，是很难成立的。《论语》："林放问礼之本，子曰大哉问；礼与其奢也宁俭，丧与其易（办得很完备）也宁戚。""礼云礼云，玉帛云乎哉；乐云乐云，钟鼓云乎哉。""先进于礼乐，野人也；后进于礼乐，君子也。如用之，则吾从先进。"这类的话，都应当看作是对当时流行的礼的批评。孔子把礼用到个人修养方面，是从礼中吸取出礼的精神，再由礼的精神来重新肯定与精神相适应的形式。"人而不仁如礼何！人而不仁如乐何？"这是从礼中吸取爱的精神。"为国以礼其言不让"，"能以礼让为国乎何有！不能以礼让为国如礼何"，这是从礼中吸取让的精神。"为礼不敬，临丧不哀，吾何以观之哉"，"祭思敬"，这是从礼中吸取敬的精神。从礼中吸取敬的精神，在儒家思想中更居于重要的地位。孔子由此而说"执事敬"、"行笃敬"、"修己以敬"这类的话。"复礼"的"复"，今人往往误解为"恢复"的意义。实则《说文》二下："复，往来也。"段玉裁注"往而仍来"，桂馥《义证》"谓往来复重也"，朱骏声《通训定声》更引《易·复卦》"反复其道"作解。由此可知所谓"复礼"，乃是"反复于礼"，亦即《礼记》的《乐记》和《祭义》两篇所说的"礼乐不可斯须去身"。复礼的"礼"若与"樊迟问仁，子曰，居处恭，执事敬，与人忠"，及"仲弓问仁，子曰，出门如见大宾，使民如承大祭"等相对照，即可了解，这是由礼中的敬的精神所重新肯定下来的行为规范。敬一方面是收敛，把精神从杂乱、邪僻中摆脱出来。另一方面是集中，把精神集中到应作的事、应存的心上面。两方面是密切关联在一起，而以收敛为前提。颜渊的"请问其目"，是问在日常生活中实践这种敬的具体方法。"子曰，非礼勿视，非礼勿听，非礼勿言，非礼勿动"，这说的是敬在实践中的收敛的一面。收敛这一面的实践，即是"克己"；所以"克己复礼"，实际是一事而非两事。孔子所说的仁，所说的爱人，不是来自外在的要求、规定，这是勉强性的，是不能彻底，不能持久的。必须发于人内心的要求，真正感到"人我一体"。人与我的间隔，乃来自以私欲私智为主体的"己"所发出的对他人的排斥。克己复礼，是克去私欲私智，以除掉人己间的这种排斥，移去人己间的距离；此时便会呈现人我一体的精神境界，孔子说："一日克己复礼，天下归仁焉"，天下皆回归到自己仁德之内，正指的是这种精神境界。有了这种精神境界，便自然发生"己欲立而立人，己欲达而达人"的要求，所以仁者"爱人"是"克己复礼"的自然而然的结果。这里所说的，是每一个人通过克己复礼的工夫而可以证验的，扯不到什么唯心主义上去。

《孔子思想的再评价》一文的作者，因对于周礼，对于孔子"吾从周"的内容，对于孔子所抱的礼的思想，对于孔子以礼作人格修养的转化，都缺乏真切的了解，便以"复礼"为"复周礼"，因而得出孔子的思想，是保守的、落后的结论，但作者是有学术良心的人。于是以孔子所说的仁，是由"复礼"的保守性，进于"爱人"的进步性；他用这种方法，以肯定孔子的地位，实际这是说不通的，也不必如此转弯抹角的。

最后我应指出，中共今日承认孔子在教育上的重要意义，与国府定孔诞为"教师节"，可说是颇为近似。但孔子对于"现代中国"的重大意义，远在作为一个教师的意义之上。有机会时我将提出来讨论。

一九七八年九月二十八日至三十日《华侨日报》

一个政治家的王阳明

日本九州大学教授佐藤仁、福田殖两先生，约集了二十到二十五位学者，合写一部《王阳明与其时代》，以作为冈田武彦教授的古稀纪念。这里的题目，是由两位先生向我提出的。二十年前，我在《象山学述》一文中曾谈到王阳明，后来深悔立论的粗率。但因年来忙于写其他的东西，未暇专文更正。今借向冈田先生祝嘏的机会，忙碌中写成此文，以补前过。

一九七九年二月十日于九龙寓所

一

"一个政治家的王阳明"这题目，很容易引起把王阳明是属于现实政治家这一类型，因而有用现实政治家这一类型的人物去加以处理的误解。现实政治家这一类型的人物，在儒家的传统中，与圣贤事业的理想政治家，有决然的分别。第一，现实政治家，其动机多在于满足一己的权力欲望，而圣贤事业，其动机则系出于仁义之心的所不容自己。第二，现实政治家以达到自己之功名为目的，以其政治上之施为为手段。圣贤事业，则以对人民之解悬救溺为目的，而自身并无所谓功名；极其至，如孔子之所谓"舜禹之有天下而不与焉"。（《论语》）所以圣贤的出处与施为，一以仁义为依归；而现实政治家则常揣时度势，求其能出而不甘于处，求其能成就功名而不一定问其是否合于仁义，所以为儒家传统所贱。

《论语》有下面一段话：

> 子路问君子，子曰，修己以敬。曰，如斯而已乎？曰，修己以安人。曰，如斯而已乎？曰，修己以安百姓，尧舜其犹病诸。（《宪问》）

在上面这段话中，"安人"、"安百姓"的政治事业，都由"修己"而出；这便发展为《大学》上的"古之欲明明德于天下者，先治其国；欲治其国者，先齐其家；欲齐其家者，先修其身；欲修其身者，先正其心；欲正其心者，先诚其意；欲诚其意者，先致其知；致知在格物……自天子以至于庶人，壹是皆以修身为本"的一套有系统的思想。在长期封建与专制政治强大压力之下，士人的人格修养，是决定他在政治中能否有所作为，及其作为对国家人民有无意义的基本条件；这种对人格修养所要求的分量之重，不是近代民主政治下的现实政治家所愿意负担，甚至是所不能了解的。这是把王阳明拿在"政治家"这一角度上加以衡量时，首先要加以厘清的。

孔子所说的"修己以敬"的究竟意义，和他答复颜渊问仁时所说的"克己复礼为仁"是相通的。仁是儒家道德精神的总持，即是"修己以敬"的归结。程明道在《识仁篇》中第一句是"学者须先识仁，仁者浑然与物同体"。《语录》又曾说"满腔子是恻隐之心"。这是上承孔孟，下启阳明的大学脉。阳明在《聂文蔚书》中谓"天地万物，本吾一体者也。生民之困苦荼毒，孰非疾病之切于吾身者乎。不知吾身之疾痛，无是非之心者也。是非之心，不虑而知，不学而能，所谓良知也……世之君子，惟务致其良知，则自能公是非，同好恶，视人犹己，视国犹家，而以天地万物为一体，求天下无治，不可得矣"。又说"昔者孔子之在当时，有议其为谄者，有讥其为佞者……则当时之不信夫子（孔子）者岂特十之二三而已乎。然而夫子汲汲遑遑，若求亡子于道路，而不暇于暖席者，宁以求人之知我信我而已哉。盖其天地万物一体之仁，疾痛迫切，虽欲已之，而自有所不容已。故其言曰，'吾非斯人之徒与而谁与'……呜呼，此非诚以天地万物为一体者，孰能以知夫子之心乎？"由此可以了解，阳明的政治活动，阳明在政治活动中所建立之事功，皆由其修己之仁，亦即是皆由其致良知之所发挥表现，这是今之现实政治家所不得而溷的。

现在应进一步说明的是：阳明致良知之教，在际遇好的情形之下，必发而为政治上的事功，社会上的建树。阳明直承陆象山的学脉，我在《象山学述》一文中曾指出象山的"治学方法，由义利之辨的端绪下来，其主要工夫不是落在书册上，而是直接落到'事'上"。

"他一说到心，便常说到事。""书是朱学的骨干，而事是陆学的骨干。象山在儒家精神中加强了社会性，自然也加强了事功性。"所以他在知荆门军任上不过一年零三个月，便卓然有所成就。

阳明弟子钱德洪《刻文录序》中说："先生之学凡三变，其为教也亦三变。少之时驰逞于词章，已而出入二氏；继乃居夷处困，豁然有得于圣贤之旨。居贵阳之时，首与学者为知行合一之说。自滁阳后，多教学者静坐。江右（阳明时五十岁）以来，始单提'致良知'三字，直指本体，令学者言下有悟，是教亦三变也。"阳明之学由词章而佛老，由佛老而圣贤。所以钱德洪的"学凡三变"之说，可以成立。但他所说的"教亦三变"，则语意与事实颇有距离，容易引起误解。因为阳明由贬贵阳（三十五岁）龙场驿丞起，直至他五十七岁卒于南安时止，所讲者皆为圣贤之学。他于正德八年（西纪一五一三）冬十月至滁州，次年五月至南京，即谓"吾年来欲惩末俗之卑污，引接学者，欲就高明一路，以救时弊。今见学者渐有流入空虚，为脱落新奇之论，吾已悔之矣"。自此时起，"只教学者存天理，去人欲，为省察克治工夫"（见《年谱》）。由此可知在滁州多教人静坐，前后只不过七个月的时间，且其性质，仅为一种方法上的尝试，无关教学的内容。与"学凡三变"的性质并不相同。钱氏以之与知行合一及致良知并列而为"教亦三变"，在分量上太不相称。尤其重要的是，由知行合一到致良知，只可谓为阳明思想自身之向前发展，而不可谓之变。他说"知是行的主意，行是知的工夫"，"知是行之始，行是知之成"，又说"知行本体，原是如此"（原是合一的）（《传习录》上）。《传习录》多处提到"知行本体"一词，在提出致良知以后，依然几次提到知行本体。因为他所说的"知行合一"之知，实即指的是"良知"。他所要求的知行合一，即是"致良知"。致是把良知实现于事物之上，故"致"即是"行"。而致良知之致，乃良知自身的要求，所以致与良知实为一体。其真实内容，即是知行合一。他强调知行本体是合一的，他在体验上已触到根源之地，但还未完全通彻；而观念上更未能显透，说得很吃力，使听者仍难于把握。等到他体悟到"致良知"三字时，便把知行合一的本体，也可以说是把知行何以是合一的根据，一下子通透出来了。所以我说致良知乃知行合一在体验与观念上进一步的发展，两者之间，不可言"变"。阳明说："吾良知二字，自龙场以后，便已不出此意，只是点此二字不出。于学者言，费却多少辞说。今幸见出此意，一语之下，洞见全体，直是痛快，不觉手舞足蹈。"（钱《刻文录序说》引）正透出了此一发展的艰难历程及其成熟时的精神快慰。

把"三变"之说澄清了，便可当下了解阳明致良知之教，是与"行"与"事"，融为一体而不可分。在有政治机缘时，必直接落实于政治的实际问题上，必直接成就政治上的事功；事功即涵摄于良知之教中，只是触机而见，其间并无转折。他在《答顾东桥书》中有谓"吾心之良知，即所谓天理也。致吾心良知之天理于事事物物，则事事物物皆得其理矣"。"彼顽空虚寂之徒，正惟不能随事随物，精察此心之天理，以致其本然之良知，而遗弃伦理，寂灭虚无以为常，是以要之不可以治家国天下。孰谓圣人穷理尽性之学，而亦有是弊哉。"（《传习录》中）他强调"事即道，道即事"（《传习录》上），强调"其工夫全在必有事上用功"（《传习录》中）。他卒于嘉庆七年（一五二八）十一月乙卯。据《年谱》，在他死的前一个月，在《与聂豹书》中谓"我在此间讲学，只说个必有事焉，不说勿忘勿助……其工夫全在必有事焉上用……今却不去必有事焉上用功，而乃悬空守着一个勿忘勿助，济济荡荡，只做得个沉空守寂，学成一个痴騃汉，事来即便牵滞纷扰，不复能经纶宰制，此皆由学术误人之故，甚可悯矣"。由此可知，在事上用工，是王学的真血脉，亦即是良知之教的归结处。

良知是在人生命中的道德主体的发用，此知非一般所谓知识之知。所以他曾说"德性之良知，非由于闻见"，此意首由程伊川透出，而为阳明所承。但他说"良知不由见闻而有，而见闻莫非良知之用。故良知不滞于见闻，而亦不离（各本'离'多误作'杂'，依《年谱》所引改正）于闻见"。"除却见闻酬酢，亦无良知可致矣"（《传习录》中），是他把良知紧紧扣住知识，这便为良知成就事功提供了不可缺少的智能工具。所以阳明之学，就其精神脉络的大处言，实可谓出自孔门正统。王学末流之弊，出在将良知浮游上去，而失掉了良知乃因事而见，必落实于事，必成就事功的基本精神。前不久，我在台湾《中央日报》上，看到逝世一年多的方东美先生谈阳明之学的一篇遗文，在天泉论道四句话上，发挥得淋漓尽致，文字瑰美，应当算是一篇大文章。但他把王学完全观念化了，完全脱离了事上用工的切义，而只勾画出一幅济济荡荡的虚境。所以凡属方先生这一类型的哲学家，都不能把握到儒家的命脉。幻想与思辨的造诣虽高，在阳明看来，只不过是一个痴骏汉。

二

政治事功的发挥，在帝王专制时代，主要决定于一个人的际遇；而一个人的际遇，又决定于皇帝的昏明，和政治学术的风气。中国秦始皇所开始的专制之局，到明代发展到高峰，由黑暗进入到野蛮的程度。而当时以八股取士的是四书的朱注。八股代圣人立言，实皆虚诳之言；八股中所根据的朱注，都是只余糟粕的朱注。这是专制皇帝用以玩弄士人，限拘士人知识与人格成长的一套精神枷锁。阳明奋起倡知行合一之教，与这种情形有密切关系。但不通过此一关卡，以取得进士资格，便根本无进身之阶。并且从宋代起，地方政府的权力，日益削弱，大权都集中在朝廷；而朱洪武废弃宰相制度，设内阁学士襄助皇帝处理文书后，只有取得由六部尚书兼内阁大学士，特准参赞机务的人，才有发挥政治抱负的机会。阳明二十八岁成进士，在京师先刑部，后兵部，充当清吏司主事的下僚。此时的政治志愿，具见于二十八岁时陈边务疏，及三十三岁被聘主考山东乡试时所出的试录（即试题）。其大意谓"老佛害道，由于圣学不明。纲纪不振，由于名器太滥，用人太急，求效太速。及分封清戎，御夷息讼，皆有成法"（见《年谱》）。三十五岁时，武宗即位，宦官刘瑾窃柄，南京科道戴铣、薄彦徽等以谏忤旨，逮系诏狱，阳明抗疏救之，疏中要皇帝"扩大公无我之仁，明改过不吝之勇"。疏入，廷杖四十，死而复苏，贬贵州龙场驿丞。三十九岁始升庐陵知县，在任七月。此后直至四十五岁，皆在北京，更多是在南京，担任闲曹，无事可做。尤以南京的官职，不论大小，皆系挂名性质。所以他的事功，只一见于四十六至四十七岁，在赣南任都察院左佥都御史，巡抚南赣汀漳等处，平抚地方寇贼诸措施。二见于四十八岁时平定宸濠之叛。三见于五十六岁时平定广西思田及破八寨断藤峡三大端。五十岁时曾内召赴京，旋升南京兵部尚书以止其行。五十四岁时有不少人向皇帝特别推荐，也置之不理。这除了皇帝对他的信任问题外，也和当时大臣，多属朱子学派有关。总结一句，阳明的事功，仅见于地方变乱的短暂时期之内，既未身当全局，也未尝长期担任方面之寄。可以说，好像龙一样，只能算是"偶向云中露一鳞"而已。

三

阳明时代［成化八年（一四七二）至嘉靖七年（一五二八）］除由专制所必然引起的皇帝昏庸，宦官及奸邪当路等问题外，一为西北以鞑靼为主的边患，这是阳明十五岁时寓京师，游居庸三关，二十六岁时学兵法，二十八岁时疏陈边务的背景。其次则为西南以苗猺为主的内忧。其由朝廷命重臣从事征讨的，计景泰元年（一四五〇）夏五月总督侍郎侯琎破贵州苗。景泰六年（一四五五）冬十一月以方瑛为平蛮将军，讨湖广叛苗，至天顺三年（一四五九）夏四月方瑛始大破东苗。天顺六年（一四六二）夏五月都督佥事颜彪破广西猺。成化元年（一四六五）春正月遣都督赵辅、佥都御史韩雍讨广西猺。成化二年（一四六六）春三月遣右都御史李震讨破靖州苗。弘治七年（一四九四）春三月巡抚贵州都御史邓延计赞讨平都匀苗。弘治十四年（一五〇一）秋七月，普安苗妇米鲁作乱，命南京户部尚书王式督师讨之，十五年秋七月破米鲁。再就是正德十一年（一五一六）命阳明为金都御史，巡抚南赣汀漳，至正德十三年（一五一八）平定江西苗；嘉靖六年（一五二七）夏五月，阳明抚降田州猺，七年（一五二八）秋七月阳明平八寨断藤峡猺。自此以后，终明之世，苗猺未再为地方大患。

苗猺之所以成为地方大患，一关系于吏治，吏治朽蠹败坏，为少数民族叛乱之根本原因；一关系于当时之兵制及调遣制度；三关系于善后之是否得宜。

正德十一年，阳明奉命巡抚的范围为"江西南安赣州，福建汀州漳州，广东南雄韶州潮州各府，及湖南郴州"（《王文成公全书》卷六"巡抚南赣钦奉敕谕通行各属"）等地区。因为此地区"界连四省，山谷险隘，林木茂深；盗贼所盘，三居其一"（同上"选拣民兵"）。阳明开府后对地方情形了解的透彻，对军事利害权衡的精确；因应以趋赴事功，创制以图谋久远；一隅的规划，实涵有救衰起弊，一匡天下的宏规。至其临阵果决机敏，奇正互用不穷，乃其余事，这是我读他有关的奏疏条议所得的概略结论。知行合一之知，乃在现实行为关涉的对象上用力之知；乃与对象连结在一起，由对于对象的观察、分析、综合所得之知，亦即是主观所要求于客观、客观所呈现于主观之知。

这比朱子以读书为主所得之知，对行为实践而言，来得更为直捷，更为真切，更为客观。知对问题的把握，即是解决一个问题的开始。行固然要求知，知亦要求行，知的本身即涵摄行。阳明所表现的事功，正是他的知行合一，他的致良知所达到的效果。下面略举数端以概其余。

阳明到任之始，即以"地方延袤广远，未能遍历其间。绥抚之方，随时殊制；攻守之策，因地异宜；若非的确询访，难以臆见裁度"。于是要求所属各级官吏"公同逐一会议"。对下列问题，"近者一月以里，远者一月以外，凡有所见，备写揭帖，各另呈来……务求实用，毋事虚言"。他所要知道的：

> 即今各处城堡关隘，有无坚完？军兵民快，曾否操练？某处贼方猖獗，作何擒剿？某处贼已退散，作何抚缉？某贼怙终，必须扑灭。某贼被诱，尚可招来。……某处或有闲田，可兴屯以足食。某处或多浮费，可节省以供军。何地须添寨堡？以断贼之往来。何地堪建城邑？以扼贼之要害……惟求山川道路之险易，必须亲切画图。贼垒民居之错杂，皆可按实关注。（以上皆见卷十六"巡抚南赣钦奉敕谕通行各属"）

他所提出的问题，即可反映出他全般计划的概略。

中国以农业为主的社会，是非常散漫的。平时既难收教化之功，有事复易招藏奸慝盗之患。所以阳明为庐陵知县时，在许多措施中，即有"立保甲以弭盗"一项。阳明到赣后，"访得所属军民之家，多有规图小利，寄住来历不明之人，同为狡伪欺窃之事。甚者私通峒贼，而与之传递消息；窝藏奸宄，而为之盘踞夤缘。盗贼不靖，职此之由。"（《王文成公全书》卷十六"案行各分巡道督编十家牌"）所以他便创造十家牌法，详为规划，对户口作详细的登记，并轮流清查，以"防奸革弊"（同上"十家牌法告谕各府父老子弟"）。这较保甲法更进一步，盖非如此即不能巩固社会基础，使自己立于不败之地。其形虽似法家，但"自今各家，务要父慈子孝，兄爱弟敬，夫和妇随，长惠幼顺"（同上）之教，仍是一本儒家精神。

当时地方的兵备及剿办的情形是：

> 财用耗竭，兵力脆寡。卫所兵丁，止存故籍。府县机快，半属虚文……是以每遇盗贼猖獗，辄复会奏请兵。非调土兵，即倩狼达。往返之间，辄已经年。糜费所须，动逾数万。逮至集兵举事，即已魍魉潜形，曾无可剿之贼。稍俟班师旋旅，则又狐鼠聚党，复皆不轨之群……征发无救于疮痍，供馈适增其荼毒。（同上"选练民兵"）

阳明为打破这种困局，必先由整顿军备着手。乃令

"四省各兵备官，于各属弩手打手机快等项，挑选骁勇绝伦、胆力出众之士；每县多或十余人，少或八九辈。务求魁杰异材，缺则悬赏招募。大约江西福建二兵备，各以五六百名为率；广东湖广二兵备，各以四五百名为率"。（同上）这是各兵备官直接掌握、训练，可由阳明随时调遣的进攻部队。再将各县原有机快等军丁，"拣选精壮可用者量留三分之二"（同上）。这是地方官可以防护守截的部队，并"日逐操演，听候征调……本院间一调遣，以习其往来道途之勤。资装素具，遇警即发"。（同上）这是整顿原有地方虚弱之兵，使其化弱为强劲，化虚名为实用的第一步。更将选拣之兵，按照作战的要求，重行加以编制。他说"看得习战之方，莫要于行伍。治众之法，莫先于分数"。（即今日之所谓编制）（同上"兵符节制"）。于是把召集（当时称为"拘"）到赣城操演的部队，编为伍、队、哨、营、阵、军，"务使其上下相维，大小相承，如身之使臂，臂之使指，自然举动齐一，庶几有制之兵矣"（同上）。制定伍符、队符、哨符、营符，各书士兵姓名，一由率领者保管，一送交阳明军门保管，以期掌握确实，调遣自如。再加以人才的选拔，赏罚的严明，于是阳明创造了一支精练的武装力量，可以随时机动运用。所以他便能打破过去征发士兵狼兵，需时费饷，扰害百姓，而卒不能收清剿之功的窘局，以地方之力，平地方之乱。他开府于正德十二年（一五一七）一月，二月平定漳寇，十月平定横水桶冈诸寇。十三年（一五一八）三月袭平大帽浰头诸寇。百余年的积患，一年之间，悉数底定。戚继光于隆庆二年（一五六八）继创练浙兵之后，复在蓟北练兵，存有《练兵实纪》九卷。不仅《练将》一篇，实本之儒家思想乃至阳明思想；其练伍诸法，也实以阳明赣南的练兵为先河。戚后阳明约五十年，而又同为浙人，他受阳明的影响，是不足为异的。

地方寇盗平定后，为了长治久安之计，在瓯脱处增设县治；于要隘处增设巡检司。设立社学以崇教化，举办乡约以安社会。以一隅的举措，具可久可大的规模。

四

一般推许阳明的事功，辄首推他于正德十四年（一五一九）平定宁王宸濠的叛变，他也因此而封新建伯。他在这一役中，于六月十九日起兵于吉安，二十二日由吉安出发，九月二十日拔南昌，二十六日擒宸濠于樵舍。其集兵之速，用兵的机敏果断，遂得于两月零七天中，平定大难，这当然是很突出的成功。但这是一位良将可以做到的。当在危疑震撼之中，见理之明，断事之果，及成功后避嫌远害，险夷不滞于胸中，视功名如草芥，这便不是一位良将所能做到的。他之得以成功，还是在赣南开府时的各种设施所奠定的基础。

他立了擒宸濠的大功后，反而招致皇帝的疑忌，几陷于不测。连江西有功将士，亦抑置不与赏赐。一度内召，又为辅臣所沮。他于是于正德十六年（一五二一）八月归越，时年五十岁。直至嘉靖六年（一五二七）五月，因提督都御史姚镆，合四省之兵，攻广西思田叛猺不克，遂命阳明兼都察院左都御史征思田。此时阳明五十六岁，患病已深，本不愿冒病复出，疏辞未得允许，乃于九月自故乡出发，十一月二十一日至梧州开府，就其"沿途咨访颇有所闻"者，上疏陈述军事上"倚调土官狼兵"治贼之积弊。次陈述"闻诸两广士民之言，皆谓流官久设，亦徒有虚名而受实祸"，请求"必须存土官，借其兵力，以为中土屏藩"。并在《与黄绾书》中谓"思田之事，本无紧要。只为从前张皇太过"。"欲以无事处之，要已不能。只求减省一分，则地方亦可减省一分之劳扰耳……欲杀数千无事之人，以求成一将之功，仁者之所不忍也。"阳明本保全民命之心，至南宁时，"下令尽撤调集防守之兵，数日之内，解散而归者数万"，以去叛者疑惧之心。更乘机劝谕叛首"率众扫境归命南宁城下"，七年（一五二八）二月"思田平"。三个月之间，把本来预定要加调大军进剿的严重问题，便这样轻轻地解决了。这当然和他在江西时的恩威并用、诚信公明所培养成的崇高声望有密切关系。他更揭出"蛮夷之区，不可治以汉法"的方针，作以后用人行政的标准。并在思田设立学校，倡行乡约。更告诫地方有关官吏"处夷之道，攻心为上。今各猺征剿之后，有司即宜诚心抚恤，以安其心。而徒欲……凭借兵力，以威劫把持，谓为可久之计，则亦末矣"。他要知府、指挥、知县等官，"亲至已破贼巢各邻近良善村寨，以次加厚抚恤，给以告示，犒以鱼盐，待以诚信。……今日来投，今日即待以良善，决不追究既往之恶……为之经纪生业，亦就为之选立酋长……禁约良民，毋使乘机报复"。又将留守之三千军队，不使其屯顿一处，分为六班驻扎，每两月调动一次。而驻扎之地，"必须于城市别立营房，毋使与民杂处，然后可免于骚扰嫌隙"（以上皆见《年谱》）。

八寨断藤峡诸蛮，南通交阯诸夷，西接云贵诸蛮，东北与广西境内诸猺回旋连络，延袤二千余里，流劫出没，"乃百六十年所不能诛之剧贼"（《年谱》引霍韬等疏中语）。是年七月，因湖广保靖归师之便，乘其不备，分路剿袭；一月之内，悉与平定。更疏请经略事宜，主要为"特设流官知府，以制止土官之势。仍立土官知府，以顺土夷之情。分设土官巡检，以散各夷之党"（同上）。他到广西，本是"力疾从事"。至十月，"病已就危"，遂疏请返越养病，到十一月乙卯，遂于旋里中卒于南安。

统观阳明有关举措，规模远大，而审度精详。既无所拘滞，亦未尝轻率。而肆应曲当，举重若轻，收效迅速，而立基坚实。学士广西人霍韬等，曾上疏谓"前当事者，凡若三省兵若干万，梧州军门费用军储若干万，后从广东布政司支用银米若干万，杀死疫死官兵士兵若干万，仅得田州小宁五十日，而思田叛矣。今守仁不杀一卒，不费斗米；直宣扬威德，遂使思田顽叛，稽首来服。虽舜格有苗，何以过此……"由此可推见阳明全盘的作为。

阳明的事功，皆见于军马局势倥偬之际。但讲学立说，并未以此中断；且其学说之精要，多撝发于受命赣南及广西时期，此观于《年谱》即可得其梗概。应当由此而把握、证明其致良知之教的真实意义。

一九七九年五月十五日《中华文化复兴月刊》第十二卷第五期

孔子与马克思

——为纪念一九七九年孔子诞辰而作

一

当今没有人能在学术造诣上作孔子与马克思的比较研究工作。假定能作，也必然是一部书的题目，而不是一篇文章的题目。所以我这里所写的，只能算是一种感想。

要将孔子与马克思作比较，首先遇到时空的大间隔。孔子生于纪元前五五一年，马克思生于一八一八年。时间上两人相距有二千三百六十九年之久。在这段时间中，人类生活史该发生了多大的变化。孔子当时可能知道海中有陆地可供人居住，所以发牢骚时要"乘桴浮于海"，但他决不知道今日的西方世界。马克思知道有亚细亚，但他对亚细亚只能说出"亚细亚生产方式"的一句迷糊话，害得许多不敢面对现实研究问题的人，猜了几十年的哑谜。时空的大间隔，自然形成两个不同的性格、不同的思想。

至于就他两人在中国现实上的地位来讲，更是云泥分隔。台湾有的反马克思，有的不反马克思。但今日假定能找到一位"非基督徒"当祭孔时的"陪祭官"，已非常侥幸。这能和"圣诞节"的光辉相比吗？中国的主体是大陆，孔子在大陆的地位，更不能与挂在天安门上气势冲天的马克思，比拟于万一。二十多年来，大陆上的领导者及许多知识分子，正是用马克思的鞭子，鞭孔子的尸，连把有两千多年历史的孔坟、孔庙，都加以破坏，一直到现时才修复让旅游者参观。在二十多年黑暗、残酷、破坏、贫穷的统治中，孔子毕竟与自己生命永恒连结在一起的人民，同共忧患。

　　但从一个人的思想能直接给与政治的影响说，古今中外，也只能提出孔子与马克思可以相提并论，直到现在为止，中共的重要理论、重要文件，必须援引马克思几句话来壮胆。但汉代自元帝时代起，凡是重要诏令、重要奏疏，也几乎都要引用孔子或经孔子整理过的经传中一两句话来助威。把苏联包括在内，把所有共产党宣扬马克思的文字，加在一起，不论质和量，很难与宋元的制义、明清的八股相比。孔子的思想，影响了中国历史两千多年，中国历史，并没有因此而能免于灾难。但只要是具有良知良识的人，决不能指出历史中的那些灾难，是来自孔子的一句话。马克思思想，支配了中国三十年，但中国二十多年所遭遇的亘古未有的大黑暗、大残酷、大破坏，稍一追寻，便必然在马克思思想中找到根据，只是没有人敢找。

二

上面的异同之见，只是问题的表面。进一步接触到思想的本质时，立可明了两人所开辟的是完全不同的世界，这里只能粗略地提出两点。

第一点孔子是在肯定历史、肯定人类共同生存的前提下，进行他的推动历史、改善人类生存的工作。他说"殷因于夏礼（典章制度）所损益，可知也。周因于殷礼所损益，可知也。其或继周者，虽百世，可知也"，这即是所谓"因革损益的历史观"。孔子以"因"肯定了人类的历史，但"因"与"革"与"损益"关连在一起，这是有选择性的"因"。孔子自己，正作了这种选择。例如他认为"家天下"是最大的罪恶，便选择了"有天下而不与焉"的舜禹，认为这是可以因的。他认为崇拜政治领导者是最卑贱的行为，所以他便选择了"民无得而称焉"的尧，认为这是可以因的。诸如此类，这里也只能提到一点点。

孔子认为每个人都可以改过迁善，认为任何人都可以共同生存，所以他说"鸟兽不可与同群，吾非斯人之徒与而谁与"。认定某些人一生下来便没有生存的权利，这是孔子怎样也想不到的。

马克思则是在否定历史、否定人类共同生存的前提下以推翻历史、消灭无产阶级以外的人类，来进行他的革命大业的。他的挚友恩格斯在他的葬礼中说："马克思是革命的。并且他的生涯的大目的，是以一切手段，帮助打倒资本主义及由资本主义所造成的国家的各种制度。"资本主义是历史演进的产物，他对资本主义，对资本主义下的诸制度，不感到有什么"因"的价值，而要作无选择的打倒。对于资产阶级，不承认他们有共同生存的权利，而要由无产阶级加以消灭。他反对宗教，但我怀疑他的革命构想，是受了中世纪教会否定世俗、趋归天国的影响，天国没有人到过，共产社会也没有人到过。事实上文明愈进步，历史意识愈强，同情心愈扩大。于是马克思所期待的革命，并没有在他所预定的资本主义国家中实现，而都是在文明落后的国家中实现。苏联革命六十年了，只有他的人民想逃到西方国家，决没有西方国家的人民想逃向苏联。这证明了什么！

三

孔子和马克思的第二个本质不同之点，是孔子以个人为改善一切的基点；他认为除"下愚"外，无不可改善之人，所以才说出"有教无类"的话，所以他一生是"诲人不倦"。由此而开出儒家对教育的重视，不仅想以教育代替刑罚，并且要使教育成为政府中主要的机能。而教育所要达到的目的，只是使每个人能在正常生活中实现人性所固有的人生价值。在一个人的人生价值中，便含融一切人的价值，含融一切物的价值，个体与群体，是谐和一体的。所以孔子说"己欲立，而立人；己欲达，而达人"，《中庸》便说"成己"、"成物"。

马克思则以阶级为革命的主体，以阶级为革命的对象，以阶级斗争为达到革命目的的唯一手段。他认为资产阶级中的没有好人，无产阶级中的没有坏人。在他的心目中，没有个人教育，只有阶级教育，便是鼓励以斗争消灭敌对阶级，取得专政的绝对统治权，这样便会向共产主义的理想跃进。王洪文、陈阿大这一类的坏人所以能坐直升机直上，坏党员所以能很顺利地入党，都是由实践马克思上述"科学社会主义"而来。由孔子所奠定的"人的所以为人"的基本条件，都彻底破坏了。但今日大陆最严重的问题，是党员党部乃至许多青少年在作为一个人的基本条件上所发生的严重问题。这是马克思阶级理论在教育上的破产。

思想的价值，要在历史考验中决定，要在忧危艰困的反省中决定。我本此信念，套用孔子"民之于仁也甚于水火，吾见蹈水火而死者，未必蹈仁而死者也"的话，而想面对中国现状说，"民之于孔子也，甚于马克思。吾见蹈马克思之道而死者，未见蹈孔子之道而死者也"。

一九七九年八月二十八日《华侨日报》

向孔子的思想性格的回归

——为纪念一九七九年孔子诞辰而作

一

儒学是中国文化的主流，孔子是由古代文化的集大成而奠定儒学的基础，《论语》是研究孔子的最可信的材料，这是得到许多人所共许的。但现代谈中国哲学史的人，几乎没有人能从正面谈孔子的哲学，更没有人能从《论语》谈孔子的哲学；虽然这些先生们，不像方东美先生样，公开贬斥《论语》，但心里并瞧不起《论语》。认为里面形而上的意味太少，不够"哲学"。要谈古代儒家哲学，只好从战国中期前后成立的《易传》下手；因为《易传》中有的地方开始以阴阳谈天道，并且提出了"形而上之谓道"的道，这个道才勉强有哲学的意味。但不仅《论语》中没有"阴阳"的名词，并且也不能由《论语》中推演出以"一阴一阳之谓道"来讲孔子仁义之道的脉络。《易传》中大概引有三十条左右的"子曰"，除了一条在疑似之间外，都不曾沾上阴阳观念。并且都是以道德判断行为，以行为解释吉凶祸福。这分明是把由神秘与经验，两相结合而成的易，特将经验的一面显彰出来，示人类行为以准则，这是由宗教落实到人文的显例。所以从宋儒周敦颐的《太极图说》起 [1] 到熊师十力的《新唯识论》止，凡是以阴阳的间架所讲的一套形而上学，有学术史的意义，但与孔子思想的性格是无关的。有的也从《中庸》讲儒家哲学，因为上篇 [2] 有"天命之谓性"的"天命"，下篇有"诚者天之道也"的"天道"，可以说是有哲学意味可讲的。但《中庸》的思想脉络，是由上向下落的脉络，是由"天命之谓性"，落在"修道之谓教"的上面，所以上篇是在"忠恕"，在"庸言"、"庸行"上立足，而不是在天命上立足。下篇是在博学、审问、慎思、明辨、笃行上立足，是在"人一能之己百之……"上立足，而不是在"维天之命，於穆不已"上立足。一切民族的文化，都从宗教开始，都从天道天命开始；但中国文化的特色，是从天道天命一步一步地向下落，落在具体的人的生命、行为之上。

讲中国哲学的先生们，除了根本不了解中国文化，乃至仇视中国文化，有如杨荣国之流，以打胡说为哲学者外，

---

① 汉儒盛宏以阴阳言天道，但都是来自阴阳家的结合，而不是出于《易传》，以《易传》中的阴阳言天道，实始于宋儒。

② 《中庸》应分为上下两篇，具见于拙著《中国人性论史·先秦篇》，页一〇三至一〇九。编者注：现为九州出版社全集版页一〇五至一一一，大字本页一二五至一三三。

即使非常爱护中国文化，对中国文化用功很勤，所得很精的哲学家，有如熊师十力，以及唐君毅先生，却是反其道而行，要从具体生命、行为层层向上推，推到形而上的天命天道处立足，以为不如此，便立足不稳。没有想到，形而上的东西，一套一套的有如走马灯，在思想史上，从来没有稳过。熊、唐两先生对中国文化都有贡献，尤其是唐先生有的地方更为深切。但他们因为把中国文化发展的方向弄颠倒了，对孔子毕竟隔了一层，所以熊先生很少谈到《论语》，唐先生晚年似乎有回转，在独立以后的新亚研究所开《礼记》、《论语》的课；但对《论语》的课，是由他一位学生代授，这都是受了希腊系统哲学的影响。我认为孔子表现在《论语》中的思想性格，合不合希腊系统哲学的格套，完全是不相干的。孔子在人类文化史中的地位，不因其合西方哲学的格套而有所增加，也不因其不合西方哲学的格套而有所减少。今日中国哲学家的主要任务，是要扣紧《论语》，把握住孔子思想的性格，用现代语言把它讲出来，以显现孔子的本来面目，不让许多浮浅不学之徒，把自己的思想行为，套进《论语》中去，抱着《论语》来糟蹋《论语》。孔子的本来面貌显出来了，时代对他作何评价，只有一委之于人类自身的命运。

二

　　对《论语》下功夫最深的无过于程伊川、朱元晦及并时其他理学家。伊川曾说：“读《论语》有读了全然无事者；有读了后，其中得一两句喜者；有读了后知好之者；有读了后，直有不知手之舞之、足之蹈之者。”又说：“颐自十七八读《论语》，当时已晓文义。读之愈久，但觉意味深长。”在这里，我可用自己对“以约失之者鲜矣”这句话的体验，为程伊川的说法作证。我一生不知碰过多少钉子，有一次，突然想到这句话时，为之汗流浃背。再在当前政治人物的观察中，又发现包括毛泽东在内，无一不是在这简单的七个字下面受审判。同时我更感到，对《论语》语义的了解，恰如颜渊所形容对孔子的了解一样，“仰之弥高，钻之弥坚。瞻之在前，忽焉在后”（《子罕》）。这是颜渊直接与孔子的人格觌面时所说出的话。《论语》中许多语言，不是由逻辑推论出来的，不是凭思辩剖析出来的，而是由孔子的人格直接吐露出来的，所以对它的了解，也常遇到颜渊所“喟然叹曰”的问题。但我们可以先把握一个基点，以这一基点作导引、作制约，才不致流于猜度乃至迷失方向。《论语》的基点就是与“言”相关相对的“行”。

　　从《论语》看孔子毕生所学所教的，可用一个“道”字加以概括。例如“朝闻道，夕死可矣”（《里仁》）；“士志于道"（同上）；"子曰参乎，吾道一以贯之。曾子曰唯。子出，门人问曰，何谓也？曾子曰，夫子之道，忠恕而已矣"（同上）；"志于道，据于德，依于仁，游于艺"（《述而》）；"笃信好学，守死善道"（《泰伯》）；"谁能出不由户，何莫由斯道也"（《雍也》）；"人能弘道，非道弘人"（《卫灵公》）；"君子谋道不谋食"（同上）；"君子忧道不忧贫"（同上）等。因为道的概括性很大，所以在《论语》一书中所用的"道"字，有层次的不同，有方向的各异，尤以用在政治上者为多。但追到最后，都可以说是同条共贯的。道的基本性格，即是孔子思想的基本性格。

在这里，我忽然发生一种联想。希腊语中有 logos 一词，本义是"语言"。但在希腊哲学及基督教神学中，得到不断的发展。在希腊哲学中到了赫拉克勒斯（Herakleitos）说成这是世界的法则。到了斯图阿学派（Stoic school），把它说成是"神的世界原理"，人应顺随着它生活，由此而带有实践的道德意味。到了菲龙（Philo）引用来作犹太教的解释，而认为它是内在于世界的理性原理，给世界以生命、目的、法则，因而支配世界、指导世界。此后也给基督教神学以相当大的影响。值得注意的是：假定希腊语中的 logos 和中国语中的道，其分位约略相等，但在希腊则是由"语言"发展出来的，在中国则是由道路上行走发展出来的。logos 在斯图阿学派中也带有实践的意味，但远不及它的"纯理论的倾向"之重。中国的"道"，也有言语的意味，如《论语》中"乐道人之善"（《季氏》）者是。这种意味，虽因约定俗成，在日用语言中流行甚广，但与儒、道两家所谓道的内容相较时，则轻微得不足齿数。由此我们也可以说，孔子追求的道，不论如何推扩，必然是解决人自身问题的人道，而人道必然在"行"中实现。行是动进的、向前的，所以道也必是在行中开辟。《论语》中所涉及的问题，都有上下浅深的层次，但这不是逻辑上的层次，而是行在开辟中的层次；因此，这是生命的层次，是生命表现在生活中的层次。"下学而上达"（《宪问》），应从这种方向去了解，否则没有意义。

三

《论语》上没有明说道的来源是什么。《孟子》"《诗》曰，天生烝民，有物有则。民之秉彝，好是懿德。孔子曰，为此诗者其知道乎！故有物必有则，民之秉彝也，故好是懿德"（《告子上》），孟子乃引此以为性善的主张作证。《论语》中孔子说"为仁由己"（《颜渊》），又说"我欲仁斯仁至矣"（《述而》），是他在体验中已把握到了人生价值系发自人的生命之内，亦即道的根源，乃在人的生命之内。但此一体验，孔子尚未能在概念上加以明确化，所以当他说到性时，只能说"性相近也，习相远也"（《阳货》），而未尝直截指出"性善"。未尝直截指出性善，则孔子对于道，在概念上认为是客观性的，是外在性的。所以屡次说"志于道"。志即是主观向客观的追求。此客观性、外在性，从《论语》看，可能指的是天。

天是最高道德存在的观念，春秋时代已出现，而孔子自己就曾说"天生德于予"（《述而》）。但从《论语》全部文字看，孔子对于天，只是由传统来的漠然而带有感情性质的意味。当他说"天何言哉，四时行焉，百物生焉"（《阳货》）的时候，他都从经验现象中去把握天。以他的"无征不信"的性格，除了对天有一番虔敬之心外，不可能进一步肯定"道之大原出于天"。[①] 因此，道的客观性、外在性，主要是指的人类行为经验的积累。"子所雅言，《诗》、《书》、执礼"（《述而》）的《诗》、《书》礼，都是古代行为经验积累的结晶，这才是孔子所说的道的真正来源。他的修《诗》、《书》，订《礼》、《乐》，晚年学《易》，由卫返鲁后作《春秋》，皆由此可以得到坚确的解释。司马迁《史记·自序》"子曰，我欲载之空言，不如见之于行事之深切著明也"，这是以孔子之言说明孔子作《春秋》的用心。《自序》中又分别发挥《易》、《礼》、《书》、《诗》、《乐》在行为中的重大意义后，更强调"万物之聚散，皆在《春秋》"，"《春秋》者礼义之大宗"，礼义之大宗即是道。司马迁认为《春秋》所表现的行为经验，较之《易》、《书》、

---

① 《汉书·董仲舒传》，初策中语。

《诗》、《礼》、《乐》，更为具体，便更为"深切著明"。"空言"为理论的，抽象性的概念语言。"见之于行事"是在行事中发现它所含酝的意义及其因果关系，"载之空言"是希腊系统哲学家的思想表达方式。"见之于行事"，是孔子思想的主要表达方式。孔子所志的道，是从行为经验中探索提炼而来，则学道的人，自必要求在行为中落实贯通下去。于是孔子之所谓道，必然是"道不远人"的中庸的性格，这样孔子才可发出"谁能出不由户，何莫由斯道也"的呼唤，曾子才可以说"夫子之道，忠恕而已矣"。忠恕正是《中庸》上篇的主要内容。孔子所追求的道的性格，规定了《论语》中所关涉到的一切道德节目的性格。把孔子的思想，安放到希腊哲学系统的格式中加以解释，使其坐上形而上的高位，这较之续凫胫之短，断鹤胫之长，[①] 尤为不合理。因为凡是形而上的东西，都是可以观想而不能实行的。

四

顺着上面对道的性格的理解，便立刻可以了解孔子对言与行的态度。下面简录若干材料：

> 子曰，弟子入则孝，出则悌，谨而信（此就言来

---

① 见《庄子·骈拇》篇。

说的），泛爱众，而亲仁。行有余力，则以学文。(《学而》)

子贡问君子，子曰，先行其言，而后从之。(《为政》)

子曰，古者言之不出，耻躬之不逮也。(《里仁》)

子曰，君子欲讷于言而敏于行。(《里仁》)

子曰，君子耻其言而过其行。(《宪问》)

司马牛问仁。子曰，仁者其言也讱……为之难，言之得无讱乎。(《颜渊》)

孔子特别重视言与行间的距离，必使言附丽于行，不给言以独立的地位。不仅要求言行一致，而且要求行先言后，这站在希腊系统哲学的立场，是无法理解的。在希腊哲学中，占有重要地位的辩证法，形式逻辑，正是来自广场的辩论，也即是来自独立于行之外的言。但只要想到前面所说的道的性格，便容易了解孔子对言行的态度。

所以《论语》上孔子对自己的反省，主要是行为、实践上的反省，他说"文，莫吾犹人也，躬行君子，则吾未之有得"(《述而》)。"出则事公卿，入则事父兄，丧事不敢不勉，不为酒困，何有于我哉"(《子罕》)；"德之不修，学之不讲，闻义不能徙，不善不能改，是吾忧也"(《述而》)。这种在行为实践上的反省，即是他的"守死善道"。

较言行关系更为微妙的是学与思的关系。因为孔子说过"学而不思则罔，思而不学则殆"(《为政》)的两句意义重大的话，于是一般说孔子是学思并重，恐怕是似是而非的看法。不错，从《论语》看，孔子是非常重视思的，如"君子有九思"(《季氏》)之类。但我们要注意到，《论语》上的"思"，是面对某种行为，事物所应遵循的规范，如"言思忠，事思敬"等的思。这是把行为、事物与价值连结在一起之思，不同于一般所谓思辨之思。并不是说孔子摒斥思辨之思，"学而不思则罔"的思，即指的是思辨之思。但从"吾尝终日不食，终夜不寝，以思，无益，不如学也"(《卫灵公》)的话看，孔子实际重学更多于重思。王船山《论语义训》，对前引"学而不思则罔"两句，将学与思作分别性的解释说："学则不恃己之聪明，而一唯先觉之是效。思则不徇古人之陈迹，而任吾警悟之灵。"把《论语》的学，解释为"一唯先觉之是效"，即是学习前人所积累的经验，这是很恰切的。把此处的思，解释为"任吾警悟之灵"，在语意上说得稍为含混。船山真正的意思是说把所遇到的问题，作抽象的思维。古人的陈迹，亦即是经验事实，在抽象中舍掉了，亦即是由抽象而舍象，只是顺着思维的推演，以求得结论，这才是船山所说的本意。孔子的本意，不是学与思并重，而是要学与思结合。孔子所说的"终日不食，终夜不寝，以思"，这是离开了经验的思，是近于希腊哲人的冥思；由此所得出的结论，是与具体人生有距离的结论；这种思的推演愈前进，前进到形而上的领域，便脱离了人生，与人的行为不发生关系，这便不是孔子所追求的道，所以孔子断定这种思是"无益"的。在学与思不能作均衡的结合时，与其偏于思，不如偏于学。这恐怕是孔子的真意所在。希腊由纯思维所形成的哲学，在孔子面前，都会断之为"无益"。无益是指的无益于人的行为，无益于人的具体生命、生活。

五

现在试将"人能弘道，非道弘人"两句话加以解释。

孔子之所谓道，必须有坚确的知识来支持，所以《论语》中非常重视知识；但他不是以知识为归趋，所以道的主要内容，不在扩充知识。假定是以扩充知识为道，则道可以使人知所不知，这即是"道能弘人"。孔子之所谓道，包含有艺能在内，他重视艺能在生活、行为中的意义，所以他特别提出"游于艺"，艺是艺能，游是熟练的形容，但艺能不是他所说的道的主要内容。若艺能是道的主要内容，则道可以使人能所不能，这也是"道能弘人"。孔子之所谓道，主要是指向生活、行为的意义，由这意义来提升人生的价值，使人真能成为一个人，亦即《论语》中的所谓"成人"，所谓"君子"。这种意义，因为是与生活、行为连结在一起的，因为是与每一个人、每一样事连结在一起的，所以把它加以表达的言，都是平淡平实之言，亦即是有类于朱元晦赞程伊川所说的"布帛之文，菽粟之味，知德者希，孰识其贵"（《朱文公文集》卷八十五）。从纯知识、纯艺能的角度看这种道是不能弘人的。但一进入到人类的行为世界，进入到由人类行为所积累的历史世界，它所含的意义才可彰著出来，此之谓人能弘道。

《论语》中的"敬"，至程伊川、朱元晦而始弘。《论语》中的"仁"，至程明道、王阳明而始弘。但历史上，人由正面以弘道的特少，人由反面以弘道的特多。《史记·自序》说："《春秋》之中，弑君三十六，亡国五十二，诸侯奔走不得保其社稷者不可胜数。察其所以，皆失其本矣！"《索隐》以"仁义之道本"释此处的"本"是对的，若非深入于春秋二百四十二年的历史的行为世界之中，何以能发现仁义有这样大的力量。不面对着今日许多巨大灾难，皆由以国家为私产而起，怎能了解孔子说"巍巍乎舜禹之有天下也而不与焉"的重大意义。不面对着许多国家，尤其是中共政权，发生对政府不信任的严重危机，怎能了解孔子说"民无（不）信不立"的重大意义。中共正感到不先整顿党风，即不能改善社会风气，便应当想到孔子所说的"其身正，不令而行。其身不正，虽令不从"的重大意义。中共正受到打、碰、抢、乱的悲惨结果，便应当想到孔子说"民之于仁也，甚于水火"的重大意义。毛泽东要全面而彻底地铲除孔子的思想，他所给国家的祸害，便全面而彻底地从反面弘了孔子之道。我每想到孟子本孔子之意而说"不推恩,不足以保妻子"的一句话时,总为毛泽东难过一番。试深入到历史与现实的政治、社会、人生中去加以检察,几乎无不是从道的反面去弘孔子之道。能自觉到反面弘孔子之道,即可转为从正面弘孔子之道。永远无此自觉,即将永远从反面弘孔子之道,一直弘到以自己的灭亡为孔子之道的力量作证。

我再要谈到孔子思想的系统性问题。

希腊哲学,是顺着思维法则的要求,在一个基点上,层层推演出去所形成的,这种哲学结构谨严而系统明确,使人容易把握。

笛卡儿说"我思故我在",但人在这思中的存在,有如直线放到空中的风筝。人的具体生活、行为,不可能是直线的,所以一条直线上去的风筝,再美丽也没有生命。孔子的思想则是顺着具体的人的生活、行为的要求而展开的,所以必然是多面性的,包罗许多具体问题的。站在希腊哲学的格套看,这种思想,是结构不谨严而系统不显著的。但孔子是要求显发具体生命中的理性,将这种理性实现于具体行为之上。孔子对道的迫切感,乃来自他对人生、社会、政治中理性与反理性的深切体认,必须以理性克服反理性,人类才能生存、发展。这是生路与死路的抉择。因此,孔子思想的合理性,不是形成逻辑的合理性,而是具体生命中的理性所展现的合理性。孔子思想的统一,是由具体生命理性的展开、升华的统一;展开、升华中的层级性，即是孔子思想的系统性。这不是逻辑推理的线状系统，而是活跃着生命的立体系统。所以《论语》在形式上很散漫的语言，只要深入进去，便可发现彼此间内在的密切关联，这即是孔子思想的有血有肉的统一与系统的有机体。研究孔子的人，应当把这种由内在关系而来的有机体，用现代有逻辑结构的语言表达出来，使内容的统一系统，表现为形式的统一系统。这当然是一件难事，但不可因畏难而另以一套性格不同的思想去代替它。

一九七九年九月一日《中国人月刊》第一卷第八期

孔子政治思想对现代中国的"照临"

一

　　兹当纪念孔子诞辰之际，谨写短文，以见他的政治思想，正照临着现代中国，使许多统治者，在此一照临之下，多少可以发现自己的原形，推测自己的远景。传统思想是活的还是死的，是有意义的或是无意义的，正决定于它对现实问题有没有这种照临作用。孔子的政治思想，也应受到这种检验。今试以《论语》为基本材料，提出孔子政治思想的两个目标、三个基点，来进行此一检验。目标是最后想达到的理想，基点是当下应即实行的现实。现实与理想之间有一大段距离，但中间必有一条可以通达的大路。一个政治目标，是认为政权可以在和平中转移，转移到任何有德者的身上，而不应固定在一人一姓乃至一个团体手上。这个目标，即使是在现在的中国，也太犯时忌了。他在两千五百年前只有以"微言"的方式表达出来"五帝官天下"（官是人人可做的，即人人可以做皇帝）的确凿根据。阻碍此一目标的是当时的人君，将天下国家当作私人财产，死死地霸占着不放。于是孔子说："巍巍乎舜、禹之有天下也，而不与（入声）焉。""不与"是认为天下不是自己的，所以不与自己相干，自然不会霸占。既没人霸占，便可在和平中转移到有德者的手上。但通过怎样的程序来转移，孔子虽然已提出"选""举"的观念（"选于众，举皋陶"），但那不是投票的选择，实际上不能解决这一问题，于是他只好提倡"让"（"三以天下让"），尤其是提倡尧、舜的禅让，希望已掌握统治权的人能把统治权不传给自己的儿孙而让给他人；这在今天也是与虎谋皮，便不能不使这一目标在历史的限制中落空，而有待于民主政治的实现。假定孔子今日复活，看到民主政治的运行轨辙，会"莞尔而笑曰"："这真与我的政治目标相合，正是我所要求的政治运行的形式，可惜我当年没有想出来。"

二

孔子的另一政治目标，是"无为而治"。尧和舜，是孔子心目中最崇高的政治理想人物。他说："无为而治者，其舜也与！夫何为哉，恭己正南面而已。"又说："大哉尧之为君也。巍巍乎唯天为大，唯尧则之，荡荡乎民无能名焉，巍巍乎其有成功也，焕乎其有文章。"天无私于万物，故生万物而使万物得以自生。尧也无私于天下，故治天下而使天下得以自治，所以人民不感到尧有功德可称。但天下得以自治，天下便会治得很好，所以"巍巍乎其有成功"。他的这一思想更用另一象征性的语言表达出来："为政以德，譬如北辰，居其所，而众星共之。"次于无为的是"简"，所以当仲弓问子桑伯子时，他说："可也，简。"这里我只简单指出，"无为"、"简"的思想，是要完全消解掉由封建统治而来的毒害，乃至由一切统治而来的毒害。这与前述的目标，是一件事物的两面，与专制政治是完全相反的政治思想。此一思想，在以后两千多年中，常以"不扰民"的低姿态出现，表现得最生动的莫如柳宗元的《种树郭橐驼传》。这是中国传统社会所反映出的持续性的政治要求。由此不难了解，说中国传统社会是要求专制政治的"洋说法"，真是洋人打胡说的样本之一。但因为这种说法是出自洋人，所以有许多中国知识分子相信。

三

政治的行为设施，因时因地而各有不同。但在孔子的政治思想中，可以找出三个基点来贯通于各种不同行为、设施之中，成为一种共同的出发点及得失成败的共同关键。

第一个基点是"正身"的观念。所谓"正身"，是统治者在政治上要求于人民的，要首先在自己及自己的家庭生活中实现。凡自己及自己家庭所不愿接受的，决不加在人民身上。换言之，统治者要经常处于被统治者的地位，以被统治者真实生活上的感受，来衡量政治上的行为设施。此种思想，发展为《中庸》的"絜矩之道"，及《大学》的"自天子以至于庶人，壹是皆以修身为本"。《论语》上的所谓德治，正指此而言。还有下面的材料，都表明这一点。"季康子问政于孔子，孔子对曰，政者正也。子率以正，孰敢不正。"（《颜渊》）"季康子患盗，问于孔子，孔子对曰，苟子之不欲，虽赏之不窃。"（同上）"季康子问政于孔子，曰，苟杀无道，以就有道，何如？孔子对曰，子为政，焉用杀。子欲善，而民善矣。君子（统治者）之德（由行为所发生的作用）风（有如风），小人（人民）之德草。草上（加）之风，必偃（仆）。"（同上）"子曰，其身正，不令而行，其身不正，虽令不从。"（《子路》）"子曰，苟正其身矣，于从政乎何有（何难之有）。不能正其身，如正人何。"（同上）在今天看，一个统治者由正身所发生的效果，未必能如孔子所期待的大。但统治者若能通贯自己的好恶于人民而加以实现时，便必然要求许多合理的政治行为与设施，于是正身决不是一个抽象而孤立的观念。例如自己要享受什么，便想到人民也应当有这种享受，自然不能不有许多作为。政治的腐化，必然来自统治者生活的腐化；政治的残暴，必然来自统治者以法令要求于人民，而自己处于法令之外；这是许多落后地区，尤其是中国今日统治者所强调的"法治"的特征。"只准州官放火，不准百姓点灯"，正是中国法治的写照。尤其是大陆特权的横行无忌，成为落后、黑暗的总根源。我们应针对这一现实来了解孔子所提出的正身思想的庄严意义。

四

第二个基点是统治者必须以可信的言行，形成人民对统治者的信任。孔子认为人民对统治者的信任与不信任，是一个政权能否存在，及值不值得存在的根本问题。"子贡问政。子曰，足食足兵，民信之矣。子贡曰，必不得已而去，于斯三者何先？曰，去兵。子贡曰，必不得已而去，于斯二者何先？曰，去食。自古皆有死，民无信不立。（朱注：'宁死不失信于民'）"（《颜渊》）一个政权，乃建立于人民信任之上。失掉人民的信任，则此一政权的基础必随之瓦解，一定站不起来。所以孔子认为统治者宁可饿死，也不可使用诈欺手段，以致失掉人民的信任。在落后地区，诈欺手段，常被视为政治运用上的最高艺术。尤其是大小极权的统治，必然是欺诈集团的统治。为了要神化个人，不能不欺诈；为了夸功耀德，不能不诈欺；为了掩饰强盗所不屑为的行为，并向看不顺眼的人们身上转嫁，更不能不诈欺。为了掩饰少数人的诈欺，不能不动员全体去诈欺；为了掩饰过去与今日的诈欺，不能不永久以诈欺帮助诈欺，并以刑赏随其后，却美其名为"维持威信"。一次诈欺得售，便以为凡是诈欺都能得售；人民原谅了一次两次诈欺，便以为人民可以长期接受诈欺。结果必然造成人民连从统治者口里说出的真话也不相信，形成一个政权的瓦解。我经历了国民党四十年代的悲局，观察了中共六十年代、七十年代的惨局，我才了解孔子所说的"民无信不立"的真切意义。难道说要让这种悲局、惨局，一直继续下去吗？

五

第三个基点是言论是否自由会决定一个国家兴亡的问题。所谓言论是否自由，主要是指对统治者能否说出不同的意见而言。孔子认为这是国家存亡的大关键。《论语》："定公问，一言而可以兴邦，有诸？孔子对曰，言不可以若是其几（朱注：'几，期也'，必定如此之意）也。人之言曰，为君难，为臣不易。如知为君之难也，不几乎（近于）一言而兴邦乎。曰（定公再问），一言而丧邦，有诸？曰（孔子答），言不可以若是其几也。人之言曰，予无乐乎为君，唯其言而莫予违也（意谓为君的好处，只有说出话来莫有人敢不同意）。如其善而莫之违也，不亦善乎。如不善而莫之违也，不几乎一言而丧邦乎！"（《子路》）统治者知统治之难，便不敢专己独裁，可以接受他人不同的意见，因而承认了言论自由。统治者以自己说出话来莫有人敢反对为快乐，便必然会专己独裁，不接受乃至不容许有不同的意见，因而否定了言论自由。善有万端，必以言论自由为容纳的户牖。恶有万端，必以否定言论自由为积累的污池。言论自由不自由，是量度统治者善与恶，及量度他的政治前途最明显可靠的尺度。在没有言论自由的空间里，统治者所说的好和坏，必然要从反面去了解。从这一点说，我敢断言台湾的政治，要比大陆高出一筹；因为台湾还有几份民办刊物，大陆连一份也不允许，甚至要箍死到香港。孔子以有无言论自由，为兴邦丧邦的大关键所在，决不是中了资本主义的毒，因为当时没有资本主义；他是想由此而援救出许多统治者，更未曾想向统治者背上去捅一刀。言论自由，是人类的生机所在，自有政治集结以来，必以某种形态、某种语言，提出此种要求。若以言论自由为反革命，为受了资本主义的毒，或以为是匪谍的别有用心，这是统治者自己向自己的心窝里捅一刀，不能把这一刀写在他人的账上。中国的统治者们，好好读读《论语》，用孔子的话来照临自己吧！

一九八一年九月二十九日至十月一日《华侨日报》

徐复观谈学术与政治的关系 *（节选）

徐复观先生二度访美，今年七月间在新泽西州接受本刊记者访问。现根据录音带整理成此文。

儒家与中国专制制度的关系

新：徐先生认为儒家在中国传统的专制制度中究竟是担任什么样的角色？

徐：秦朝的刑法本来很严酷，它把战争的刑法、连坐这些东西，用到社会上，所以秦朝的刑法很严。汉朝刑法就是继承秦朝。尤其西汉的儒生有一个共同的趋向，那就是反秦、反法。反对秦朝，反对法家思想所形成的严酷的刑法。所以《汉书·刑法志》上面，班固写《汉书》是为捧汉朝的长处。他在《刑法志》里面的态度和司马迁的态度是一样的。

---

* 编者注：全文见九州出版社《徐复观全集》之《学术与政治之间续篇》（一）。

严酷得太不像样。第一是条文太多，条文太多就是犯罪的事情太多。刑罚太重，改轻，首先改杖。因为杖还没有打完，人已经打死了。到了元帝的时候，儒家在朝廷的气氛很浓厚。大家议论修改刑法。这有一百多万条，牵涉多少事情，结果没有修改成，一直延续下来。

如果你不是统治者，你说刑法太严；你变成了统治者，你觉得这个东西很方便。以后儒家只做到把儒家理论的观念加到里面去，可是刑法一直延续下来，没有人能动它。这个黑暗是顺着商鞅这系统一直下来的。这个黑暗比较好的是民国十五年国民党北伐，大大改善，这是不能抹煞的历史的事实。以前监狱的黑暗比京戏所演的只有过之而无不及。

我写了一篇东西，主要解答这个问题。专制政治形成以后，中国没有力量可以跟它对抗的，任何东西跟它一碰都完了。譬如说，西汉的儒生都是主张天下为公。开始的时候辕固生在景帝面前跟道家争论，道家认为汤武不能算革命，辕固生说汤武算革命，因为他们代表人民的利益。一争下来，汉景帝说："食肉不食马肝，不为不知味，言学者无言汤武受命，不为愚。"以后大家不要谈汤武革命的事情了。这句话司马迁把它记下来了，班固把它删掉了。所以以后大家都不谈汤武革命了，因为你做得不好，大家都要革你的命了。以后就只谈尧舜禅位。董仲舒有一个再传弟子，说：先师董仲舒说应该天下为公。德一衰就应该让出来，由天下选择有德之人，把天下应该传给他。他这当然是太天真了，就被杀掉了。汉宣帝最得意臣子叫盖宽饶，地位很高，是九卿。他受韩婴的影响，主张公天下，公开向宣帝讲出来。他说汉德已经衰了，应该把天下让出来，你自己选择一个地方封自己好了。也被杀掉了。只有一位，也是讲直话，下狱。太学生拿着旗子，说愿意救某某人的都集在旗下。结果集了一千多人。这样才把他放出来。虽然放出来，转一个弯还是把他杀掉了。所以中国除非老百姓一下子起来。中国老百姓起来，你留心看，多半是借宗教的形式。不借宗教的形式，你怎么组织呢？张角、黄巢、朱元璋都是借宗教的力量起来。

专制的形式一形成之后，我作皇帝，你认为权力不应大；你作皇帝，你还是认为这样做舒服，谁能把你怎样？军队、监狱，都在你手上。

以后佛教进来。佛教有一个说法，发生了争论。佛教不拜王者。但是北方的佛教又要凭借政治的力量起来，不能对政治发生独立的作用。只有一个唐朝的禅宗，尤其南边的禅宗想了办法，退到山里开山，跟政府不来往。而且禅是自治团体。这种消极的抵抗到了元朝进来就不行了。元朝刻的经，前面一定要刻几句恭维皇帝的话。你念经，开始就须念恭维皇帝的话。宗教完全没有力量来抵抗政治，其他还有什么力量呢？

世界上各民族，专制规模之大，没有哪个民族像中国那样的。

中国专制形成的原因

新：为什么会形成这种专制的体制？

徐：我想主要是出于人类统治的欲望。你说把罪过完全加在法家身上——法家不错是尊君抑臣抑老百姓，跟儒家走相反的路——但是法家对君权那么尊崇，它有它的用心。君权高，权力大，形成一个强大的势，它的法会顺着强大的势就容易推行实现。这是法家的根本想法。这个想法，统治者、皇帝接受了。但是它另外有一个想法。法家认为权虽然大，但权力不要用，要无为而治。法家还是主张无为而治。为什么呢？因为有为而治，法就破坏了。这个法家是知道的。你一有为，你的喜怒好恶就出来了，喜怒好恶的权力那么大，法律马上就破坏了。这个统治阶级是不会接受的。

毛泽东公开说：他绝不行仁政。那还能讲什么话？梁漱溟在人民代表大会开会，他只是一个代表，讲一点批评的话就不得了。假如不是周恩来稍微缓和一下，那梁漱溟早就没有了。连彭德怀也……任何人都不敢讲，任何人不能讲反对的话。

这东西也是很困难。他们对中国文化那么隔膜，不完全是共产党之过。

我在香港也同共产党的朋友当面提出。我说，你们没有什么读书的人。他吃了一惊，想了半天说胡乔木总算是一个读书的人吧？我说，胡乔木应该算是读书的人。

新：这不是学历的问题。

徐：这是知识分子在里面所占比重是一个问题。另外还有最基本的问题。那就是从乾嘉学派得势以来，只讲训诂、考据，不讲思想，不讲义理。不管文章写得多少，它的意义是什么，对当代有什么作用没有，大家都不讲。只有少数一部分讲，但是学术的主流一直都不讲。这个风气，即连国学大师章太炎，他晚期《章太炎文录续编》，还有些好文章。他成大名的《章氏丛书》里面，把中国学问说得没有一个地方有道理。又如胡适之先生负这么大的声名，他说东方文化没有灵性，那还讲什么呢？

现在根本没有人谈经学。我们站在学问的立场来讲，不一定要迎合风气。尤其大陆上更不谈这些东西。也是有少数人谈，例如顾颉刚。

新：顾颉刚除了上古史下工夫之外，在经学方面也下工夫吗？

徐：不能说他在古代史下了工夫。对于古代史，他只是凭他的想象，发表了古代史的一些意见。周朝厉王，给国人驱逐了是所谓"共和行政"。"共和行政"有两个解释，一是共伯与和伯两人集体领导，另一个解释是大家商量来执行政权。司马迁作《史记》，列年代从共和开始，都有年代可考。共和以前，只列王，没有确实年代可考。顾颉刚说，共和以前的历史都是假的，都是后人想象出来的，都是不可靠的。中国史应从共和讲起，以前他都否定了。

大陆上共产党取得政权以后，在文化方面有两点贡献。一是医学。中国医学假如不是他们在打游击的时候有实际的贡献，他们是会把它完全推翻的。因此他们对医学他们拿很客观、很谨慎的态度来处理。第二就是考古学。因为他们建设而发现了大批地下的材料。

甲骨文出来可以把殷朝搬出来。甲骨文连章太炎都不相信是真的。

最低限度，大陆上目前根据地下材料肯定了商朝。商朝是顾颉刚完全否定的。承认有夏代。开始认为地下器物中间有若干的器物怀疑是夏代的。

我和屈万里先生曾经打过一次笔墨官司。我根据典籍上的材料认为西周的时候，疆域已经相当大了。屈万里先生是走的顾颉刚的路线，认为西周的疆域很小。以后到一九六〇、一九六一年，这个问题解答了。因为中国大陆出版一本东西，这个东西我买了后被教育部没收了。我请人把它影印出来。书名叫《新中国考古的成就》。它完全凭地下物来看西周的疆域，把西周的铜发现的地点一一列出来，南边一直到湖南，有许多东西甚至在江苏发现。

所以大陆上的考古把地下的材料和书本上的材料互相印证，以书本上的材料作一个导引来从事地下的发掘，拿地下的材料来证明、纠正书本上的材料。

在这种情形下，才把以顾颉刚为首的疑古派压下去。我对顾颉刚先生的学问不太相信。

经学的传承

新：请你谈谈为什么你认为经学思想那么重要？

徐：关于经学，中国过去有两种说法。一种说法是经学完全出于孔子。一种说法是经学完全出于周公。其实这两种说法都是缺乏意识的说法。经学实际上是从周公开始到孔子的后学，经过很长的时间内形成的中国古代文化的总结。但它开始是周室的史官在总结中间作选择，选择的目的是为了贵族的教育。孔子继承它，又经过他和他的学生的整理，把过去作为贵族教育的材料普及到一般的读书人和社会。所以从孔子以后，诸子百家的学说很多，但是所谓的六艺和五经，是总结一千多年的经验教训，诸子百家中有哪一家能够照顾到这么多方面？能够从历史中，提出这么多教训出来？而这些教训都是四平八稳的，不是奇谈异说的！因此经学在先秦已经发生影响。

到了汉代，大家都以为董仲舒独尊儒术、罢黜百家，是文化上一个很大的罪案。其实这种看法不一定是完全正确的。因为在董仲舒以前的汉初，刘邦从秦朝接受这么一个大一统的帝国，政治和社会应该在怎样一种轨道上运行，使社会得到安定，这在刘邦本人和他的政治统治集团里面完全是一张白纸。而且刘邦是反对儒家的，可是陆贾告诉他，你打天下可以不要这些东西，天下打下来以后，你要安定天下，不能离开这一些东西。刘邦是一个天分很高的人，听了他的话以后说：你讲给我听听，但不要讲得太高深了，因为太高深了，我听不懂。陆贾于是向他提出一个概略的宇宙观、历史观和政治观，一步步说明五经的作用是怎样的。刘邦了解了，了解它对安定天下有很大的意义。陆贾每向他说一段的时候，刘邦高兴得不得了，他的左右呼万岁。刘邦帮他所说的起一个名字，叫《新语》，就是他以前没有听过的语言，是很新鲜的语言。这样，它就开始影响到汉朝的政治。而且，社会经过秦朝的暴政以后，大家都在摸索方向。有一些书生如贾谊等出来，也就顺着经学的方向，要为政治、社会和人生奠定方向。对于他们来说，在文化发现了一个新的天地。于是他们以很大的热情，来传播它。它先在社会已经有了势力和影响，同时刘邦接受了陆贾的说法以后，在他的集团中间，在他的帝室中间，对他的儿子，开始注意这个问题，开始接受文化。这个文化不是一家之言，它是古代文化的一个总结，而且这个总结是存心要拿来做教育用的材料。以后，到了董仲舒，朝廷要求安定，要有一个思想来支持政权的时候，任何诸子百家都是无法与五经相比的。五经内容的丰富平实是诸子百家不能相比的，所以董仲舒提出这个东西出来。当时汉武帝的政治是走法家的路线，他好大喜功，对于儒家很敷衍，当时儒家在政治上影响还不太大。以后到了汉宣帝、元帝、成帝，他们吸引儒生到政治中间去，但是政权运用的核心还是外戚、宦官，所谓内朝臣。

武帝立五经博士。五经博士地位很低，只有六百石，而且还是比六百石，不是正式六百石。但是朝廷有什么大的事情，博士和议郎能够参加议论。所以汉朝从宣帝时候起，儒生开始进入朝廷。虽然政权的核心不在他们手上，但是大家都可以参加议论。因此，大家都说：西汉的文章好。西汉的文章中是什么文章最好呢？首先是贾谊，其次是董仲舒，再其次是从宣帝时候起一直到成帝、哀帝，这些进到朝廷的儒生。这些儒生的对策和奏议讲的是什么话呢？都是针对朝廷不合理的倾向，都是代表老百姓的利益。

他们讲的话中间有一段话，是古怪的。譬如说上奏议，讲灾异、阴阳不和、地震，就是天表示意思。这些话站在现代看，都是没有道理，都可以不相信。但是接着下来所谈的话都是针对皇帝来讲的。……这都是儒家的精神在支持他们，五经要求他们这样讲，所以过去大家都对它一知半解。西汉从宣帝时候起，朝廷人才之盛，他们虽然没有实权，真正最后决定的还是宦官、外戚。

当时的皇帝即使坏，也坏不到什么地方去。譬如汉成帝是荒唐鬼，又好色，是一个太保，常常换便装，带着无赖的少年到外面去。但是有的人专门针对他讲，就是老师教训学生，也没有教训得那么厉害。有一次奏章上了后，成帝吃不消，要捉这位先生。他得到消息就跑，向西边跑。大概跑了一两百里路以后，成帝一想，他讲的话是真话，照道理讲，他的话也是应该讲的，就算了。等他气平了以后，这位先生又回来了。回来也没有事情，他这还是有儒家气氛在。

所以，我们的民族的实际政治、社会、文化大的形态、大的方向是由西汉奠定的，和先秦直接关系不太多。从此以后，经学成了政治、社会、文化。我说一个譬喻，五经等于基督教的《圣经》，等于《新约》、《旧约》。谁是按照《新约》、《旧约》来做事情呢？不会的。但是文化有一条基线，顺着基线发展出许许多多东西。

譬如文学，西方文学的根源也可以从基督教、《新约》、《旧约》找出一条线索出来。中国也是。但是以内容的丰富和平实，《新约》、《旧约》怎么能跟中国的五经来比呢？

西汉不仅是五经，而且《论语》和《孝经》也当作经来看待，尤其是《论语》。《论语》是很寻常的东西。但是它是针对现实的生活的。孔老夫子说的一句话《旧约》、《新约》是不能相比的。所以它并没有力量来制约思想发展。大家都说以后学术不发展都是因为董仲舒的原因，这是不了解历史。董仲舒只是说在朝廷上不为诸子百家设立博士的官，并没有禁止社会读诸子百家的书。所以在两汉，道家思想从汉初到东汉末都很盛，以后形成魏晋时玄学取儒家思想而代之。

魏晋玄学之后是佛教。可以说南北朝的思想主流是佛教。唐朝则儒释道三教并立。

唐朝凡是政治上比较出色的人、站得住脚的都是儒家，这些人都受经学的影响。到了宋朝，经过了五代之乱——五代之乱不仅从五代乱起，从唐朝中叶就乱了——在文化上有一个反省，即冯友兰所谓的新儒家。新儒家与过去不同，他们也重视经学，但只是采取经学的某些地方，而最重要的是出现"四书"。"四书"是从二程一直到朱子慢慢成立的，无形中用四书来代替五经。

所以五经在中国文化中，无形之间形成一个基型，而且在中国文化中发展成一条基线。它不知不觉有一个规正的作用。

同时，五经和四书不像其他宗教对科学和民主发生限制的作用，不兼容的作用。

我常常想到法国的一个哲学家在一九三四年出的一本谈法国哲学的书，有日文译本。书的前面说法国哲学有三个特性，其中一个特性是法国哲学概念说得非常清楚。他解释，概念清楚是什么意思呢？他说最好引东方两千年以前哲人讲的一句话来表示。这位哲人说："知之为知之，不知为不知。"这两句话代表概念的清楚。但是我们想，这两句话在我们追求知识方面非常有力量。我们平常有哪些是知的？哪些是不知？划分得不清楚。有哪个人能够把我们看到的，了解哪些是知道，哪些是半知道的，哪些是不知道的，说得清清楚楚的？而且知道的就承认知道，不知道的承认不知道，这是求知识的基本态度。大家骂宋明理学，日本接受西方的文化，开始是接受兰学，即荷兰的学术，以后再慢慢扩大。他们凭什么东西来接受呢？那是德川时代——真正日本儒家思想在盛行的德川时代。明治维新是德川时代做了准备工作。当时有两派，一个是朱子，一个是王阳明："盖人心之灵莫不有知，而天下之物莫不有理。"人家说得有理，他就接受。而日本所说的町人道德，町人道德用现在的话说就是市民道德，那是从王阳明出来的。

所以我们站在思想史的立场，站在学术史的立场，我们应该要把经学史写清楚，使大家有一个了解。

过去经学史有两个毛病，一个是写经学传承的时候，在其中发生了许多错误。另外一个是只写经学的传承，不写经学的思想。我就是想补这个缺点。

经学的思想不是孤立的。同样，一部古典可以随着时代、随着人，从各种角度、要求去发现。所以一个时代，有一个时代的经学思想。我这次写《西汉经学史》，就是讲经学的传承和经学的思想。这样才把西汉的思想的骨干显出来。

缠足与鸦片

新：中国的传统，既然有儒家，怎么会产生包小脚和吃鸦片的问题呢？

徐：包小脚的问题是个很严重的问题。第一，包小脚是到底从什么时候起？怎样引起包小脚的问题出来？现在有两个说法。一个说法是从宫廷里面；另一个说法，是元朝到中国来，掳掠中国的女人，包小脚就不能走路。我想后面一种说法的可能性少。我想大概还是从宫廷里起，但是我没有看到确实的证据。

这个东西当然是很残酷的，但是风气形成以后，没有办法。我记得非常清楚，我有两个姊姊，大姊姊包小脚，她包脚我当然没有看到。我的小姊姊包脚，哭啊！我的母亲帮她包。我的爸爸在旁边喊叫："不要包啊！不要包啊！"但是我母亲含着泪还是包。你不包怎么办呢？你这个女人没有人要。不过这一点我承认，我没有看到讲学的先生把这个问题提出来当作严重的问题。

至于说吃鸦片烟，中国文化中间哪一个说是赞成你包小脚？哪一条说鼓励你吃鸦片烟？这是社会的一种风气，等于是杀人殉葬一样。这是一种野蛮的风习，和文化的理想没有关系。这要把它分开。

我们拿《孟子》看，顺着《孟子》这条路，我们的政治天经地义是走向民主的。

新：你刚才说经学的研究很重要。你又提到现在没有什么人在研究这些东西。到底你认为经学对于现代的时代有什么重要呢？有没有用得上的地方呢？对中国有什么好处呢？

徐：我想一个民族的生根还是从两个地方生根。一个是土地，一个是历史。一个民族除了在自己的土地上生根，它还需在历史中间生根。

在自己历史中间生根，意义表面上好像看不出来。有一点可以看出来，就是帝国主义到哪一个民族的时候，一定要想法子消灭其历史，改变其历史。法国统治安南是最明显的。

所以经学站在纯学术立场，是要研究中国学术史和中国文化史，经学是很重要的题目，这是站在纯知识的立场。站在现代的立场，由研究中国思想史而使我们的精神不知不觉地在自己的历史中间生根，我想还是有它的意义的。尤其现在有一点，现在中国大陆上有一个最根本最困难的问题，那就是人的基本条件完全垮了。人站不起来的时候，其他做一切事情就不知从何谈起了。中国文化在什么地方有意义呢？它有许多黑暗的和坏的，我们当然应加以淘汰。它在现代在什么地方发生最大的作用呢？它是在解决人的危机这一方面，尤其针对大陆上各种畸形，乃至针对台湾、香港社会上的病态。我们来看中国古代文化，它在解决人的危机，使人能站稳脚，有它现实上的意义。不过共产党不能了解到这一点，马列主义解决不了这个问题。

一九八一年十月《新土杂志》

朱元晦的最后

一

朱熹（一一三〇年至一二〇〇年）字元晦（亦字仲晦），他总结了宋代的理学，因而使宋代理学得以发扬光大。当元人征服中国，杀人如麻的大黑暗时期，少数士人，在他的遗教中发现了灯塔之光，既以之驯服蒙古人残暴之性，更以之传播于社会，恢复中华民族在创巨痛深中做人的立足点。后虽被明清两代皇权所利用，但在皇权专制中的一线光明及社会中所保留的世道人心的基线，都是由利用中所反射出来的。并且与后来的王学给日本、朝鲜以莫大影响，两国学人对此作专门研究的，至今不绝。我最近在美国旅途中，重读王懋竑著《朱子年谱》，读到他死前的情形，使我感动不已。为历史担当命运的人物，必然是来自他真实的人格与学问。由一套一套的假话所堆砌起来的伟大形象，结果只足成为笑柄。

朱元晦早有脚气病。到了庆元六年（一二〇〇年）开春以后，病得更厉害，不断发生刺痛，他曾对他的一位学生说："精神顿坏，自觉不能长久。"但他每天还是修改自己的著作，并向他的学生讲授。他是三月九日死的。三月五日，是他死前四天，夜讲张横渠的《西铭》，并勉励他的学生说："为学之要，惟在事事审求其是，决去其非。积累日久，心与理一（合而为一），自然所发皆无私曲。圣人应万事，天地生万物，直而已矣。"三月六日是他死前三天，上午还改《大学·诚意》章，誊好后又改数字；又改《楚辞》一段。这天午后大泻，不再能起床。八日是他死前的一天，学生们到楼上问他的病，他勉强起坐向学生们说："误诸生远来。然道理只是恁地。但大家倡率做些坚苦工夫，须牢固着脚力（站稳脚之意），方有进步处。"九日午初刻，他便死去了。他最后所流露出的对学问、对学生竭心竭力的情形，使我感到自己该是多么卑微渺小。

二

这里我试提出一个问题。程朱们平日谈到天地、圣人时，几乎都是以"仁"来加以统贯。"天地生万物"，是天地之仁；"圣人应万事"，也是出于圣人仁心的发用。但朱元晦在死前四天向学生讲话，谈到圣人天地时，不说"仁而已矣"，却说"直而已矣"；这到底有没有什么特别意义？首先应指出，这不是因为"仁"的观念不容易把握，而"直"的观念比较容易把握的原故。他在这里所说的"直",不是就个人的品德说的,而是以"圣人应万事"来表明"直"在他的道德体系中,实有其普遍性,"大用"性("全体大用"的"大用")的意义。不是就学问的端绪说的,而是以"天地生万物"来肯定"直"在他的道德体系中实有其根源性、必然性的意义。在他五十多年学术生活的许多语言文字中,不曾以这种分量来称道"直";却在死前四天,以这种分量来加以称道,我想,这是他积累毕生格物穷理(即是认真研究问题)之力,看透了政治、社会的问题;再印证他在政治上的遭遇,才从他仅余的生命底力中,以无限的慨叹,以无限的救世之心,所说出来的。

朱元晦此处所说的"直",是与他上面所说的"私曲"相反的。"无私曲"即是"直"。私是指自私自利;曲是邪曲,主要是指说歪理、讲谎言、做邪事。竭尽自己的聪明才智来说歪理、讲谎言,以达到自私自利的邪事,这便是"私曲"。因此,"直"的首要内容是说正理、讲真话。朱元晦五十九岁时,曾上万言书,极论朝政得失,其中有一项要皇帝不使左右侍从之臣,干预政治,而将政治委之于宰相。六十五岁时,有向皇帝讲书及便殿奏事的机会,在面奏四事中,又以此为言,得罪了当时得幸的韩侂胄,于是皇帝内批"除宝文阁待制,与州郡差遣",即是变相地把他撤职。更诬陷宰相赵汝愚,贬窜永州,中外震骇,大权一归韩侂胄。当时嗜利无耻,或素为清议所摈斥的士大夫,为了逢迎侂胄,劝他尽逐有名望的人。在这以前，已经有人把"道学"当作攻击的目标；此时更改"道学"为"伪学"，再进一步称为"逆党"，集矢于朱元晦及他的学生。台谏汹汹，争以朱元晦为奇货，以攻击他为升进之阶。庆元二年，朱元晦六十七岁。这年的科举，文章稍涉义理的悉见黜落。六经《论》、《孟》、《大学》、《中庸》之书，为世大禁。许多人劝朱元晦，遣散学生以避祸，他没有接受。但到了庆元五年他七十岁的时候，他写成了《楚辞集注后语辨证》，这可以说是他最后的一部著作。由此可以窥见他孤愤的情怀，实与屈原共其呼吸。这一经历，启发出他对"直"的真切体认。

三

与"直"相反的"私曲"，是顺从政治中最高权力的好恶而扩展的。最高权力者喜欢人顺从、恭维，所以他需要私曲之徒在他的左右，以满足自己隐瞒、装饰上的要求。而私曲之徒，只有搭上最高权力者的线，才能达到自私自利的目的；并且他的歪理、谎言，可凭最高权力，使其风靡天下，以扩大他的邪行，增加他的私利。在这种情势下，谁敢讲一句真话，谁人便会立受不测的奇祸。庆元六年五月，赵汝愚被逐时，元晦以自己尚带从臣职名义不容默，乃草封事数万言，极陈奸邪之祸，子弟诸生极力劝止，不得已，乃焚稿作罢。当时还有人劝朱元晦应采"其默足以容"的态度，不要再说真话。朱元晦答复说："只是不去击鼓说冤便是默。不成屋下合说底话亦不敢说。"他老先生由此体验到，由与最高权力结合在一起的谎言、歪理，压倒了整个政治社会，使整个政治社会，都要跟着说谎言歪理，这是人类最大的黑暗。要从最大的黑暗中转出一线生机，便只有人能不顾私人利害，肯讲些真话，这即是他所说的"直"。但当时虽然没有今日特务的厉害，这一点也实在太不容易了。而最大黑暗积累的结果，必然是一个民族的毁灭。断乎没有不断地集体说谎、说歪理而能生存下去的。于是他的良心，逼使他仅余的生命底力，说出"圣人应万事，天地生万物，直而已矣"的话，把"直"的意义，提高到这样高的地位。他说这话的时候，声音会是很微弱的。因为他的生命，已到了死的边缘。但这是震动天人作狮子吼的一句话。

我们中国之可悲，是在没有一个地方，可以容许面对最大最彰明显著的罪恶敢讲一句真话。一个犯罪者所编造的谎言，在最高权力者明示或暗示之下，必使它成为千千万万人的共同谎言，于是把千千万万无辜的人也变成犯罪者的共犯。中华民族要翻身，必从有一席之地能允许人敢讲真话开始。在这里，我们也可以了解朱元晦说这种话的真实意义。

一九八一年十月二十一日《华侨日报》

朱元晦的最后 | 325

中国传统文化中的性善说与民主政治

一

中国兴亡绝续的关键，在于民主政治的能否建立。中国传统文化在今后有无意义，其决定点之一，也在于它能否开出民主政治。在传统文化中能开出民主政治，不仅是为了保存传统文化，同时也是为了促进民主化的力量。我三十年来在文化上所倾注的努力，主要是指向这一点。就我的了解，中国传统文化中的"性善说"，奠定了人类尊严、人类平等、人类互信合作的基础，由此可以与西方的民主体制相结合，开出中国的民主政治，并进而充实世界民主的理据与内容。八月间，在纽约和几位台大毕业的四十岁左右的年轻朋友聊天时，他们都是主张民主而彻底反对中国文化的。其中有一位说："沈刚伯先生（故台大文学院长）在一次讲演中曾说，中国文化中的性善说，阻碍了中国的民主。"这真出我意外。

过了几天，我收到俄亥俄州立大学张灏教授寄给我他在《中国时报》上刊出的一篇《再认传统与现代化》的大文，副标题是"以传统批判现代化，以现代化批判传统"。张教授性情笃实，好学深思；对中国传统文化，已下过不少工夫，在这篇文章中即可看出。他提出了许多宝贵意见，值得大家反省。但他把西方民主政治的出现，与基督教的原罪观念连结起来。把中国"圣王观念"的落空，及向民主制度努力的缺乏，归结于"对人的阴暗面的感受和反省还是不够深切"。张教授的话，是经过扬抑后讲出的，所以讲得很有分际。但他的基本意思，可能与沈刚伯先生的意见相去不远，我想对此略加讨论。

二

依据《圣经》上帝按照自己的形相造人的说法，人本身即应有善性。"原罪"的全般肯定，我以为是出于当时许多人民和教士们悲惨遭遇的反映，再加上向上帝依归的要求，以后更进而成为金字塔式的教会权力结构的精神支柱的一面。所以我们难于从天主教中发现原罪与近代民主政治的直接关连。要找，可能应从马丁·路德的新教下手。

路德以"良心自由"及"教徒平等"的观念，争取宗教的个人自由。但他并没有把这些观念，转用到政治上去。他的门徒中，却有人看出政治上的个人自由，可以在神学上找到根据。

出生于法国的卡尔文，依然立足于"君权神授"说之上，主张人民对于暴君也应当服从。但同时也承认人民通过合法的机关与合法的手段，也可以反抗暴君的统治。这便比路德向前走了一步。

在一五七九年，新教徒中，出现了一部《暴君对人权论》，将君权的基础，安放于"契约观念"之上，将国家最高权力，给与于民众手中，强调人类的天性是自由的。提出"自然法"以代替政治上的神意，认为"自然法教我们应反抗暴力，以保护我们的生命与自由"。自此以后，自然法成为一切价值的标准。"回到理性"，"回到自然法"，是当时新思想的口号。据自然法学者的解释，"理性的普遍性"，即是自然法。他的性格和宋儒所强调的"天理"，非常近似。

自路德在宗教上的良心自由发展到政治上的良心自由，发展到政治上的契约论，发展到自然法的理性判断，都是在思想上一步一步地走向民主政治之路，这中间经过了很大的转折。但在路德的宗教良心自由中，实已潜伏着一般所说的理性或理智之芽，缘市民阶级势力的成长，而一步一步地伸长出来。所以在这一点上，应当承认路德思想含有近代的意义。但应注意的是：良心自由，不能在原罪中找到根据；而自然法的抬头，更与原罪思想不相干。依我的看法，路德及许多新教徒们实际在各种不同程度上，将原罪转换为性善而不自觉。一七八九年法国《人权宣言》，充满了对一切人的信赖，我不以为这能立脚于原罪观念之上。

三

中国的性善说是文化长期发展的结果。老子、孔子都要求无为而治，即是要求"非权力的统治"。由此发展到以人民的好恶，为政治的最高原则，更发展到"天下为公，选贤举能"，这不能不说是一步一步地向民主的迫近。并且在政权的递禅上，孔子提出尧舜的禅让，孟子更补出汤武的征诛。可以说，除了议会这一重大因素没有触及以外，其他走向民主的重大因素，在先秦儒、道两家中都具备了。这都是顺着性善说所展开的。至于说圣帝明王的观念，在《暴君对人权论》中也假定"在自然状态"的远古，行的是"有治而无统"的"贤人政治"，以作他们突破现实的凭借，此乃无可奈何之事。另一面主张性恶的韩非（荀卿实际是主张性恶而心善的）认为，君臣之间，君民之间，完全失掉信任感，不能不想出各种权诈的方法来加以防备，加以钳制；近代极权政治的各种施为，很容易在《韩非子》一书中看出它的面影。这是由人性观点不同，影响到政治上的最显明的对照。

然则民主何以不能在中国实现，便不能不落实到历史上加以考察。政治的本质是权力，这不是仅凭思想可以说服、实现的，而必有赖于权力结构中的制衡作用。我们试留心春秋时代的"国人"，在政治上还可发生若干制衡作用，促成封建政治的逐步瓦解。但自以军事力量为主干的大一统的专政体形成后，社会任何势力，稍与它抗拒，立即被碾得粉身碎骨，一直到现在，还无可奈何。今日几乎一致认董仲舒是专制的帮凶，但他写《尧舜不擅移汤武不专杀》篇时，发出"有道伐无道，此天理也"的呼声，可以窥见他的真正想法，还是今日中国许多知识分子所不敢想的。他的再传弟子眭孟，便以提出他的"五帝官天下"的理想而被杀。外戚宦官在专制体制中的毒害，从汉代起，二千年中，流了多少志士仁人的鲜血，终于把它无可奈何。朱元晦要求皇帝的左右不要插手政治，应将权力一归宰相，立刻便被皇帝赶走。在这种历史情势之下，要求传统知识分子提出改变专制政体的问题，这在今天还是千难万难，似乎不应把责任推到性善思想上面。

一九八一年十二月九日、十日《华侨日报》